TÜRKEI – DIE SÜDKÜSTE

FETHIYE • KAŞ • KEMER • SIDE • İNCEKUM • ALANYA

DUMONT REISE-TASCHENBUCH

Hans E. Latzke

TÜRKEI
DIE SÜDKÜSTE

Inhalt

LAND & LEUTE

Hinweis zur türkischen Aussprache: Das ç wird wie tsch, c wie dsch, ı wie e, ğ als Längung und ş wie sch gesprochen. Betont wird meist die erste Silbe. Weitere Hinweise s. Sprachführer, S. 225.

UNTERWEGS

Fethiye und die lykische Küste

Die Kemer-Küste und Antalya

Inhalt

Die Riviera-Küste und Alanya

REISEINFOS VON A–Z

REISEATLAS

LAND & LEUTE

»Weingärten, die Agora, der Basar, der ganze Verkehr, das Gemisch der Völker, Dialekte und Religionen [...]. Und dann in unmittelbarer Nähe Kargheit, Steppe [...], Nomadentum, magere Ernten, die dem Ödland abgetrotzt werden, Herden, die sich frei in unermeßlichen Weiten bewegen.«

Georges Duby

An der Urlaubsküste der Türkei

Strand bei Adrasan im Süden
der Kemer-Küste

HIER LEBT MAN BEREITS IM PARADIES ...

Die Südküste der Türkei ist ein vielseitiger Landstrich: Von den weiten Sandstränden der ›Riviera‹ bis hin zu den kleinen Dörfern in der wilden Bergwelt des Taurus-Gebirges spannt sich ein Bogen, der Abwechslung garantiert. Und wenn das Meer blau durch das dunkle Grün der Pinienwälder blitzt, wenn die weiche Luft des Mittelmeers ewigen Sommer verspricht, dann scheint das Paradies nicht mehr weit.

Dass man hier bereits im Paradies lebe (während woanders die Leute hofften, daherein zu kommen), schrieb einst ein türkischer Journalist, der von Atatürk an die Küste verbannt (!) worden war. Cevat Şakir erfand auch die ›blaue‹ Reise, als er mit Bohème-Freunden und großen Raki-Vorräten in einsame Buchten segelte, um dort über den Sinn des Lebens zu sinnieren. Wer heute in eine solche Situation kommt, sinniert wohl eher über das Glück im Leben bzw. überlegt fieberhaft, wie er möglichst immer in dieser Lage bleiben könnte.

Doch kein Paradies wird verschenkt, erst recht nicht dort, wo Tourismusmanager Millionen investieren und Millionen verdienen wollen. Vieles an der Riviera-Küste der Türkei (und so mancher meint, zu vieles) ist mittlerweile zu einem gewaltigen Geschäft geworden. Riesige Hotelanlagen, so groß, dass es für fünf Bauerndörfer reichen würde, ziehen sich nun kilometerweise an den Stränden entlang. Und an der Meeresküste machen Tretbootverleiher, Wassersportbuden und Kebap-Restaurants ihr Geschäft, während die Kundschaft in Badekleidung halbnackt zur Promenade aufmarschiert. Und wenn man per Boot zu einsamen Buchten fährt, fahren 20 oder 50 Leute mit.

Aber doch: Wer vor allem einfach Urlaub machen will und sich erholen, ist dort gar nicht so schlecht aufgehoben. Die Menschen, mit denen man zu tun bekommt, sind herzlich, aufgeschlossen und stehen im modernen Leben wie unsereins auch. Die Anlagen sind neu, gepflegt und großzügig, so dass man kaum meckern kann.

Und doch bliebe das ein Urlaub wie unter der Käseglocke, ohne das Land wirklich wahrzunehmen. Dabei hat die Türkei vieles, was sich zu entdecken lohnt, auch wenn man dafür manchmal von gewohnten Sichtweisen lassen muss. Wer solche Erfahrungen sucht, muss einfach die touristischen Pfade verlassen und einmal nach Serik, eine ganz normale Kleinstadt in der Riviera-Region, fahren oder in ein kleines Dorf in den lykischen Bergen. Dort kann man durchaus Menschen begegnen, die ein Leben ohne Tourismus führen. Dort sieht man schnauzbärtige Bauern vor dem unvermeidlichen Teegläschen, Frauen in bunten Pluderhosen auf dem Feld, Schulkinder in den typischen blauen Einheitskitteln, graue Esel, die vor dem schlanken Minarett einer Dorfmoschee weiden.

Aber auch eine zweite überraschende Entdeckung jenseits von Sonne und Pool darf man nicht verpassen. Die antiken Stätten der Türkei zählen zum besten, was es am Mittelmeer überhaupt zu sehen gibt. Die große Zeit Kleinasiens war schließlich die hellenistisch-römische Antike, die Blütezeit des Römischen Reichs. Bei einem Blick auf die Straßenkarte stellt man fest, dass es fast mehr antike Städte gibt als moderne; untergegangen im Arabersturm und der türkischen Landnahme, sind ihre Ruinen heute die bedeutendsten Sehenswürdigkeiten der Türkei. So reist man denn durch eine doppelte Kulturlandschaft, eine abendländisch-antike unter einer türkisch-modernen, und allzu oft vermischen sie sich sogar, wenn sich die Holzkaten von Bauernweilern zwischen die mächtigen Trümmer einstiger Großstädte schmiegen.

Daneben kommen aber auch sportliche Naturen auf ihre Kosten. Stolz verweist die Türkei auf die beste Wasserqualität im ganzen Mittelmeer und hält ein gewaltiges Wassersportangebot parat: Tauchen, Segeln, Paragliding, Surfen sind die Stichworte für den Aktivurlaub, aber auch für Golf und Rafting ist eine gute Infrastruktur vorhanden. Für Trekking-Sportler bieten die Gebirgshöhen des Beydağları-Gebirges sogar noch abenteuerliches Neuland.

Mediterrane Genüsse, hier mit Blick über Antalyas Altstadt

STECKBRIEF DER TÜRKEI

● **Landesstruktur:** Die Türkische Republik *(Türkiye Cumhuriyeti)* erstreckt sich mit einer Fläche von 780 576 km^2 über Kleinasien, das geographische und kulturelle Bindeglied zwischen Europa und Asien. An der türkischen Südküste liegen die Provinzen Muğla, Antalya, İçel, Adana und Hatay. Die Hauptstadt ist Ankara mit ca. 3,4 Mio. Einwohnern, größte Städte an der Südküste sind Adana mit ca. 2,1 Mio. und Antalya mit vermutl. ca. 800 000 Einwohnern.

● **Bevölkerung:** Die Einwohnerzahl beträgt ca. 71,5 Mio. (Schätzung 2004), bei einem jährlichen Wachstum von knapp 1,5 %. Statistisch ist das Land bei einer Bevölkerungsdichte von 91 Einw./km^2 zwar noch relativ locker besiedelt, doch konzentrieren sich die Einwohner auf wenige Ballungszentren. Neben den Agglomerationen von Istanbul, Ankara und İzmir verzeichnen vor allem die Südprovinzen Antalya, Içel und Adana trotz großer, weitgehend unbewohnbarer Gebirgsregionen eine recht hohe Siedlungsdichte. Der Urbanisierungsgrad ist aufgrund ausgeprägter Landflucht mit über 70 % städtischer Bevölkerung sehr hoch. Allein die Provinzhauptstadt Antalya hat ihre Einwohnerzahl in 25 Jahren mehr als verzehnfacht.

● **Regierungsform:** Die Türkei ist eine Präsidialrepublik mit starker Position des Staatspräsidenten (seit Mai 2000 Ahmet Necdet Sezer). Das Parlament, *Türkiye Büyük Millet Meclisi* (Große Türkische Nationalversammlung) mit 550 Abgeordneten (seit 1996), wird für 5 Jahre gewählt. Die Flagge zeigt einen weißen Halbmond und Stern auf rotem Feld.

● **Verwaltung:** An der Spitze der 81 Provinzen *(il)* steht jeweils ein vom Innenminister ernannter Gouverneur *(vali)*, der Vorsitzender des Provinzparlaments ist; ihm untersteht auch die *jandarma* (Gendarmerie), die die Polizeigewalt auf dem Land ausübt. Die Provinzen sind in insgesamt 580 Bezirke *(ilçe)* untergliedert. Provinz- oder Kreisstädte besitzen eine eigene Verwaltung *(belediye)* und sind durch Ratsversammlungen repräsentiert, während die Dörfer der Bezirksverwaltung unterstehen. Nur die *belediye* unterhalten eigene Polizeieinheiten.

● **Wirtschaft:** Trotz galoppierender Inflation (in den 1990er Jahren um 80 % jährlich) und hoher Arbeitslosigkeit (offiziell um 15 %, auf dem Land saisonal bis 70 %) wurden seit Mitte der 1980er Jahre Wachstumsraten von ca. 5 % per anno erreicht. Während die Landwirtschaft weiterhin rückständig ist, verbucht die produzierende Wirtschaft (vor allem Bau, Textilindustrie und Automobilproduktion) überproportionales Wachstum. Die Steigerung des Bruttosozialprodukts führte jedoch aufgrund des starken Bevölkerungsanstiegs zu keiner wesentlichen Verbesserung des Pro-Kopf-Einkommens (2003: 3010 €). Hauptanteil des Exports machen Güter der verarbeitenden Industrie, Textil- und Agrarprodukte aus. Handelspartner sind Deutschland (ca. 20 %), andere EU-Staaten (ca. 30 %), die USA (ca. 8 %) sowie osteuropäische Länder und der Mittlere Osten.

LANDSCHAFT & NATURRAUM

Die südliche Mittelmeerküste der Türkei erstreckt sich über eine Länge von etwa 800 km entlang dem 36. nördlichen Breitengrad, also etwa auf gleicher Höhe wie Malta und Gibraltar. Das ›Weiße Meer‹ *(Ak Deniz),* wie es die Türken im Gegensatz zum nördlichen Schwarzen Meer *(Kara Deniz)* nennen, begleitet ein fruchtbares Küstenland vor der Hochebene Zentralanatoliens, das die alpine, von West nach Ost streichende Taurus-Gebirgskette klar abgrenzt. Während der Taurus bei Anamur bis zur Küste vorstößt, springt er bei Antalya im Westen und Adana im Osten um bis zu 200 km zurück und umgürtet jeweils höchst fruchtbare Schwemmlandebenen.

Lykien, Pamphylien, Kilikien

Das Gebiet lässt sich geographisch in deutlich voneinander abgegrenzte Landstriche gliedern. Der westlichste Punkt, die Spitze der bis heute kaum besiedelten **Reşadiye-Halbinsel,** greift weit in die griechische Inselwelt aus. Vom Meer leben auch alle Orte dieses Gebiets, das in der Antike den Süden der Region **Karien** bildete. Hier liegen mit Marmaris und Fethiye die beiden historischen Häfen der Region, die geschichtlich jedoch nie größere Bedeutung erlangten. Hier, beim schönen **Golf von Fethiye,** liegt auch der aus den Urlaubsprospekten bekannte **Ölüdeniz-Strand.**

Der Ak Dağ bei Fethiye ist einer der Riesen des Taurus-Gebirges

Die Region östlich von Fethiye, deren Orte man noch vor einer Generation nur per Boot oder über unbefestigte Pisten erreichen konnte, entspricht dem **Lykien** des Altertums. Nur in den Flusstälern des Koca Çayı und des Alakır Çayı (bei Finike) besitzt sie größere landwirtschaftlich nutzbare Siedlungsräume. Über weite Strecken bilden thymianbewachsene Geröllhänge die Kulisse für kleine Strandbuchten.

Am Golf von Antalya schließt sich, unterhalb des **Beydağları-Naturparks,** das Gebiet der **Kemer-Küste** an: Eindrucksvolle Bergwelt und luxuriöse Hotels verbinden sich hier zu besonderem Flair. Bei **Antalya,** der größten Stadt der Region, beginnt das antike **Pamphylien** mit seiner fruchtbaren Ebene, die von zahlreichen Flussläufen bewässert wird. Dies ist das Gebiet der **›Türkischen Riviera‹,** die sich mit kilometerlangen Sandstränden bis Alanya erstreckt.

Bei Alanya, wo der **Taurus** wieder ans Meer vorstößt, wird es wieder gebirgiger, dort beginnt das **Kilikien** der Antike. Bis auf die Küstenebenen mit den Kleinstädten Gazipaşa und Anamur ist dies ein schroffes, aber waldreiches Bergland, wo in tieferen Lagen Bananen angebaut werden. Auf dieses bis heute einsame Küstengebirge, das zur Provinz İçel mit der Hafenstadt Mersin als Zentrum gehört, folgt östlich die **Çukurova-Ebene** mit riesigen Baumwollplantagen, die von den Flüssen Seyhan und Ceyhan bewässert wird. Während das Bergland bei Anamur als ›raues Kilikien‹ *(Cilicia aspera)* bekannt wurde, nannten die Römer diese Ebene *Cilicia campestris,* das ›fruchtbare Kilikien‹.

Beim weiten **Golf von İskenderun,** dem östlichsten Zipfel des Mittelmeeres, knickt die Küste nach Süden ab, akzentuiert durch die 2000 m erreichende Bergkette des **Nur Dağları.** Dahinter öffnet sich noch einmal die weite Flussaue des Asi Nehri um Antakya, das antike Antiochia und heutige Zentrum der **Provinz Hatay.**

Historische Namen

Die Küste **Anatoliens** (von griechisch für ›Land des Sonnenaufgangs‹) war seit der großen Wanderungsbewegung des 12. Jh. v. Chr. von Griechen besiedelt. Seit 545 v. Chr. herrschten über sie zwar die Perser, doch ihre Kultur blieb. Sie überstanden auch die Römer (die den Begriff Asia Minor, **›Kleinasien‹** prägten) und sogar die Türken. Erst nach dem Ersten Weltkrieg wurden alle Griechen von der Küste vertrieben. Die griechischen Namen des Altertums, also **Lykien** oder **Pamphylien,** werden aber im Westen auch heute noch verwendet.

Der Taurus – ein Verwandter der Alpen

Die lang gestreckte Bergkette des Taurus (trk. *Toros Dağları),* die die Mittelmeerküste begleitet, geht auf die alpine Gebirgsbildung im Tertiär zurück. Der Westtaurus mit den *Beydağları* weist dicht gestaffelte Gebirgsmassive bis über 3000 m Höhe mit steilflankigen Tälern auf. Die Bergspitzen hier sind noch bis spät in den Mai mit Schnee bedeckt; bei Saklıkent, nahe Antalya, gibt es sogar ein Wintersportgebiet. Der Mitteltaurus hingegen ist etwas flacher. Er speist die vielen Flüsse der pamphylischen Ebene, darunter der Manavgat-Fluss mit seinen im Frühjahr wasserreichsten Fällen der Türkei.

Der gesamte Gebirgszug erhebt sich als fast undurchdringliche Mauer vor dem anatolischen Kernland – auf einer Strecke von nahezu 600 km kann der Taurus zwischen Antalya und Adana nur auf drei beschwerlich zu bereisenden Passstraßen überwunden werden.

Das Wetter

Die südliche Mittelmeerküste der Türkei liegt unter dem Einfluss eines subtropischen Passatwindsystems. Im Winter, wenn ganz Anatolien unter kalten Luftmassen aus Zentralasien leidet, wird die Südküste von warmen, wenn auch feuchten Winden aus dem Mittleren Orient beherrscht. Die Sommer sind sehr trocken und heiß, die Temperaturen der Mittagszeit können sogar 45 °C übersteigen. Bis in den Oktober können Wolkenmassen aus dem Inland nicht zur Küste vordringen.

Einen regelrechten Frühling oder Herbst kennt das türkische Klima, zumal der südlichen Landesteile, nicht. Die Jahreszeiten des Übergangs, also jeweils März und April sowie der Oktober und November, vermitteln zwischen gemäßigtem Klima und der sommerlichen Dürrezeit. Beide Perioden zeigen ein üppiges Wachstum der Vegetation mit prächtigem Blütenreichtum. Daher werden sie in der türkischen Sprache durchaus zutreffend als *ilkbahar*, das ›anfängliche Sprießen‹, bzw. *sonbahar*, das ›letzte Sprießen‹, bezeichnet.

Die Yayla: Bergalmen im Taurus

»Bloß weg hier« – das scheinen im Sommer die gedacht zu haben, die es eigentlich wissen müssten. Während heute die Urlauber zu Tausenden an die türkischen Strände reisen, packten noch vor 50 Jahren die Bauern aus den Dörfern in den Ebenen zu dieser Zeit ihre Siebensachen und zogen hinauf auf die Hochebenen im Taurus-Gebirge. Dort oben auf den Almen, trk. *yayla,* herrrscht im Hochsommer, wenn die Temperaturen an der Südküste bis 45 °C steigen, ein angenehmes Klima um 20 °C. Während die Vegetation in der Ebene unter der Sonne verbrannte, fand das Vieh auf 1000 m Höhe noch fruchtbare Weiden, auch konnte man noch eine zweite Ernte einbringen. Inzwischen gehört der Pendelnomadismus längst der Vergangenheit an, heute arbeiten die Bauern mit künstlicher Bewässerung und Gewächshäusern. Doch die Türken von heute besuchen die Yaylas mit ihren Picknickplätzen immer noch gern, und auch zum Wandern sind die Hochebenen gut geeignet.

Die Wasserfälle der Flüsse aus dem Taurus sind beliebte Ausflugsziele, hier der Manavgat Şelalesi bei Side

Kiefernwälder überm Baumwoll-Land

Die heiße, nahezu regenlose Dürreperiode zwischen Mai und Ende September prägt auch das Bild der natürlichen Pflanzenwelt. Typisch für küstennahe Standorte ist die Macchia, ein karges Gestrüpp immergrüner Hartlaubgewächse, die längere Trockenperioden schadlos überdauern. Hierzu gehören u. a. die Kermeseiche, der Erdbeerbaum, Lorbeer, Myrte, Zistrosen und der Lavendel.

Dazu kommen Johannisbrotbaum, Eukalyptus, Korkeichen und Palmen, als Nadelbäume Zypressen und Pinien. Größere Kiefernwälder herrschen an den Hängen des Taurus bis in etwa 1000 m Höhe vor, darüber werden sie dann von lichten Gebirgswäldern mit Tannen, Schwarzföhren und Libanon-Zedern abgelöst. Dieser Holzreichtum diente schon in der Antike einem florierenden Export bis nach Ägypten.

Als Kulturpflanzen treten wie überall am Mittelmeer der Olivenbaum und der Feigenbaum auf. In den intensiv agrarisch genutzten Gebieten sind auch exotische Nutzpflanzen vertreten (s. S. 18).

Störche und Kamele – die Tierwelt

Früher zeigte die Tierwelt des südlichen Küstenlandes eine große Artenvielfalt, doch engten das enorme Stadtwachstum und die intensivierte Landwirtschaft die Lebensräume auch unscheinbarer Tierarten immer mehr ein.

Besondere Erwähnung verdient vor allem der bei uns arg dezimierte Storch. Er ist in den wasserreichen Schwemmlandebenen der Südküste noch weit verbreitet, obwohl auch hier – trotz traditionellen Bejagungsverbots – die Bestände zurückgehen; in Silifke sieht man aber noch richtige Schwärme.

Esel, Mulis und Pferde sind als Lasttiere verschwunden, doch Kamele sieht man noch – wenn auch als reine Attraktion für die Touristen zum fünf-

minütigen Proberitt. Weitere Haustiere sind Schafe, Ziegen, Rinder und Hühner, jedoch keine Schweine, die nach den islamischen Speisevorschriften als unrein gelten. Ganz im Südosten der Region spannen die Bauern auch Wasserbüffel vor den Pflug.

In Bergregionen leben Kleinnager wie etwa der Ziesel, eine Murmeltierart, dazu auch noch Fuchs, Wolf, Wildschwein, Rotwild und Dachs. Großwild ist aufgrund starker Bejagung fast gänzlich verschwunden, mit viel Glück findet man noch wilde Bezoar-Ziegen oder Mufflons (Wildschafe). Die Gebirgsregionen dienen den verschiedenen Großraubvögeln als Revier, etwa Adler, Geier, Milan, Bussard sowie Falkenarten.

Zahlreich sind verschiedene Eidechsenarten anzutreffen, die sich auf Felsen oder antiken Ruinen sonnen, darunter die bis zu 20 cm lange, metallisch schillernde Hardun-Eidechse oder der 10 cm lange, schwarze Nacktzehen-Gecko, ein nützlicher Insektenvertilger. Auch Schlangen sind mit giftigen und ungiftigen Arten vertreten, doch da sie scheu sind, bekommt sie auch der Wanderer nur selten zu Gesicht.

WIRTSCHAFT & POLITIK

Trotz einer starken Industrialisierung seit den 1980er Jahren hat die Türkei den Charakter eines Agrarlands bis heute nicht verloren – knapp die Hälfte der Beschäftigten ist noch in der Landwirtschaft tätig. Schließlich gehört der kleinasiatische Staat auch zu den sieben Ländern der Welt, die sich selbst mit Nahrungsmitteln versorgen können.

Unterentwickelte Landwirtschaft

Die Produktpalette der Landwirtschaft reicht vom einfachen Getreide-Trockenfeldbau mit Winterbrache bis zur hochtechnisierten Gewächshausproduktion. Dabei entfallen auf die südlichen Küstenprovinzen allein fast ein Viertel der Gesamterzeugung; hier dominieren Anbauformen mit künstlicher Bewässerung.

Dazu kommt ein florierender Baumwollanbau bei Antalya und bei Adana, der die Grundlage der Textilindustrie ist: Diese gilt aufgrund der Direktverkäufe an die Touristen als lebenswichtiges Standbein der Volkswirtschaft. Dabei nimmt die Türkei auch in Kauf, dass die allerorten praktizierte Markenfälschung ihr gegenüber EU-Ländern erheblich Probleme einbringt.

Aufbruch in die Globalisierung

Um die Volkswirtschaft ist es aber nicht allzu rosig bestellt, obwohl die Türkei in den letzten 20 Jahren versucht hat, sich mit gewaltigen Investitionsprogrammen geradezu in die Moderne zu katapultieren. Hunderttausende Kilometer neu asphaltierte Straßen, vierspuriger Ausbau bestehender, gewaltige neue Flughäfen; dazu Wohnungen für 15 Millionen neue Staatsbürger und

Subtropische Fruchtbarkeit

Ein Blick auf die Klimakarte zeigt: In der Ebene von Antalya sinken die Temperaturen selbst im Januar nicht unter die 5 °C-Marke, den Wert, der die subtropische Klimazone begrenzt. Kein Wunder also, dass sich in den Ebenen an der türkischen Südküste der agrarische Intensivanbau exotischer Nutzpflanzen konzentriert. Orangen und Limonen werden rund um Antalya erzeugt – und das in alter Tradition, denn schon im alten Ägypten hießen die Zitrusfrüchte ›Adalia‹, nach ihrem bevorzugten Herkunftsgebiet. In der pamphylischen Ebene erstrecken sich riesige Baumwollfelder – inzwischen das wichtigste Agrarprodukt der Provinz. Die Region Fethiye erzeugt große Mengen Tomaten, bei Alanya und Anamur bringt die Zwergbanane gute Erträge. Und in mittleren Höhen im Binnenland, z. B. im Tal des Koça Çayı bei Eşen, wird auch Tabak angebaut.

noch einmal so viele Landflüchtlinge – ein schlicht unglaublicher Bauboom. Nicht zuletzt begann damit der Tourismus in der Türkei (heute die wichtigste Devisenquelle).

Doch während der Aktienhandel in Istanbul in Börsenkreisen als Geheimtipp gehandelt wurde, verlor die Lira dramatisch an Wert (1 $ 1980: 135 TRL, 2001: 400 000 TRL). Angesichts dieser galoppierenden Inflation von 70 % pro Jahr scheinen alle Erfolge mit frisch gedrucktem Geld finanziert worden zu sein. Auch das Wirtschaftswachstum konnte seit 1990 die stattlichen Raten von über 7 % in den 1980er Jahren nicht mehr erreichen. Ein weiteres Problem sind Arbeitslosenraten von 15–25 %, vor allem bei insgesamt 20 Mio. Jugendlichen unter 14 Jahren, die auf dem Arbeitsmarkt untergebracht werden müssen. Nicht zuletzt die Finanzkrise des Jahres 2001, als die Türkei bereits vor dem Staatsbankrott stand, lässt für die Zukunft wenig erwarten: Die hochverzinslichen Staatsanleihen der 1990er Jahre werden in den nächsten Jahren fällig, woher das Geld dafür kommen soll, kann kein Politiker sagen. So dürfte auch ein Beitritt zur Europäischen Union innerhalb der nächsten Dekade ziemlich utopisch sein, obwohl die EU Ende 2004 der Türkei schließlich doch Beitrittsverhandlungen angeboten hat.

Demokratie unter Aufsicht?

Seit der Regierungsübernahme durch die islamisch orientierte AKP unter Tayyip Erdoğan in 2002 ist die politische Entwicklung der Türkei in ein deutlich sanfteres Fahrwasser geraten. Durch Reformen und wirtschaftliche

Anbau von Baumwolle ist ein wichtiger Wirtschaftszweig an der Südküste

Erfolge konnte das Image der Türkei, dass durch die Finanzkrise, aber ebenso auch das Kurdenproblem, fundamentalistische Terroranschläge und schwerwiegende Korruptionsskandale angekratzt war, aufpoliert werden. Und doch hat dieser Erdrutschsieg, bei dem erstmals seit den 1950er Jahren wieder eine absolute Parlamentsmehrheit zustande kam, die tiefe Krise deutlich gemacht, in die die Staatsideologie, der Kemalismus, in den letzten 15 Jahren geraten ist.

Die Türkische Republik *(Türkiye Cumhuriyeti)* wurde in den Kriegen gegen die Griechen und den bürgerkriegsähnlichen Konflikten der 1920er Jahre gegen die Minderheitenvölker Kleinasiens aus einem türkischen Nationalismus geboren, der zur Grundlage der Staatsideologie von Kemal Atatürk (s. S. 30) wurde, die offiziell bis heute Gültigkeit beansprucht.

Doch tatsächlich war der Militärputsch vom September 1980 die Geburtsstunde der nachkemalistischen Türkei. Zunächst hinter den Kulissen, als stellvertretender Ministerpräsident, stieg damals ein Mann auf, der mit Recht als ›Vater der heutigen Türkei‹ gelten darf: Turgut Özal. Der zur neoliberalen Schule gerechnete Wirtschaftsexperte setzte eine stärkere Öffnung der Türkei gegenüber dem Ausland durch. Sein Erfolg beruhte auf der Grundlage eines ideologischen Spagats, der Indiz für die komplizierte politische Situation des Landes ist. Mit seiner Wirtschaftspolitik gelang es Özal, die bürgerlichen Ober- und Mittelschichten zu gewinnen; da er aus einer bekannt religiösen Familie stammte, konnte er zudem die (entscheidenden) Stimmen der islamisch orientierten Bevölkerungsschichten auf sich vereinigen.

Doch setzte sein Wirtschaftsprogramm – wie sich im Rückblick zeigt – eine sozialpolitisch unheilvolle Dynamik in Gang. Von den ›unbegrenzten‹ Möglichkeiten des von staatlicher Gängelei befreiten Kapitalismus profitierten vor allem die großen Industriellenfamilien. Durch die wachsende Enttäuschung der kleinen Leute über Lohnstopp, Inflation und Verarmung stieg in den 1990er Jahren die islamisch orientierte Refah Partisi zur stärksten türkischen Partei auf, stellte 1996/97 mit Necmettin Erbakan auch den Ministerpräsidenten, bis sie Anfang 1998 auf Druck der Generäle verboten wurde.

Tatsächlich versteht sich das Militär ganz offen als Hüter der laizistischen Staatskonstruktion und einer Demokratie nach westlichem Vorbild. Dreimal haben die Generäle seit Atatürks Tod geputscht – und noch bis 2003 konnten die Militärs über den Nationalen Sicherheitsrat die Richtung der Politik bestimmen (es war eine der ersten Maßnahmen der AKP, mit ihrer Mehrheit die Verfassung entsprechend zu ändern). Die Rolle des Militärs bleibt symptomatisch, war doch die Westorientierung der türkischen Gesellschaft seit der Staatsgründung ein von oben aufgezwungener Prozess. In der Bürokratie wie in der Parteipolitik hat das System der ›gelenkten Demokratie‹, das Misstrauen gegenüber dem einfachen Volk eine lange Tradition. Dieses System gründet auf dem Prinzip der Patronage, nach dem die jeweiligen In-

AUF DEM WEG IN DEN ISLAMISMUS?

Die politische Situation in der Türkei ist alles andere als leicht zu verstehen. In den bürgerlichen Parteien bestimmen graue Eminenzen und mafiöse Korruption den Kurs, und während die Generäle unbeirrt an den Prinzipien des prowestlichen Kemalismus festhalten, wendet sich das Volk islamisch geprägten Politikkonzepten zu. Und dazu kommen noch die Europäische Union und die Weltbank, die als potente Geldgeber auch innenpolitisch eine sehr dominante Rolle spielen.

Die zunehmende Revitalisierung religiös-traditioneller Denkweisen bei großen Teilen der Bevölkerung kam erstmals mit der Wahl 1995 zum Ausdruck, als die islamistische *Refah Partisi* (Wohlfahrtspartei) stärkste politische Kraft wurde. Dabei deutete sich aber zugleich auch eine tiefe Demokratiekrise an, nämlich das fundamentale Versagen der bürgerlichen Parteien in der Frage der Organisiation einer hinreichenden Partizipation der Bevölkerung. Obwohl die Generäle Ende 1997 den Rücktritt Erbakans erzwangen und die Refah wenig später verboten wurde, kamen den bürgerlichen Parteien immer mehr Wähler abhanden, bis schließlich in der Wahl 2002 die gemäßigt-islamische AKP *(Adalet ve Kalkınma Partisi,* Partei für Wohlstand und Entwicklung) mit einem sensationellen Erdrutschwahlsieg die absolute Mehrheit im Parlament erringen konnte. Die republikanische Mitte, vertreten in der Doğru Yol Partisi (Partei des rechten Weges, DYP) und der Anavatan Partisi (Mutterlandspartei, AnaP), brachte insgesamt noch knapp 15 % der Stimmen zusammen, beide Parteien scheiterten aber an der 10-%-Hürde. Einzig die sozialdemokratische Linke, vertreten in der einst von Atatürk gegründeten *Cumhuriyet Halkçı Partisi* (Republikanische Volkspartei, CHP) konnte noch, mit knapp 20 % Prozent der Stimmen, ins Parlament einziehen, nicht aber die *Demokrat Sol Partisi* (Demokratische Linkspartei, DSP), zuvor immerhin die Regierungspartei.

Diese immense Bewegung in der türkischen Parteienlandschaft spiegelt eine dramatisch wachsende Kluft zwischen der westlichen Lebensform all jener wenigen, die aus der Modernisierung und Globalisierung profitieren können, und den vielen Verlierern in dieser Entwicklung. Die tiefgreifenden Verarmungseffekte treiben immer größere Bevölkerungskreise in eine islamische Orientierung, deren grundlegendes Konzept als das einer gerechten Weltordnung verstanden wird.

Die Europäische Union tut sich mit dieser Entwicklung sehr schwer: Einerseits weiß jeder Politiker, dass ein Beitritt der Türkei nach den ökonomischen Basisdaten in absehbarer Zeit so gut wie ausgeschlossen ist, dennoch wird als Voraussetzung eines Beitritts die Entmachtung der pro-westlichen militärischen Führungsebene, die die Islamisten nun energisch vorantreiben, gefordert. Angesichts der geopolitisch bedeutsamen Situation des Landes – in unmittelbarer Nachbarschaft mit arabischem Terrorismus – eine zumindest tendenziell riskante Position. Schließlich würde nach einem Ausscheren der Türkei aus dem europäischen Konsens die Grenze des ›Abendlandes‹ wieder kurz hinter Wien verlaufen.

Parade beim Nationalfeiertag

haber der Macht ihren Gefolgsleuten als Gegenleistung für deren Unterstützung ökonomische Vorteile, einen sicheren Arbeitsplatz oder eine gute Ausbildung etc. garantieren. Zugleich werden dadurch jedoch der Korruption Tür und Tor geöffnet.

Dennoch: Obwohl die Türkei im Vergleich mit westeuropäischen Staaten autoritäre und überaus nationalistische Züge trägt – vor dem Hintergrund der islamischen Staaten Vorderasiens erscheint das Land bemerkenswert modern. Dies betrifft vor allem die Presse, die wirklich sehr frei und auch viel frecher als im Westen agiert. Was türkische Journalisten ungestraft (und auch ungehindert von Selbstzensur) schreiben dürfen, kann man in den englischen Exzerpten der Turkish Daily News nachlesen – vergleichbar kritische und vor allem auch respektlose Texte würde kaum eine deutsche Zeitung abdrucken.

GESCHICHTE IM ÜBERBLICK

Frühgeschichte

80 000 v. Chr.	Seit der Altsteinzeit ist Kleinasien von Jägerkulturen besiedelt. Ein wichtiger Fundort ist die Karain-Höhle (s. S. 150).
6000–3000	Schon seit dem 7. Jt. entstehen aus Lehm gebaute Städte (z. B. Çatal Hüyük bei Konya). Im kulturellen Bereich erreicht die Kleinplastik (kultische Idole) eine hohe Entwicklungsstufe.
3000–2600	Indoeuropäische Einwanderer überformen die frühe Bauernkultur; die Idolplastik verschwindet, als neue Technologie verbreitet sich die Metallverarbeitung.
2600–1800	Bronzezeit: Troia wird gegründet; in Ostanatolien entstehen assyrische Handelskolonien, auf Kreta die minoische Kultur.
1800–1300	Das östliche Kleinasien wird durch das Hethiter-Reich beherrscht, in Griechenland setzt sich ab 1600 die mykenische Kultur durch, die auf das westliche Kleinasien ausstrahlt.
12./11. Jh.	Die mykenische Kultur wie auch das hethitische Großreich zerbrechen unter der Wanderung der ›Seevölker‹ aus dem Norden. Während der ›Dorischen Wanderung‹ wird die Südküste von mykenischen Flüchtlingen besiedelt (Perge, Sillyon, Aspendos). In Kilikien setzt sich die frühgriechische Kultur gegen die späthethitischen Kleinreiche nicht durch.

Griechische Zeit

8./7. Jh.	Griechische Kolonisation; in Kleinasien werden gegründet: Phaselis und Side in Pamphylien, Kelendris und Nagidos im ›rauen‹ Kilikien.
Um 650	Die Lyder steigen zur Großmacht in Westkleinasien auf; erstmalig Prägung von Münzen im Handelsverkehr mit den Griechenstädten an der kleinasiatischen Westküste: Übergang von der Tausch- zur Geldwirtschaft.
546	Die Perser unter Kyros II. erobern Lydien, die griechischen Städte an der Küste sowie Lykien.
499–494	Der Aufstand der Griechen gegen die Perser unter Führung der Stadt Milet wird von Großkönig Darios I. niedergeschlagen. Damit beginnen die Perser-Kriege, in denen die Griechen unter Führung Athens die übermächtigen Truppen aus dem Osten abwehren können.
465	Zerstörung der persischen Flotte am Fluss Eurymedon bei Aspendos durch die Verbände des delisch-attischen Seebundes unter Kimon. Der Sieg markiert die weiteste Ausdehnung des nach Salamis (480) gegründeten Bundes unter Führung Athens. Doch im Kallias-Frieden (448) fällt Kleinasien wieder an die Perser.

336 Alexander der Große unterwirft Kleinasien und befreit die Griechenstädte an den Küsten. Die Schlacht bei Issos (an der östlichen Südküste nahe İskenderun) öffnet ihm den Zugang nach Asien.

323 Nach Alexanders Tod zerfällt das Reich in den Kämpfen seiner Stabsoffiziere um die Nachfolge (Diadochenkriege). Es bilden sich neue, halbwegs unabhängige Reiche: Armenien, Bithynien, das keltische Galatien sowie Pontos unter Mithradates I. – der Eunuch Philetairos gründet mit der Kriegskasse des gefallenen Generals Lysimachos das Reich von Pergamon.

188 Mit dem Vertrag von Apameia setzen sich die Römer gegen den Seleukiden Antiochos III., der 197 die Südküste erobert hatte, als Ordnungsmacht in Kleinasien durch. Pamphylien fällt an Pergamon; die lykischen Städte, zunächst unter der Herrschaft von Rhodos, schließen sich 167 zu einem unabhängigen Bund zusammen.

Römische Zeit

133 Nach dem Tod des Pergamon-Königs Attalos II. fällt sein Reich mitsamt Pamphylien testamentarisch an die Römer. Unter schwacher römischer Präsenz setzen sich in den Hafenstädten Piraten fest, die Rom zunächst mit Sklaven beliefern, dann aber von Olympos, Side und Alanya aus die römischen Handelsinteressen gefährden.

67 Pompeius, später im Triumvirat mit Caesar verbündet, vernichtet die kilikische Piratenflotte bei Alanya und stellt Pamphylien, Pisidien und Kilikien unter römisches Provinzregiment; der Lykische Städtebund hingegen bleibt frei.

42 Im Bürgerkrieg nach der Ermordung Caesars (44) fällt der Osten des Imperiums an Marcus Antonius, der seine Herrschaft durch Klientelkönige festigt und Alanya sowie andere Häfen der Südküste der ägyptischen Königin Kleopatra, seiner Geliebten, schenkt.

31 v. Chr. Antonius wird bei Actium von Octavian geschlagen, der sich nun als Augustus zum unbestrittenen Herrscher des Reichs aufschwingen kann – er beendet den Bürgerkrieg und proklamiert den ›Weltfrieden‹. In Kleinasien kommt es während der Pax Romana zu einer intensiven Romanisierung.

46 n. Chr. Erste Missionsreise des Apostels Paulus im Auftrag der Gemeinde Antiochia; Beginn der Christianisierung Kleinasiens, die rasch alle größeren Städte erfasst.

130 Kaiser Hadrian (Hadrianus) besucht auf seiner Reise durch die kaiserlichen Provinzen die Städte der Südküste. Diese erreichen im 2./3. Jh., unter den Kaisern Trajan (Traianus) bis Marcus Aurelius, den höchsten Wohlstand ihrer Geschichte, von dem heute noch zahlreiche Prachtbauten zeugen.

Der Alexanderzug

Der Eroberungszug der Griechen unter Alexander dem Großen nach Persien war für Kleinasien und die ganze Mittelmeerwelt ein historischer Angelpunkt: Griechentum und orientalische Kultur durchdrangen sich zum **Hellenismus;** als die Römer die hellenistischen Königreiche des Ostens beerbten, wurde diese Melange zur Grundlage des kaiserzeitlichen Imperiums, das den ganzen Mediterranraum vereinte. Und nur auf dieser Grundlage konnte sich der Siegeszug des Christentums nach Europa vollziehen.

Pergamenisches Alexander-Portrait, heute im Antikenmuseum in Istanbul

330 Konstantin der Große, der die diokletianische Christenverfolgung 313 beendete, erhebt Byzanz am Bosporus, das spätere Konstantinopel, zur neuen Hauptstadt des Reiches.

392 Die Tempelschließung durch den ›Christenkaiser‹ Theodosius I. etabliert das Christentum als Staatsreligion.

476 Während das Weströmische Reich in der germanischen Völkerwanderung erlischt, lebt die römisch-griechische Kultur im ›byzantinischen‹ Reich der Rhomäer (= Römer) fort.

Byzantinische Zeit

474 Der Isaurier Zenon (Tarasikondo) wird Kaiser (bis 491); er stiftet zahlreiche Bauwerke in seiner kilikischen Heimat. Die Isaurier aus dem ›rauen‹ Kilikien waren unter Leon I. in die kaiserliche Garde berufen worden, um den Einfluss der Germanen zurückzudrängen.

627 Kaiser Heraklios (610–41) schägt die persischen Sassaniden zurück, die zuvor die Christenmetropole Antiochia geplündert hatten und bis nach Konstantinopel vorgestoßen waren.

638 Antiochia fällt an die Araber. In der arabischen Expansion gehen dem Byzantinischen Reich die kilikischen Gebiete bis zum Taurus verloren, die Küstenstädte im Westen sind durch die Flotten der arabischen ›Sarazenen‹ bedroht.

964 Kaiser Nikephoros II. Phokas gelingt es, die Schwäche des abbasidischen Kalifats (Eroberung Kairos durch die Fatimiden) zu nutzen: Kilikien wird zurückgewonnen.

1025 Nach dem Tod Kaiser Basileios' setzt der Niedergang von Byzanz ein, das unter den Druck der aus Asien vorrückenden islamischen Türkenstämme gerät.

Seldschukische Zeit

1071 Die Seldschuken, die unter dem Abbasiden-Kalifat ein Reich in Persien gegründet hatten, schlagen den Kaiser Romanos IV. bei Malazgirt (Mantzikert) und stoßen bis nach Nikaia (İznik) vor. Bald darauf etabliert der seldschukische Emir in Kleinaisen das unabhängige Sultanat von Rûm (Ostrom), ab 1134 mit der Hauptstadt in Konya. Aus dem Osten verdrängte Armenier siedeln sich in Kilikien an.

1096 Nach einem Hilfsgesuch der bedrängten Byzantiner ruft Papst Urban den 1. Kreuzzug aus, in dessen Verlauf die Kreuzritter 1099 Jerusalem erstürmen. Neben dem fränkischen Königreich Jerusalem und dem Fürstentum Antiochia bilden sich kleinere Herrschaften christlicher Ritter entlang der kleinasiatischen Küste.

1189 Nach der Eroberung Jerusalems durch den Aijubiden-Sultan Saladin stellt sich der deutsche Kaiser Friedrich I. Barbarossa an die Spitze des 3. Kreuzzugs – doch ertrinkt er am 10. Juni 1190 im Kalykadnos kurz vor Silifke (s. S. 206).

1198–1204 Das Byzantinische Reich zerbricht: In Kilikien erreicht das Königreich Kleinarmenien unter der Lehnsherrschaft des deutschen Kaisers seine Unabhängigkeit. Der 4. Kreuzzug richtet sich direkt gegen Konstantinopel. Das Zentrum der orthodoxen Christen wird 1204 geplündert. Die römischen Christen errichten das Lateinische Kaiserreich.

1226 Begünstigt durch die Schwäche der Byzantiner, erobern die Seldschuken unter Sultan Alaeddin Keykubat (1220–36) ganz Pamphylien bis Alanya und kontrollieren nun den Handel zwischen Mittelmeer und Schwarzem Meer. Venezianer und Genuesen errichten unter dem Schutz der Sultane Niederlassungen entlang der Südküste.

1243 Die Seldschuken werden den Il-Chanen, den mongolischen Herrschern von Persien, tributpflichtig. Die turkmenischen Stämme, die im 12. Jh. unter den Seldschuken in das anatolische Hochland einwanderten, bilden unabhängige Emirate (Beylikler).

1277 Anti-seldschukischer Aufstand der anatolischen Turkmenen unter Führung der Karamanen-Dynastie; Konya wird besetzt, die persisch orientierte Verwaltung zerschlagen, das Türkische neue Amtssprache.

Osmanische Zeit

1299 Osman Gazi, Führer eines Turkmenen-Stammes aus der Gegend von Eskişehir, legt den Grundstein des Osmanischen Reichs; sein Sohn Orhan nimmt nach der Eroberung von Prussa (Bursa) 1326 den Sultanstitel an.

1326 Die Osmanen erobern Edirne (Adrianopel) auf europäischem Boden; in Anatolien herrschen weiterhin unabhängige Emire.

1375 Verbündet mit den turkmenischen Emiren zerschlagen die ägyptischen Mamluken das kleinarmenische Königreich. Sie setzen die Karamanen im Westen und die Ramazanen im Osten Kilikiens (Adana) als tributpflichtige Oberherren ein. Um Antalya entsteht das Emirat des Teke Bey.

1399 Dem Osmanen Beyazıd I. gelingt es, die anatolischen Emirate zu unterwerfen, nachdem er 1397 Konya erobert hat und von den Mamluken als ›Sultan des Römerlandes‹ anerkannt worden ist.

1402 Der Tataren-Chan Timur Lenk (Tamerlan) besiegt die Osmanen vernichtend; die Karamanen kehren als seine Vasallen zurück. Doch die Osmanen konsolidieren ihr Reich nach Abzug und Tod Timurs; 1415 erobert Mehmet I. Antalya zurück.

Byzantinische Klöster wie Alahan in den Bergen nördlich von Silifke zeugen von der christlichen Besiedlung Kleinasiens

1453 Fatih Mehmet II. nimmt Konstantinopel ein; unter dem ›Eroberer‹ setzen sich die Osmanen in ganz Kleinasien durch.

1522 Unter Süleyman I., der das Reich zur größten Ausdehnung (Balkan, Ägypten, Persien) führt, wird der Ritterorden der Johanniter auf Rhodos, die späteren Malteser, zur Kapitulation gezwungen. Die Türken kontrollieren nun das gesamte östliche Mittelmeer; die Küsten Kleinasiens verlieren ihre Bedeutung für den Fernhandel.

17./18. Jh. Während die Sultane zum Spielball von Haremsintrigen werden, fällt die Macht mehr und mehr an die ›Hohe Pforte‹, die Residenz der Großwesire. Die unterworfene nicht-muslimische Bevölkerung unterliegt keiner Zwangsbekehrung, muss aber hohe Kopfsteuern zahlen. Während Slawen und Albaner in die höheren Verwaltungsämter aufsteigen, Griechen und Armenier den Handel kontrollieren, bleiben die Turkmenen des anatolischen Berglands in ihrer Rückständigkeit gefangen.

1829 Die Osmanen erkennen die Unabhängigkeit der Griechen (Freiheitskampf seit 1821) an. Im Anschluss muss der Sultan Kilikien seinem praktisch souveränen Pascha von Ägypten, Mehmet Ali, überlassen (bis 1841).

1839 Mit den Tanzimat-Reformen sucht Sultan Abdülmecit I. das Reich zu modernisieren; der Turban wird abgeschafft, eine Beamtenverwaltung eingesetzt.

1889 Die Türkei-Reise des deutschen Kaisers Wilhelm II. festigt das Bündnis mit dem Deutschen Reich, das 1902 zum Bau der Bagdadbahn, einer Eisenbahnverbindung zum Persischen Golf, führt.

1908 Die ›jungtürkische Revolution‹ erzwingt die Annahme einer Verfassung. Alle Bemühungen können den Zerfall des Reichs jedoch nicht verhindern. Im Balkankrieg 1912/13 gehen fast alle europäischen Gebiete verloren.

1918 Der Erste Weltkrieg endet mit der totalen Niederlage; 1919 wird Kleinasien von Alliierten und Griechen besetzt: Der Südwesten soll an Italien fallen, der Südosten an Frankreich.

Erste Reisende

Die ersten Europäer, die nach Jahrhunderten wieder die Südküste bereisten, mussten mit dem Boot kommen: Der englische Kapitän Francis Beaufort traf 1811 aber noch auf großen Widerstand und brach seine Expedition wegen einer Verwundung bald ab. Charles Texier hatte 1842 mehr Glück. Er entdeckte 11 lykische Städte und ließ kistenweise antike Skulptur nach London verschiffen.

Türkische Republik

1920	Mustafa Kemal, seit 1934 Atatürk (›Vater der Türken‹), ruft in Ankara zum Befreiungskrieg auf.
1921/22	Der griechisch-türkische Krieg endet mit dem Sieg der ›Nationalen Regierung‹ unter Atatürk. Abschaffung des Sultanats.
1923	Im Vertrag von Lausanne wird ein ›Bevölkerungsaustausch‹ zwischen Griechenland und der Türkei vereinbart, 1,3 Mio. Griechen werden aus ihrer alten Heimat vertrieben. Am 29. Oktober proklamiert Atatürk die Türkische Republik und wird zum Staatspräsidenten ernannt.
1924–28	Reformen Atatürks; die Türkei wird ein laizistischer Staat, das Kalifat abgeschafft.
1938	Tod Atatürks, General İsmet İnönü wird Staatspräsident.
1960	Erster Militärputsch kemalistischer Offiziere gegen eine konservative, prowestliche Restaurationsregierung; ihr Ministerpräsident Menderes wird hingerichtet.
1971	Zweiter Militärputsch; die Regierung Demirel wird zum Rücktritt gezwungen. In den 1970er Jahren wachsende wirtschaftliche Probleme und politische Radikalisierung.
1974	Invasion auf Nordzypern, als die griechische Obristenjunta versucht, die Insel zu annektieren.
1980	Dritter Militärputsch nach bürgerkriegsähnlichen Konflikten zwischen Rechts- und Linksparteien. Generalstabschef Kenan Evren wird Präsident, eine restriktive Verfassung verabschiedet.
1983	Neuwahlen bringen eine wirtschaftsliberale Regierung unter Turgut Özal (AnaP) an die Macht. Die Modernisierung der Türkei wird eingeleitet, der Tourismus gefördert. 1989 wird Özal Staatspräsident.
1993	Tod Özals. Demirel wird Staatspräsident, Tansu Çiller als erste Frau Ministerpräsidentin.
1996	Die islamistische Refah Partisi wird stärkste Partei und stellt den Ministerpräsidenten; Ende 1997 erzwingen die Militärs jedoch den Rücktritt des Islamisten Erbakan. 1998 Verbot der Refah Partisi (die als Fazilet Partisi wiedergegründet, 2001 erneut verboten wird).
2001	Trotz eines fulminanten Tourismusbooms gerät die Türkei durch eine Finanzkrise an den Rand des Staatsbankrotts. Die Lira verzeichnet einen enormen Wertverlust von 100 % in einem Monat.
2002	Der Euro entwickelt sich regional zu einer Schattenwährung, Verarmungstendenzen im ländlich-agrarischen Bereich verschärfen sich. Die Islamisten der AK-Partei gewinnen die absolute Mehrheit und übernehmen allein die Regierung.
2003	Die islamische AK-Partei bringt eine Verfassungsänderung durch, die den Einfluss der westlich orientierten Militärs zurückdrängt.
2004	Die EU bietet der Türkei Beitrittsverhandlungen an.

ATATÜRK, DER VATER DER TÜRKEN

Ein ›Revolutionär‹ macht die moderne Türkei

Kein Dorf ohne eine Atatürk-Straße, keine Stadt ohne ein Monument zu Ehren des ›Vaters der Türken‹, kein Büro ohne sein Bild – wohl selten hat ein Politiker ein Land so sehr geprägt und so nachhaltigen Einfluss hinterlassen wie Mustafa Kemal Atatürk, von 1923 bis 1938 Präsident der Türkischen Republik. Als er am 10. November 1938 an einer durch Alkohol und Kokain zerstörten Leber starb, hatte er einen verlorenen Weltkrieg doch noch gewonnen und aus dem Nichts einen Nationalstaat begründet.

Von Gallipoli nach Ankara: 1881 in Saloniki (dem griechischen Thessaloniki) geboren, begann Mustafa Kemal seine Karriere beim Militär und schloss sich dort der modernistisch und zugleich pan-türkisch orientierten Bewegung gegen Sultan Abdülhamit II. an, deren Führer nach der ›Jungtürkischen Revolution‹ 1909 die Regierung übernahmen. 1915 gelang ihm durch eine ebenso glänzende wie brutale Strategie, die etwa 250 000 türkischen Soldaten den Tod brachte, die Verteidigung der Gallipoli-Höhen gegen die Invasion der Alliierten. Dadurch wurde er General, seine große Stunde kam aber erst, als das Osmanische Reich nach Ende des Ersten Weltkriegs unter den Siegermächten und Griechenland aufgeteilt werden sollte. Die Jungtürken waren aufgrund der Niederlage politisch desavouiert, doch Kemal, der seinen Beinamen Atatürk erst 1934 erhielt, setzte nun auf den ›kleintürkischen‹ Nationalismus.

1919 rief Mustafa Kemal auf den Kongressen von Erzurum und Sivas zur Verteidigung des Landes gegen das Siegerdiktat auf; 1920 wählte ihn die erste Große Nationalversammlung in Ankara zu ihrem Präsidenten. Als der Sultan im Vertrag von Sèvres die Gebietsansprüche der Alliierten anerkannte, nahm Kemal den militärischen Kampf auf. Mit einer nationalen Armee aus anatolischen Bauern schlug er bis 1922 die griechischen Invasionstruppen zurück. Durch den Friedensvertrag von Lausanne wurde 1923 der Sieg des Freiheitskampfes dokumentiert. Am 28. 10. 1923 proklamierte Mustafa Kemal die Türkische Republik.

Entwicklung des Kemalismus: Als ›Retter des Vaterlands‹ konnte der einstige Revolutionär seine Aktivitäten nun ganz auf innenpolitische Bereiche konzentrieren. Unter seiner Führung wurden die alten Strukturen des feudalistisch-islamischen Osmanenreichs zerschlagen. Um die Türkei zu einem modernen Staat umzubauen, entwickelte er sechs zentrale Prinzipien des Kemalismus, die bis heute Verfassungsrang besitzen. Neben den Prinzipien des Republikanismus, des Nationalismus, des Populismus (Volksverbundenheit) und des Reformismus (Anschluss an die europäische Zivilisation), die die politische Kultur betrafen, hatte n vor allem die Grundsätze des Etatismus (staatliche Wirtschaftslenkung) und des Laizismus, die Trennung von Staat und Religion, weitreichende Konsequenzen:

Die Abschaffung des Kalifats 1924, mit der die gesamte islamische Welt ihres geistigen Führers beraubt wurde (vergleichbar also mit der Abschaffung des Papsttums), war Auslöser zahlreicher Aufstände in Ostanatolien, die vor allem von Kurden getragen wurden. Deren blutige Niederschlagung legte dann den Grundstein jenes Konflikts, der die Türkei bis heute nicht zur Ruhe kommen lässt. Mit der Übernahme des Bürgerlichen Gesetzbuches der Schweiz (1926) anstelle der islamischen Sharia-Gesetze (trk. *şeriat)* endete das Recht zur Mehrehe; der Fez, die alttürkische Kopfbedeckung, wurde ebenso wie der Harem verboten. Den erstmals als Rechtspersönlichkeit anerkannten Frauen empfahl Atatürk immer wieder, den Schleier, das Symbol der alten Ordnung, abzulegen. Schließlich wurden mit der Einführung des Gregorianischen Kalenders anstelle der muslimischen Jahreszählung und der Verlegung des wöchentlichen Ruhetags vom Freitag auf den Sonntag alle islamischen Elemente im öffentlichen Leben ausgelöscht. Und auch die osmanische Schrift wurde zugunsten lateinischer Schriftzeichen abgeschafft.

Außenpolitisch verfolgte Kemal zunächst eine Anlehnung an die UdSSR. 1936 erreichte er nach der Verbesserung der Beziehungen zu Großbritannien auf der Meerengenkonferenz in Montreux, dass die Türkei die Kontrolle über die Dardanellen zurückerlangte. Ein weiterer Erfolg der Annäherung an die westliche Welt war die Rückgabe der Provinz Hatay durch die Franzosen im Jahr 1938; zugleich nahm die Türkei in den 1930er Jahren Tausende von jüdischen Emigranten aus Nazi-Deutschland auf.

Kemalismus heute: Inzwischen ist das ideologische Konzept Atatürks nahezu vollständig ausgehöhlt, auch wenn der ›Kemalismus‹ immer noch durch die Verfassung geschützt ist. Der Staat hat sich fast ganz aus der Wirtschaft zurückgezogen, die Kluft zwischen Volk und Regierenden wächst, der Islam erhält als ›Rettungsbewegung‹ wachsenden Zulauf. Geblieben ist ein ausgeprägter Nationalismus, den man in der Türkei vor dem Dreisatz lernt: Atatürks Diktum *Ne mutlu Türküm diyene* (›Glücklich ist, wer sich Türke nennen darf‹) skandieren die Schulkinder vor jeder Unterrichtsstunde, und darin bleiben sich Rechte und Linke, Islamisten und Bürgerliche auch später einig – was auch der Grund ist, warum die in Deutschland aufgewachsenen Türken so enorme Anpassungsschwierigkeiten bei der Rückkehr haben. Atatürks Vermächtnis wiegt also schwer. Wer jedoch den Modernisierer der Türkei modernisieren könnte, ist leider nicht erkennbar.

Atatürks Credo

»Jeder hat das Recht zu denken, wie er möchte, zu glauben, was er will, seine politische Meinung zu äußern und jede Art von Religion zu praktizieren oder auch nicht. Aufgabe des Staates ist es, die Grenzen der Freiheit zu definieren. Er übernimmt diese Verantwortlichkeit mit dem einen Ziel: private Aktivitäten so zu bündeln, dass sie den gemeinsamen Zielen der Nation dienen.«

Kultur und Leben

Tee ist das Nationalgetränk der Türkei

LEBENSART IN DER TÜRKEI

Die Türkei ist ein orientalisches Land – und ist es auch wieder nicht. An der Südküste, zwischen Touristenstrand und Baumwollpflückerdorf, wird dieser Bruch zwischen den Welten besonders augenfällig. Wer sich auf die Menschen einlässt, muss auch den Spagat zwischen Tradition und Moderne meistern.

Gesellschaft im Umbruch

In den vergangenen 60 Jahren hat sich die Bevölkerung der Türkei annähernd vervierfacht. Inzwischen sind knapp die Hälfte aller Türken unter 20 Jahre alt – sie in Jobs und Wohnungen unterzubringen ist eines der großen gesellschaftlichen Probleme des Landes.

Auf der anderen Seite zwingt dies die Türkei zu einer enormen Dynamik. Städte wie Antalya verdoppeln ihre Einwohnerzahl in kaum 10 Jahren, überall wird gebaut, nichts bleibt, wie es war. Schwerpunkte dieser Entwicklung sind neben den Agglomerationen Istanbul, Ankara und İzmir vor allem die Südküste mit Antalya, Manavgat, Mersin und Adana. Dort schießen inzwischen riesige Vorstädte mit monotonen Betonwohnblocks aus dem Boden. Unter Bevölkerungsverlusten leiden die ohnehin schwach besiedelten Hochlandgebiete Inneranatoliens und der östlichen Gebirgsregionen. Diese Landflucht der bäuerlichen Bevölkerung hat dazu geführt, dass über 70 % der Türken in Städten leben.

Gerade die fruchtbaren Ebenen an der Südküste sind zudem Ziel einer ausgeprägten saisonalen Wanderungsbewegung: Auf den großen Agrarplantagen arbeiten während der Haupterntezeiten viele Einwohner der östlichen Landesteile im Tagelöhnersystem; in die Ferienorte kommen nur für die Sommermonate zahlreiche Arbeitsuchende aus Istanbul oder Ankara. Auch diese innertürkische Migration führt dazu, dass unterschiedliche Lebensstile und Kulturstandards hart und unmittelbar aufeinander prallen. Denn der Kellner aus Istanbul hat mit der türkischen Durchschnittsbevölkerung fast ebenso wenig gemeinsam wie ein deutscher Urlauber.

Zwei Welten: Stadt und Land

Die augenfälligen Unterschiede zwischen dem Leben in den Städten und in den Dörfern wirken für viele Besucher wie ein Schock. In den Taurus-Bergen, kaum eine Autostunde von den komfortablen Hotelburgen entfernt, findet man sich zwischen Holzhäusern wieder, vor denen die Frauen auf offenem Feuer das *sac böreği* (sprich ›sadsch böreji‹), das hauchdünne Fladenbrot der Nomaden, backen. Es ist ein Sprung in eine ›orientalische‹ Armut, die den reichen ›Gast‹ oft genug durch entwaffnende Freigebigkeit zu beschämen weiß. Hier sind die alten Traditionen der nomadischen *yörük* lebendig geblieben, die noch in den 1960er Jahren mit ihren niedrigen Filzzelten zwischen den Winterlagern in den Küstenebenen und den Yaylas (s. S. 15) hin- und herzogen. Heute ist diese Lebensweise so gut wie ganz verschwunden, als letztes Relikt jener unterschiedlichen Völker, die die Südküste Kleinasiens historisch prägten.

Griechen stellten die Bevölkerungsmehrheit in den Dörfern im Westen – sie mussten das Land nach dem türkisch-griechischen Krieg 1923 verlassen (s. S. 92). Armeniern gehörten bis 1914 die meisten Ländereien in der Çukurova-Ebene bei Adana im Osten – ihre Deportation und Vernichtung zählt zu den dunkelsten Kapiteln der Geschichte der Türkei. Arabische Einflüsse sind bis heute in der Provinz Hatay bei Antakya spürbar, dort leben auch noch etwa 20 000 monophysitische Jakobiten, Angehörige eines orthodox-christlichen Bekenntnisses.

Doch Bevölkerungswachstum und regionale Wanderungen haben im Zusammenspiel mit einem für Gesellschaften im Umbruch typischen Bedeutungsverlust überlieferter Traditionen die früher recht ausgeprägte ethnische Differenzierung der türkischen Staatsbürger nivelliert. Um die staatliche Einheit zu wahren, verlangt der Staat von allen Bürgern, dass sie die türkische Sprache beherrschen, christliche Gemeinden sind nur in Istanbul zugelassen.

Als größte ethnische Gruppe mit eigener Sprache und einem starken Bewusstsein der eigenen Tradition treten die Türken kurdischer Abstammung auf, deren Zahl inzwischen vermutlich weit über 20 Mio. beträgt. Die Siedlungsgebiete der *kürt* erstrecken sich vom Schwerpunkt bei Diyarbakır bis

In den Teehäusern trifft sich die Männerwelt, um zu spielen und zu plauschen

KLEINER TÜRKEI-KNIGGE

Wer im Land reist, merkt es schnell: Die Türkei ist ein Land im Umbruch, traditionelle und moderne Welt prallen hart aufeinander. In den Ferienzentren kann sich ein jeder noch benehmen, wie er will, spätestens bei der Fahrt ins Binnenland beginnt eine andere Welt. Die türkischen Menschen sind in aller Regel sehr aufgeschlossen, hilfsbereit und gastfreundlich – sie lieben es, ein Gespräch zu beginnen oder den Besucher einzuladen. Gerade der Gast aus Deutschland kann das mitunter als beschämend empfinden, weil Türken in Deutschland so häufig alles andere als gastfreundlich behandelt werden. Die herzliche Atmosphäre kann jedoch schnell umkippen, wenn man die Normen der türkischen Kultur nicht respektiert. Folgende Regeln helfen, die ärgsten Fettnäpfchen zu vermeiden:

Begrüßung: Auf eine persönliche Begrüßung legt man viel Wert: Küsschen wie im westlichen Mittelmeer sind zwar nur unter engen Freunden üblich, doch gibt man sich unter Bekannten und Geschäftspartnern stets die Hand. Hoch angesehen ist, wer auf die Begrüßungsformel *Hoş Geldiniz* (sprich ›hosch geldinis‹) die richtige Antwort weiß: *Hoş Bulduk* antwortet der, der zu Besuch kommt!

Einladungen werden oft als Geste ausgesprochen, man kann jedoch problemlos höflich danken und anderweitige Verpflichtungen vorschieben. Betritt man aber das Haus eines Türken, muss man wie in der Moschee die Schuhe ausziehen. Gern gesehen: kleine Geschenke für die Kinder, z. B. Schokolade. Und nicht vergessen: Fotos der Familie, v. a. der Kinder. Sie vorzuzeigen ist ein sehr beliebtes Ritual, um sich kennen zu lernen.

Frauen: Türkischen Frauen sollte man mit Zurückhaltung begegnen. Wer sich als Mann im Bus neben eine unbegleitete Frau setzt, muss z. B. um Erlaubnis fragen. Selbst wenn eine Frau modern gekleidet ist, heißt das nicht, dass sie sich nicht an die alten Regeln hält! In traditionellen Situationen (Ausflüge aufs Land, Dorfbesuch) sind weibliche Reisende mit langen Kleidern gut beraten. Ein größeres Tuch ist nützlich, um in den entsprechenden Situationen (v. a. Moscheebesuch etc.) Arme, Schultern oder den Kopf bedecken zu können.

Linke Hand: Diese gilt als unrein, da man sie traditionell zur Reinigung auf der Toilette verwendet. Speisen fasst man damit nicht an.

Moschee: Die Moscheen stehen auch Christen offen, doch meidet man die Gebetszeiten besser. Auf jeden Fall muss man die Schuhe am Eingang ausziehen und darf nicht zwischen der Mihrab-Nische und den Betern herlaufen, denn dann wird das Gebet ungültig.

Politik: Viele politische Fragen werden in der Türkei ganz anders beurteilt als in deutschen Zeitungen. Da Diskussionen schnell zu unangenehmen, auch aggressiven Konflikten umschlagen können, sollte man ›kritische‹ Äußerungen zu Themen wie Islam, Atatürk, Kurden strikt vermeiden. Wer aber zuhören will, erfährt, dass man die Dinge auch anders sehen kann als unsere Journalistenzunft.

nach Adana, aber auch weit auf irakisches und iranisches Territorium. Inzwischen wächst jedoch ihr Anteil in den Millionenstädten im Westen, an der Südküste arbeiten sie häufig während der Erntesaison auf den Feldern. Dass die türkische Regierung es jahrzehntelang versäumt hat, den Kurden, die in Ostanatolien von der Modernisierung der westlichen Landesteile nicht profitieren konnten, eigene kulturelle Ausdrucksmöglichkeiten zu gestatten, ist der Hauptgrund für die blutigen Konflikte, die Anfang der 1990er Jahre derart schrecklich eskalierten.

Stolz, ein Türke zu sein

Atatürks Reformen (s. S. 30) schufen die neue Türkei; ihr Credo war und ist das Bekenntnis zur türkischen Nationalität. Als 1927 die allgemeine Schulpflicht für alle siebenjährigen Kinder eingeführt wurde, war das auch ein Mittel, eine Nation zu formen. Noch heute beginnt jeder Unterrichtsmorgen mit dem Bekenntnis *Ne mutlu Türküm diyene* (›Glücklich ist, wer sich Türke nennen darf‹), und kurz vor dem 23. April, dem Tag der nationalen Unabhängigkeit, üben paramilitärisch herausgeputzte Schülergruppen trommelnd auf den Pausenhöfen ihren Aufmarsch für die Parade. Andererseits erhalten viele Kinder nur eine Grundschulbildung; voll berufstätige Jugendliche im Alter von 11 Jahren sind immer noch keine Seltenheit.

Kinderarbeit und Armut der Landbevölkerung sind nur die augenfälligsten Erscheinungen der sozialen Probleme der Türkei. Seitdem das System staatlich garantierter Preise aufgegeben wurde, sind die Einkommen der Landbevölkerung ins Bodenlose gefallen. Nur die Industriearbeiter und Angestellten, also lediglich etwa 35 %, sind sozialversichert. Die Löhne sind unvorstellbar gering; gut ausgebildete Angestellte können mit etwa 400 Euro rechnen, der Mindestlohn für Arbeiter beträgt 170 Euro. Und kaum vorstellbar in Deutschland: Rund zwei Drittel aller Verdienenden sind selbständig tätig; allzu häufig handelt es sich dabei um Kleinbauern oder Händler, um Familienunternehmen wie Restaurants oder Pensionen, wo alle Familienmitglieder teils helfend, teils mit anderen Nebenjobs zur Haushaltskasse beitragen müssen.

Dagegen konnte nur ein kleiner Teil der Bevölkerung von der Wirtschaftsliberalisierung der 1980er Jahre profitieren, das alte Istanbuler Bürgertum ebenso wie Newcomer, die in wenigen Jahren ein Vermögen machten. Inzwischen heimsen 20 % der Bevölkerung fast zwei Drittel der Gesamteinkommen der Türkei ein. Diese soziale Kluft bietet den Nährboden der wachsenden Rückbesinnung auf die kulturellen und religiösen Traditionen. Gegenüber der drohenden Verelendung bleibt oft nur das soziale Netz der Familiensolidarität.

Familie zwischen Tradition und Moderne

Der gesellschaftliche Wandel hat zwar auch die türkische Familie verändert. Aber selbst wenn man die traditionelle Großfamilie nur noch selten findet, sind

Schuhputzer

Die Schuhputzer *(boyacı,* s. auch S. 140) mit ihren messingglänzenden Kisten wird man kaum daran hindern können, sich sogar über Ledersandalen oder Turnschuhe herzumachen. Sie gehören einfach zum türkischen Stadtbild – ebenso wie die Simit-Verkäufer, die ihr Tablett mit den Sesamkringeln auf dem Kopf balancieren, oder die Kellner der Teestuben, die die ganze Umgebung mit *çay* (Tee) versorgen. Der Preis für die Politur-Behandlung liegt normalerweise bei umgerechnet etwa 50 Cent!

viele der alten Verhaltensmuster lebendig geblieben. Nach wie vor genießt der Vater als Familienoberhaupt besondere Achtung und hohen Einfluss. Nach wie vor wohnen die Kinder bis ins Erwachsenenalter bei ihren Eltern und führen ihr Einkommen an die gemeinsame Haushaltskasse ab, die vom Familienoberhaupt verwaltet wird. Nach wie vor dient dieses ›Money-sharing‹ als soziale Absicherung aller Familienmitglieder im Fall von Arbeitslosigkeit oder Krankheit. Und immer noch bestimmen Verwandtschaftsbeziehungen die beruflichen Chancen, werden Karrierepositionen, Jobs oder Ausbildungsstellen durch familiäre Vermittlung erreicht.

Verändert haben sich freilich – vor allem bei den städtischen Familien – die Rollen und Lebensumstände ihrer Mitglieder. So erhalten auch die jungen Frauen aus den Mittelschichten heute eine Schul- und Berufsausbildung und sind ganz selbstverständlich berufstätig. Viele kleiden sich modisch und sogar sexy, verzichten auf Kopftuch oder Schleier (der an türkischen Schulen sowieso verboten ist), andere beachten die islamischen Regeln strenger (was in der Türkei natürlich nicht verboten ist). Aber so westlich das Outfit auch scheinen mag, spätestens nach der Heirat ist der Mann wieder der Boss.

Auf dem Land bereiten die Frauen gemeinsam Gözleme zu, mit Schafskäse und Petersilie gefüllte Teigfladen

Ganz anders das Familienleben in den ländlichen Siedlungen. Die gesellschaftlichen Positionen sind strikt geschieden, ebenso die ihnen zugeordneten Räume. Das öffentliche Leben wird vollständig von den Männern dominiert, nur in ihrem Reich, dem Haushalt und der Gemeinschaft der Nachbarinnen, können Frauen sich frei bewegen.

Die Männer sind auf Straßen und Plätzen und vor allem im Teehaus präsent. Das *Çayhanesi* bildet den Mittelpunkt der Männerwelt; dort spielt man nicht nur *Okay* (s. Abb. S. 35), sondern redet auch über Geschäfte, darf Zoten erzählen und rauchen. Eine Frau würde es nie betreten. Andererseits haben die Männer tagsüber in den privaten Räumen des Hauses nichts zu suchen, sie gelten als Domäne der Frauen. Dort treffen sich die Nachbarinnen, um bei einem Schwatz gemeinsam zu arbeiten. In dieser weiblichen Welt sind die Beziehungen meist persönlicher, solidarischer, liebevoller als unter den Männern, die stets und ständig ihre Ehre beweisen müssen.

Die traditionellen Unterschiede in der Erziehung von Jungen und Mädchen haben sich in weiten Teilen der Bevölkerung gehalten. Den Höhepunkt

EINE FRAGE DER EHRE

Frauen in der Türkei

Für die türkischen Frauen war 2002 ein bedeutendes Jahr, denn da trat die Zivilrechtsänderung in Kraft, nach der die Aufnahme von Arbeitsverhältnissen nicht mehr von der Erlaubnis des Ehegatten abhängig ist. Zuvor konnte er ihr selbständige Arbeit und Einkommen verbieten und hatte dabei Staat und Polizei auf seiner Seite. Wenn man die offenen, unverschleierten, lebensfrohen Frauen in den modernen Zentren an den Küsten sieht, will man kaum glauben, dass manches Frauenleben in der Türkei ganz anders ausschaut. Wie das von Ayşe zum Beispiel, die, im siebten Monat schwanger, noch auf dem Feld arbeitet, aber glücklich ist, weil sie hofft, als fünftes Kind endlich einen Jungen zu bekommen. Oder von Emine, die das Haus allein höchstens zu Besuchen bei den Frauen der Nachbarschaft verlassen kann, auf den Markt oder zum Arzt jedoch nur in Begleitung ihres Mannes oder zumindest ihres siebenjährigen Sohnes gehen darf.

»Und wenn Ihr fürchtet, dass sie sich auflehnen, dann vermahnet sie, scheidet Euch von ihrem Lager und schlaget sie« (Sure 4,38) – so steht es im Koran, und so lautet das Credo vieler türkischer Männer immer noch. Verhüllt, gehorsam und immer drei Schritte hintendrein, so folgt die Frau auch heute auf dem Land ihrem Mann. Erst als Großmutter wird sie sehr verehrt, dann küsst man ihr sogar die Hand. Zwar wurden die Frauen durch die Reformen Atatürks als Rechtspersönlichkeit anerkannt und erhielten 1934 auch das allgemeine Wahlrecht. Doch in den ländlichen Gebieten gelten Mädchen immer noch geringer als Jungen; sie werden früh mit der Feldarbeit betraut – und müssen deshalb sogar häufig auf den Schulbesuch verzichten. Als höchstes Gut gilt ihre Ehre – zuallererst die Jungfräulichkeit, die schon durch eine Geste gegenüber einem fremden Mann in Gefahr geraten kann. Ihre Heirat wird vom Vater möglichst früh (gesetzliche Untergrenze 15 Jahre) in die Wege geleitet und gleicht oft immer noch einem Geschäft, bei dem ein möglichst hoher Preis für die Arbeitskraft der Braut herausspringen soll.

Freilich wäre es falsch, alle türkischen Frauen auf dieses Bild zu reduzieren. Frauen der Oberschichten sind im öffentlichen Leben überraschend stark vertreten. Ihr Anteil an den akademischen Berufen liegt sogar über dem in Deutschland. 1991 wurde die erste Frau zur Gouverneurin ernannt, 1993 wurde eine Frau sogar Ministerpräsidentin der Türkei. Solche ›Ausnahmefrauen‹ sind in Europa ausgebildet, fast immer stammen sie aus superreichen Familien.

Aber auch gut ausgebildete Frauen der Mittelschichten haben in der Regel nicht mit geschlechtsspezifischen Hindernissen zu kämpfen, um eine Anstellung in Banken, Versicherungen und Behörden zu bekommen. Sie ziehen sich jedoch meist nach der Heirat oder spätestens mit dem ersten Kind aus dem Berufsleben zurück – zumindest wenn das Einkommen des Mannes dazu ausreicht. Womit die

Selbstbewusst in die Zukunft leben: das können nicht alle Frauen in der Türkei

Ehre der Männer ins Spiel kommt: Wer seine Frau arbeiten gehen lassen muss, verliert seine Ehre, weil er nicht allein für die Familie sorgen kann.

Denn nicht die Frauenfrage, sondern die Frage der Ehre ist das entscheidende Muster: Männer haben Ehre, solange sie sie verteidigen können. Männer, die die Ehre ihrer Frauen nicht verteidigen können, verlieren ihre eigene. Frauen, die von Männern abhängig sind, gefährden deren Ehre durch unehrbares Verhalten. Frauen, die reich sind oder aus anderen Gründen unabhängig, haben eigene Ehre – und können tun, was sie wollen.

Daher ist das Leben der meisten türkischen Frauen einer rigiden sozialen Kontrolle durch die Männerwelt unterworfen. Der Vater, die Brüder und später der Ehemann, sie alle suchen ihre Ehre zu bewahren – wobei früher manches Mädchen zur Rettung der Familienehre vom eigenen Vater getötet wurde. Fremde Männer üben eine kaum weniger starke Kontrolle aus. In ihrem Verhalten gegenüber Frauen klingt unterschwellig immer auch der Versuch durch, herauszufinden, ob es sich um eine ›ehrbare‹ Frau handelt oder nicht – wobei eine Frau, die sich nicht in jeder Situation korrekt verhält, insgeheim verachtet wird.*

Diese Denk- und Verhaltensmuster sind überall in der Türkei noch lebendig. Hochmodische Kleidung, greller Nagellack, Berufstätigkeit oder luxuriöse Freizeitgestaltung – hinter der Fassade sieht es oft ganz anders aus …

* Das spricht ein sensibles Thema an, denn von diesem Problem können offenbar viele Frauen, die eine Liebesbeziehung oder einen Urlaubsflirt mit türkischen Männern eingegangen sind, ein Lied singen (eine intensive Diskussion ist z. B. im Türkei-Forum bei www.f8.parsimony.net zu verfolgen). Auch hier gilt, dass alles, was man sagen kann, letztlich nur die halbe Wahrheit ist. Es gibt ja nicht nur Berufsgigolos in den Ferienzentren – aber eben sehr viele ….

und gleichzeitig das Ende des Knabenlebens bildet die *sünnet düğünü,* wörtlich ›Beschneidungshochzeit‹, im Alter von etwa 6 oder 7 Jahren. Der angehende Mann wird wie ein Prinz gekleidet und wie bei einer Hochzeit durch den Ort gefahren. Der *hoca,* der Dorfgeistliche, versieht die durchaus schmerzhafte Operation mit dem entsprechenden religiösen Gepräge. Als Lohn der Tapferkeit wird der Knabe dann reich beschenkt. Mit diesem Tage ist er aufgenommen in die Welt der Männergesellschaft. Einen solchen Bruch und klar markierten Übergang in den Erwachsenenstatus erleben Mädchen nicht. Sie müssen sich ihren Zugang zur Öffentlichkeit erkämpfen und werden im Gegenteil eher misstrauisch dabei beobachtet.

Große Unterschiede zwischen Stadt und Land und zwischen Reich und Arm werden auch bei der Kleidung erkennbar. Neben den bunten weiten Pumphosen fällt auf dem Land besonders das Kopftuch auf – für viele moderne Frauen Symbol von Unfreiheit, für viele türkische Frauen ein Symbol ihrer Ehre und praktisch dazu. Männer tragen in der Regel Anzüge, mitunter sogar bei harter Arbeit. Schon der Besitz dieses Symbols westlichen Lebensstils zeigt, auch wenn es völlig zerknittert ist, einen gewissen Wohlstand.

Ganz anders die moderne Bevölkerung: Sie sucht sich nach westlichen Mustern elegant zu kleiden. Gerade in den Mittelschichten wird die Fähigkeit, in der Öffentlichkeit westliche Konsummuster, modische Kleidung und andere Symbole von Reichtum zu präsentieren, als Zeichen von sozialem Aufstieg gehandelt – verständlich vor dem Hintergrund der extremen Unterschiede zwischen einer verarmten Landbevölkerung und einer im Luxus schwelgenden Oberschicht.

Brautpreis und Kızkaçırma

Vor noch nicht allzu langer Zeit war es üblich, dass der Bräutigam der Familie seiner Braut einen Brautpreis zahlen musste, eine Art Entgeld für deren bisherige Investitionen in die Arbeitskraft dieser Frau: Das sind die berühmten 5 Kamele, die heute scherzhaft für blonde Touristinnen geboten werden.

Konnte man sich nicht auf einen Preis einigen, gab es das probate Mittel des *kızkaçırma,* der ›Jungfrauentführung‹. Dabei wurde die Braut in spe entführt und ihrer Jungfräulichkeit beraubt – danach tendierte der Brautpreis natürlich gen Null. Oft (aber nicht immer) geschah dies mit Einverständnis der Frau; oft auch, um den Vater überhaupt zur Einwilligung in die Heirat zu zwingen. Das Kızkaçırma ist also einer der Gründe, warum man in der Türkei so sehr auf die Töchter aufpasst.

Laizismus versus Islamisierung – Religion

Zu 99 % bekennen sich die türkischen Staatsbürger zum Islam, überwiegend in seiner sunnitisch-hanefitischen Prä-

Der Muslim betet knieend in Richtung zur Mihrab, der Gebetsnische, die nach Mekka weist. Von der Kanzel rechts, dem Minbar, predigt der Imam, der Vorbeter

gung, die als gemäßigte Richtung gilt. Daneben ist die liberalere alevitische Konfession vertreten, der etwa ein Viertel der Bevölkerung angehört, darunter namhafte Künstler und Intellektuelle.

Die Wahlsiege der islamistischen Partei in den 1990er Jahren zeigten aber einen deutlichen Vormarsch fundamentalistischer Einstellungen. Die türkische Gesellschaft ist heute innerlich zerrissen und driftet kulturell immer mehr auseinander. Einer in Konsumverhalten und Denkweisen westlich geprägten kleinen Oberschicht steht eine Bevölkerungsmehrheit gegenüber, für die dieser Lebensstil unerreichbar bleiben muss. Argumentationsmuster, die die Verwestlichung der Türkei, den kemalistischen Laizismus und nicht zuletzt auch die forcierten marktwirtschaftlichen Anpassungsprozesse als Wurzel aller Übel identifizieren, fallen dann nicht selten auf fruchtbaren Boden. Schon an den bisherigen Namen der islamistischen Parteien (*Refah* = Wohlfahrt, *Fazilet* = Tugend, *Saadet* = Wohlergehen) wird deutlich, worum es dabei wirklich geht. Vor dem Hintergrund hat auch der Staat selbst die reine kemalistische Lehre aufgegeben und finanziert die islamischen Imam-Hatip-Schulen, um die Fundamentalisten nicht in extremistische und terroristische Organisationen abzudrängen, die ihre Basis vor allem in Deutschland gefunden haben.

DIE ›FÜNF SÄULEN‹ DES ISLAM

Der Islam, sinngemäß die ›Hingebung in den Willen Gottes‹, regelt in seiner von der Geistlichkeit vertretenen Form nicht allein das religiöse Verhältnis des Einzelnen zu Gott, darf also keinesfalls nur Privatsache sein, sondern greift vielmehr tief in das soziale Leben ein. Auch wenn heute viele Gläubige in der Türkei einen individuellen Zugang zu Gott suchen, so lebt der orthodoxe Muslim doch in der Vorstellung, die Religion *(din)* müsse das weltliche Handeln bestimmen. Dies führt zum *iman*, dem Zeugnis für die Religion durch Befolgung ihrer Gebote.

Das wichtigste Gebot ist das **Bekenntnis** *(şahadet)*. Die Formel *Eşhedü en la ilahe ill Allah ve Muhammeden resul ullah* (»Ich bezeuge, dass es keinen Gott gibt außer Allah, und Mohammed ist sein Prophet«) genügt, um in die Gemeinschaft der Muslime aufgenommen zu werden. Diese Worte sind auch Bestandteil des *ezan,* mit dem der Müezzin die Gläubigen fünfmal am Tag zum Gebet ruft.

Das **Gebet** *(namaz)* ist, wie alle kultischen Handlungen, streng reglementiert. Voraussetzung ist die Reinheit *(tahara)*. Erst nach der rituellen Reinigung am Moscheebrunnen *(şadırvan)* darf der Muslim das Gebet vollziehen. Weil auch die Kultstätte rein sein soll, breitet er eine Matte oder einen Teppich aus. Er wendet sich in Richtung der *kıble*, also zur heiligen Stadt Mekka hin. Der Gebetsritus beginnt zunächst im Stehen mit der Formel *Allahu akbar* (arab. »Gott ist groß«), darauf folgt eine Verbeugung, bis die Hände auf den Knien liegen. Anschließend wirft der Gläubige sich nieder, so dass die Stirn den Boden berührt, setzt sich wieder auf, spricht die Şahadet und wirft sich erneut nieder. Den Abschluss des Gebetszyklus *(rekas)* bildet dann der Gruß *(selâm)* an die Mitbeter.

Das **Fasten** *(sijam)* im Monat Ramadan (trk. *ramazan)* dient der Erinnerung an die Askese des Propheten vor der Offenbarung des Koran. Der Gläubige soll sich vom Aufgang der Sonne bis zu ihrem Untergang jeder fleischlichen Genüsse (Essen, Trinken, Rauchen, Sex) enthalten.

Das **Almosen** *(zekat)* gilt ebenfalls als religiöse Pflicht. Man kauft sich dadurch von Sünden frei und darf reiche Belohnung im Paradies erwarten. Das Zekat ging früher an den Herrscher (der es für Armenspeisungen etc. verwandte), heute fließt es meist in den Bau von Moscheen, das höchste aller frommen Werke.

Kultischer Höhepunkt im Leben des Muslim ist die **Wallfahrt nach Mekka** *(hac,* sprich ›hadsch‹), die jeder, der es sich gesundheitlich und finanziell leisten kann, mindestens einmal absolvieren soll. Der Besuch der Ka'aba, des höchsten Heiligtums des Islam, wurde im Zeitalter des Tourismus sehr viel einfacher, entsprechend häufig unternehmen die Muslime daher heute die Wallfahrt.

So eint die islamische Welt ein fester Kodex von Regeln und Sitten, der sehr viel lebendiger ist als der christliche und auch sehr viel größeren Einfluss auf das soziale Leben hat. Hinter all dem steht aber, und das sollte man nie vergessen, der Glaube an den Gott Abrahams – der ja auch der christliche ist.

Insgesamt jedoch überwiegt bei weiten Teilen der Stadtbevölkerung in den westlichen Landesteilen eine tolerante Religiosität, die in ihrem Bekenntnis kaum das übersteigt, was auch in christlichen Kulturkreisen noch zum Alltag gehört. Der Fastenmonat *ramazan* wird mehr oder minder als Privatsache behandelt – Einschränkungen wie in anderen islamischen Ländern gibt es nicht.

Unverkennbar freilich bleibt, dass die Türkei ein islamisch geprägtes Land ist, dass die Religion auch das öffentliche Leben und den Alltag der Menschen bestimmt. Am Freitag, wenn sich die Muslime zum wichtigsten Gebet der Woche versammeln, platzen die Moscheen *(cami,* sprich ›dschami‹) aus allen Nähten – viele beten dann einfach unter freiem Himmel auf umliegenden Straßen und Plätzen mit. Doch auch an den anderen Wochentagen zeigt der Ruf des *müezzin,* der die Gläubigen zum Gebet auffordert, die starke soziale Präsenz des Islam. Sobald sein Gesang, das *ezan,* ertönt, erstirbt in fast allen Restaurants die Musik. Selbst in Großstädten wird man vor dem Kurban-Fest Schlachtungen auf offener Straße sehen, wobei das Blut des abgestochenen Schafs einfach durch den Rinnstein fließt. In dieser Sitte lebt der traditionelle Opferritus der Nomadenvölker weiter, sie soll Glück und Wohlstand bringen und dient zugleich der öffentlichen Präsentation von Rechtgläubigkeit.

Der Volksislam, der Glaube der einfachen Bevölkerung, ist denn auch noch stark durch vorislamische, schamanistische Züge geprägt. Ein weit verbreitetes Element dieses mystischen Islam ist die Verehrung von heiligen Steinen, Quellen und vor allem lokaler Heiliger, zu deren Grabstätten *(türbe)* regelrechte Wallfahrten stattfinden.

Schamanistische Tradition lebt auch in dem Versuch weiter, sich mit Amuletten gegen Unglück und vor dem ›bösen Blick‹ zu schützen. Als ›wirksamstes‹ Mittel haben sich dabei blaue Perlen oder blaue Augen erwiesen – wie überhaupt die Farbe Blau, z. B. im Cockpit von Bussen, vor Unfällen zu bewahren scheint.

Feste & Festivals

Die großen religiösen Feste sind das *Ramazan bayramı,* das Fest am Ende des Fastenmonats, und das *Kurban bayramı,* das Opferfest. Zu beiden Festen gehört natürlich das gemeinsame Gebet, zu dem (gegen die Regel) auch viele Frauen in die Moschee kommen.

Mit dem Ramadan-Fest, volkstümlich **Şeker bayramı** (›Zuckerfest‹) genannt, endet die Fastenzeit (trk. *ramazan);* es ist ein Schlemmerfest wie bei uns Weihnachten. Die Armen werden beschenkt und die Kinder bekommen neue Kleider (und Unmengen an Süßigkeiten). Es dauert drei Tage, das öffentliche Leben kommt aber schon am Nachmittag des Vortags zum Erliegen.

Das Opferfest **Kurban bayramı** findet am 10. Tag des Wallfahrtsmonats des islamischen Kalenders statt, in dem man zur Pilgerreise Hadsch (trk. *hac,* s. S. 44) aufbricht. Es ist der wichtigste islamische Feiertag und damit et-

Tracht für den ›Löffeltanz‹ bei einer Vorführung am Tag der Kinder, einem Nationalfeiertag

wa mit Ostern zu vergleichen. Als Erinnerung an das Opfer Abrahams, das Muslimen als Symbol der Unterwerfung unter den Willen Gottes heilig ist, schlachtet man ein Schaf oder Lamm für das Festmahl, zu dem sich die ganze Familie trifft. Teile des Fleischs werden an die Armen verteilt.

Der Fastenmonat und die religiösen Feste werden noch heute nach dem islamischen Mondkalender festgelegt, dessen Jahr nur 354 Tage dauert. Die Termine verschieben sich daher jedes Jahr um 10 bis 11 Tage nach vorn (Daten s. S. 218).

Darüber hinaus gibt es noch etliche andere religiöse Feste wie Mohammeds Geburtstag oder die ›Nacht der Offenbarung‹ (des Koran), die aber in der Türkei keine große Rolle spielen – jedenfalls nicht in den modernen Regionen an der Tourismus-Küste. Da der offizielle Islam Heiligenverehrung nicht kennt, gibt es auch keine lokalen Festtraditionen wie in christlichen Mittelmeerländern.

Zu den ›Republikfesten‹ an den **Nationalfeiertagen** (s. S. 218) kommt ebenfalls selten richtig Stimmung auf. Vormittags reden die Politiker vor der Atatürk-Statue, nachmittags geht man zu den Vorführungen der Kinder, Schüler- und Jugendgruppen. Das ist nicht uninteressant, denn hier kann man (selten genug) noch die alten türkischen Traditionstänze sehen.

Um die Saison aber ein wenig aufzulockern, haben die Tourismusleute eine ganze Reihe von **Festivals** kreiert, die teilweise sehr erfolgreich sind wie etwa der **Kemer Holiday Carnival** (s. S. 130), teils aber auch nur provinzielles Niveau bieten. Jedes Jahr hochkarätig besetzt ist hingegen das **Aspendos-Festival** an der Riviera-Küste, das seit 1994 Anfang Juni unter Förderung von Vural Öger, dem türkisch-deutschen Reiseveranstalter, im antiken Theater von Aspendos stattfindet. Gespielt werden Konzerte, Opern, Ballett von Ensembles aus der Türkei, Russland und Ex-Ostblockstaaten.

Türkische Teppiche

Die türkischen Teppiche *(halı)* und Kelims *(kilim)*, die auf die uralte Tradition der turkmenischen Nomaden Innerasiens zurückgehen, sind heute das vielleicht erfolgreichste Exportprodukt der Türkei. Nachdem diese Volkskunst lange kaum beachtet wurde, kam es seit den 1980er Jahren zu einem enormen ›Teppichboom‹ – was sicher auch mit dem Direkthandel mit den Touristen zusammenhängt.

Die Herstellung echter Teppiche oder Kelims ist reine Handarbeit und wird fast ausschließlich von Frauen übernommen. Vor allem für landlose Familien dient sie als wichtige Einkommensquelle – alle weiblichen Mitglieder der Sippe arbeiten in den Wintermonaten in Wechselschichten an den früher ausschließlich zum privaten Gebrauch produzierten Stücken. Im Frühjahr werden sie dann von den Händlern der

Vorsicht beim Teppichkauf

Wer in der Türkei einen Teppich kaufen will, sollte sich schon zu Hause einen Marktüberblick verschaffen. Beim Handeln sollte man ungefähr wissen, was die Stücke tatsächlich wert sind; es mehren sich mittlerweile die Klagen über angebliche Seidenteppiche aus merzerisierter Baumwolle, heillos überteuerte Preise und künstlich auf alt getrimmte Stücke.

Teppichhändler in Side

großen Teppich-Magnaten des Istanbuler Basars aufgekauft, die inzwischen auch Sommer-Dependencen an der Südküste führen. Ihr Preisdiktat ist knallhart – für ein Stück, das später 1500 € bringt, zahlt man tief im Osten vielleicht 90 Mio. TL, also 60 € – das lohnt sich wirklich. Man kann sich also vorstellen, wie viel Luft beim Handeln drin sein könnte.

Die Muster der Teppiche fallen je nach lokaler Herkunft, Stammestradition und Zweck unterschiedlich aus. Dabei werden zumeist symbolisch abstrahierte Motive verwendet, die jeweils eine feste Bedeutung haben. Die Produktion für die Touristen hat jedoch zu einem starken Verfall der alten, meist innerhalb der Familien überlieferten Traditionsmuster geführt. Heute findet man sogar schon Teppiche im Pop-Art-Stil.

Tanz und Musik

Der berühmteste Tanz der Türkei ist natürlich der **Bauchtanz** – die älteste aller Verführungskünste. Wie der Harem ist er im Europa des 19. Jh. zur Verkörperung von schrankenloser Erotik in einer schwülen orientalischen Welt geworden. Zur traditionellen Volkskultur gehört der Bauchtanz jedoch nicht, er kommt vielmehr aus dem pharaonischen Ägypten, wie jahrtausendealte Grabgemälde belegen. Seit der frühen Republikzeit führte der *oryantal* (oft engl. *Belly Dance* genannt) in zwielichtigen Nachtclubs ein schillerndes Eigenleben.

Den echten Bauchtanz erlebt man auch heute noch am besten im Rotlichtmilieu Istanbuls. An der Südküste finden in vielen großen Hotels regelmäßig Vorstellungen mit einem etwas ›entschärften‹ Programm statt, bei denen man sich dennoch ordentlich verrucht fühlen kann, wenn man den meist wirklich ansehnlichen Tänzerinnen das Trinkgeld in BH oder Slip steckt. Die Mädchen waren ursprünglich oft Zigeunerinnen, denn für eine ›ehrbare‹ türkische Frau ist so etwas gänzlich undenkbar – heute treten bei den Show-Abenden der Hotels vielfach Bulgarinnen oder Rumäninnen auf (die Nachfrage ist groß ...), so dass die Qualität zunehmend zu wünschen lässt und eigentlich mehr dem Genre Comedy zuzurechnen ist.

Echte türkische Volkstänze und Volksmusik kann man nur sehr selten erleben. An der Südküste sind vor allem die **Oyun-Tänze** verbreitet. Das Wort bedeutet ›Spiel‹; bei solchen Vorstellungen werden meist kriegerische Szenen dargestellt, etwa im martialischen *Kılıç Kalkan Oyunu,* dem ›Säbel-und-Schild-Spiel‹. Zu diesen Gruppentänzen gehören auch die *Kaşık Oyunları,* die ›Löffelspiele‹, bei denen die Tänzer den Rhythmus mit Holzlöffeln schlagen. Sie werden am Tag der Kinder (23. April) häufig von Kindergruppen aufgeführt. Die beste Gelegenheit, die Tänze kennen zu lernen, bietet allerdings das **Volkstanzfestival in Silifke** an der Südküste, das Ende Mai stattfindet.

Nur sehr selten sieht man heute noch den **Zeybek,** einen Solotanz der Männer, wenn überhaupt in der Kneipe nach einem feuchten Rakı-Abend. Nicht zufällig erinnern die Tanzschritte

In der Türkei wurde der Table Dance erfunden: von Bauchtänzerinnen

an den Sirtaki aus Griechenland – dieser Tanz stammt von der Ägäis- und Mittelmeerküste und kam erst beim großen Bevölkerungsaustausch (s. S. 29, 92) nach Griechenland.

Die beiden typischen Instrumente der türkischen Volksmusik sind die **Davul,** eine große Pauke, und die **Zurna,** eine Kegeloboe, die mit ihrem schrillen Klang eine erstaunliche Lautstärke erreicht. Man hört sie oft bei Paraden und beim Umzug zur Beschneidung der Jungen. Ein weiteres typisches Instrument ist die **Kaval,** eine einfache Flöte ohne Mundstück, die quer geblasen wird und bei den Yörük-Nomaden im Taurus verbreitet ist. Die **Saz** (eigentlich Baglama), eine Langhalslaute, ist das häufigste Begleitinstrument der Tanzmusiker. Sie besitzt einen kleinen, bauchigen Korpus, einen schmalen, sehr langen Hals mit sieben hölzernen Wirbeln und wird heute nicht selten sogar elektrisch verstärkt.

Die traditionellen **Bozlak** (Liebeslieder) oder **Ağıt** (Totenklagen), früher zumeist das Metier wandernder Zigeunermusiker, fristen ein Schattendasein – selbst für Touristenaufführungen hält man diese Musik mit ihren für europäische Ohren ungewohnten Halb- und Vierteltonschritten und untemperierten Harmonien kaum geeignet. Ein typisches Beispiel ist übrigens der **Ezan,** der Gebetsruf des Müezzin.

Das, was man als ›türkische‹ Musik hingegen überall hört, hat einen langen Weg hinter sich. Es begann mit der verordneten Verwestlichung in den ›kemalistischen‹ Zeiten, als die staatlichen Radiosender nur europäische Musik spielen durften. Das Volk hörte daraufhin arabische Sender, und bald entstand eine subproletarische Musikrichtung, die man **Arabesk** nannte. Seit den 1960er Jahren wurde diese um Elemente der Pop-Musik, etwa Harmonie und Instrumentalisierung, bereichert – und nach dem englischen Wort als *aranjman* bezeichnet.

Seit Anfang der 1990er Jahre nun darf die türkische Musik-Szene zu den produktivsten der Welt zählen – heute durch die Mischung von westlichen Strömungen wie Techno, Rap und Ethno-Pop mit türkischen Texten und Melodien. Eine bedeutende Rolle spielen dabei die *almancı,* die Deutschtürken der zweiten oder dritten Generation, die ihre musikalische Prägung in Deutschland erlebten. Wer mal reinhören will:

Die alte Arabesk-Tradition verkörpern der 1996 verstorbene Zekin Müren und İbrahim Tatlises, der Anfang 2002 eine große Deutschland-Tournee hatte. Erfolgreichster Interpret des türkischen Pop ist natürlich Tarkan (v.a. die CD *Karma* lohnt sich). Nilüfer, Izel und neuerdings Hande Yener, die türkische Britney S., sind bekannte Sängerinnen, Mustafa Sandal und Gökhan Özen repräsentieren den soften Boygroup-Charme. Anspruchsvoller sind der Sänger Ege (fantastisch seine ›spanische‹ CD *Sevildiğini bil yeter)* oder Metin Şentürk mit seinen stimmungsvollen Balladen.

Aber da CDs in der Türkei recht billig sind (nach Inland-Kurs umgerechnet um 5 €), ist es auch nicht so schwer, jede Menge neue Entdeckungen zu machen.

Zum Weiterlesen

Ausführlich über die traditionelle Volksmusik informiert *Musik der Türkei, Bd. 2, Die Volksmusik,* Kurt Reinhard, Ursula Reinhard, erschienen bei Florian Noetzel Vlg., Wilhelmshaven 1984.

KUNST & ARCHITEKTUR

Die Türkei ist eines der berühmtesten Kunstreiseziele der Welt. Griechische und römische Architektur der Antike sind hier in großartigen Exemplaren zu bewundern, dazu kommen Bauten der Byzantiner und der türkischen Herren Kleinasiens.

Antike Kulturen

Die frühesten erhaltenen Bauten an der Südküste stammen aus der Mitte des 1. Jt. v. Chr., es sind die geheimnisvollen **Gräber der Lykier** (s. S. 104).

Aus der folgenden Epoche des **Hellenismus** nach dem Alexanderzug (ca. 330 v. Chr. bis Zeitenwende) blieb nur wenig erhalten, obwohl dies eine erste Blütezeit der griechischen Koloniestädte (s. S. 55) an der pamphylischen Küste (Perge, Aspendos, Side) war. Die griechische Plastik erreichte ihren Höhepunkt, doch die bedeutenden Zentren und Königssitze lagen weiter westlich an der Ägäis (Pergamon, Milet, Rhodos).

Der Baustand des Hellenismus wurde in römischer Zeit, mit Beginn des von Kaiser Augustus proklamierten ›Weltfriedens‹, zu allergrößten Teilen überbaut. Erst in der **römischen Kaiserzeit** im 1. und 2. Jh. n. Chr. entstand der Großteil der heute noch sichtbaren antiken Gebäude. Theater wurden durch ein Bühnenhaus geschlossen, Fassaden zu Kolossalordnungen

Das berühmte Totenrelief in der lykischen Nekropole von Myra. Ganz links der Tote als Kriegerfürst, rechts sitzt er beim Abschiedsmahl im Kreise seiner Familie

Gewaltige Aquädukte, hier bei Aspendos, versorgten die römischen Städte mit Wasser aus den Taurus-Quellen

getürmt, Agoren mit säulengesäumten Kolonnaden umgeben.

Genuin römische Neuerungen waren die Erfindung des Ziegelmauerwerks, mit dem gigantische Gewölbesubstruktionen aufgemauert wurden, der Technik der Verkleidung dieses billigen Mauerwerks (oder auch von Beton) mit teurerem Stein oder Marmor, der ›Heizung‹ mittels des Hypokaustensystems, bei dem erhitzte Luft unter Böden und hinter Wänden zirkulierte, und der Aquädukte, die Wasser aus großen Entfernungen in die Städte leiteten.

Nicht zuletzt wurden nun auch Stadtmauern überflüssig, und die Städte breiteten sich in die Ebenen unterhalb der griechischen Burgsiedlungen aus. Das Ende der Friedenszeit mit den Einfällen von Goten und Herulern im Jahr 253, Vorboten der Völkerwanderung, war ein Schock: Fast ungeschützt sahen sich die Städte den Plünderungen der Barbaren ausgesetzt – und seit dem 4. Jh., dem Höhepunkt der spätantiken Wirtschaftskrise, begann man wieder mit dem Bau von Mauern, die die Stadtzentren schützen sollten.

Byzanz und das Christentum

Die innere Entwicklung des **Byzantinischen Reichs** war eng mit der des Christentums verknüpft, das sich 392 durch die Tempelschließung unter Kaiser Theodosius I. (379–395) gegen die heidnischen Kulte durchsetzte. Hier in Kleinasien entstanden die ersten Kirchen: Der früheste Typ war die Basilika, ein lang gestreckter, von Säulen in Schiffe unterteilter Hallenbau mit erhöhtem Dach des Mittelschiffs. Seit dem 6. Jh. kam die Kreuzkuppelkirche auf, ein Zentralbau über dem Grundriss eines griechischen Kreuzes (mit gleich langen Armen), über deren Vierung sich die Kuppel erhob. Durch Schließung der Viertel zwischen den Armen wurde schließlich ein quadratischer Grundriss erreicht. Bautechnisch charakterisiert byzantinische Kirchen der Wechsel von

Ziegel- und Hausteinlagen (was die Osmanen später übernahmen); in der Ausstattung vor allem die kostbare Verkleidung der Wandflächen mit Mosaiken oder mit Fresken.

Türkische Bautraditionen

Die erste türkische Epoche war von der persisch beeinflussten **Seldschuken-Dynastie** geprägt. Bautechnisch orientierte sich die Zeit an Vorbildern der Sassaniden. Gemeinsames Merkmal aller Gebäude ist ein sehr strenger, rechteckiger Baukörper und ein überaus aufwendig mit Steinschneidearbeit verzierter Portalbereich. Beim Bau von Moscheen wurde der offene Innenhof überdacht, das flache Holzdach von Säulen (aus Holz oder wiederverwendete antike Säulen) getragen. Der Mihrab ist von der Gebetshalle abgetrennt, nur er ist mit einer Kuppel bedeckt, die ganz typisch die Gestalt einer achteckigen Pyramide hat.

Einen Eindruck von der untergegangenen Palastarchitektur bieten die Karawansereien, die die Seldschuken entlang der großen Handelsstraßen bauen ließen. Jeweils stark bewehrt und

Antike Elemente in der Postmoderne: Hoteleingang in Side

mit dem typischen Portalschmuck ausgestattet, bot so ein *han* den Händlern und Reisenden (zu denen übrigens auch Marco Polo auf seinem Weg nach China gehörte) Unterkunft, Schutz vor Räubern, Bad, Moschee und Küche. Als Grabbau wurde der Typus der *türbe* entwickelt, der entweder zylindrisch mit Kegelkuppel oder achteckig mit konischer Bedachung sein kann.

Unter den **Osmanen** erlebte die islamische Baukunst im 16. Jh. ihre goldene Zeit, die fast gänzlich im Werk des genialen Architekten Mimar Sinan (1497–1588) verkörpert ist. Dieser entwickelte im Rückgriff auf die großen basilikalen Kirchen wie die Hagia Sofia den charakteristischen Typus der von schlanken Minaretten flankierten Kuppelmoschee, der bis heute in Stahlbeton nachgebaut wird. Herausragende historische Moschee-Beispiele sind an der Südküste nicht zu sehen, doch vermittelt die Murat Paşa Moschee in Antalya eine Vorstellung. In Adana entstand jüngst zudem die größte Kuppelmoschee nach dem Sianan'schen Modell der Welt.

Moderne Zeiten

Die Moderne brach in der Türkei, genauer in den Städten des osmanlschen Reichs, mit dem Bau von Uhrtürmen an. Um 1900 entstanden in fast allen größeren Städten solcheTürme, um die westliche Zeitrechnung (anstatt der islamischen Zeiteinteilung durch den Gebetsrufer) einzuführen. Die Wohnarchitektur des 20. Jh. war zunächst noch von den verschiedenen Volksgruppen geprägt (gekälkte Steinhäuser der Griechen wie z. B. in Kalkan, Holzbauten der Türken mit Balkonen und lehmverschmiertem Fachwerk wie z. B. in Antalya). In der frühen Republikzeit baute man nach französischen Vorbildern, nach dem Krieg setzte sich der Funktionalismus und Betonbau durch, der heute alle türkischen Städte prägt. Was Architektur leisten könnte, erkennt man aber am zeitgenössischen Hotelbau: Bei Luxusanlagen pflegt man sich heute häufig an antiken Vorbildern zu orientieren und gestaltet Eingangsbereiche mit Tempelfronten oder von Säulen gerahmten Kolonnaden.

DIE ANTIKE STADT

Die bedeutendsten Sehenswürdigkeiten der Türkei sind die hellenistisch-römischen Städte aus der Antike, die es hier in ungestörter, das heißt nicht modern überbauter Form so zahlreich gibt wie sonst nirgendwo am Mittelmeer. Wenn man sich damit ein wenig beschäftigen will, ist es hilfreich, die verschiedenen Bauten zu kennen – sonst sieht man nur öde Trümmerfelder… Eine zentrale Unterscheidung ist die zwischen hellenistischer (d. h. vorrömischer) und römischer Bausubstanz. Baureste aus den grauen Vorzeiten des 1. Jahrtausends v. Chr., sind dagegen wenig spektakulär und nur für den Archäologen interessant.

Stadtmauern und Tore: Im Hellenismus waren die Zeiten unsicher, die Städte benötigten starke Wehrmauern gegen Feinde. Die Stadttore, z. B. in Perge oder Side, waren mit gewaltigen Rundtürmen gesichert. Unter dem ›Weltfrieden‹ der Römer wurden die nun überflüssigen Mauern teils niedergerissen, teils durch prunkvolle offene Triumphtore zu Ehren von Kaisern aufgebrochen, z. B. das Hadrianus-Tor in Antalya. Erst in der Spätantike reparierte man wieder die alten Mauern; die hastig aus altem Baumaterial aufgeführten Schutzwälle, die im 5. Jh. weit hinter den hellenistischen Wehranlagen entstanden, bezeugen den dramatischen Bevölkerungsverlust dieser Zeit.

Akropolis: Die ›Hochburg‹ der Städte war zumeist jener Platz, wo die ersten griechischen Kolonisten die Siedlung gegründet hatten. Sie diente teils als Schutzburg, war oft aber der Verehrung der Stadtgötter und der mythischen Helden der Vorzeit geweiht und mit einer Tempelanlage überbaut.

Agora: Der zentrale Platz der Stadt, umgeben von öffentlichen Bauten und Tempeln, wird oft auch als Marktplatz bezeichnet. Es handelte sich aber eher um einen Versammlungsplatz, wo die freien Bürger der Stadt sich zu Gespräch und politischer Diskussion trafen. In römischer Zeit wurde die Agora mit Toren geschlossen und war nur noch für die wirtschaftliche und politische Elite zugänglich.

Bouleuterion und Pytaneion: Der Rat der Stadt (zwischen 300 und 1500 Personen) versammelte sich im Bouleuterion, einem meist quadratischen, überdachten Hallenbau mit ansteigenden Sitzreihen. Die städtischen Beamten wurden Prytanen genannt und waren im Prytaneion zu finden, wo gleichzeitig die ewige Flamme des heiligen Herdes brannte.

Tempel: Die Verquickung aller gesellschaftlichen Aspekte mit religiösen ist ein typischer Zug antiken Städtelebens. In den Häusern gab es Schreine zur Verehrung der Familiengötter und der Ahnen, auf der Agora wurde die oberste Gottheit der Stadt (meist Zeus, Athene oder Apollon), aber auch die Tyche, die Göttin des Schicksals, verehrt, und die Brunnenhäuser waren mit dem Kult der Quellnymphen oder des Flussgottes verbunden. Unter den Römern hielten neue Religionen Einzug, etwa der Mithras-Kult aus Persien, der Serapis-Kult aus Ägypten, nicht zuletzt der Kaiserkult.

Das mächtige hellenistische Rundtor von Perge wurde in der römischen Friedenszeit in die Stadt integriert und zu einem historischen Gedenkplatz umgestaltet

Theater: Die ersten, aus dem Dionysos-Kult hervorgegangenen Aufführungen fanden auf einem runden Tanzplatz vor einer hölzernen Bühne statt. Im Hellenismus bekamen die ersten steinernen Theater eine an Berghänge gelehnte *Cavea* (Zuschauerraum), deren Rund den exakten Halbkreis überschritt und durch das *Diazoma* (Umgang) in zwei Abschnitte gegliedert war. Die *Orchestra* (Spielplatz) blieb kreisförmig, erst nach 150 v. Chr. wurde ein erhöhtes *Proskenion* vor die *Skene*, die Bühnenwand gesetzt – damit ist die erhöhte Theaterbühne geboren. In der römischen Kaiserzeit, als nun auch Gladiatorenkämpfe und Tierhatzen stattfanden, wurde die Gestalt zu einem allseitig geschlossenen Bau verändert. Die seitlichen *Parodoi* (Eingänge) wurden überwölbt und damit die Cavea auf den exakten Halbkreis beschränkt. Besondere Pracht entfaltete sich an der Skene, die zum monumentalen, mit Ziergiebeln verzierten Bühnengebäude erweitert wurde. An Masten befestigte Segel schützten die Schaulustigen vor Sonne und Hitze.
Odeion: Als überdachtes, kleineres Theater diente dieser Bau für Musik und andere eher feingeistige Aufführungen.
Hippodamisches Straßenraster: Durch dieses seit dem 5. Jh. v. Chr. in Kleinasien übliche und nach Hippodamos von Milet benannte Planraster wurde die Stadt in rechtwinklige, gleich große Häuserviertel (röm. *Insulae)* gegliedert. Nachdem es im europäischen und arabischen Mittelalter in Vergessenheit geriet, wurde es in der Renaissance wiederentdeckt und bildete die Grundlage für fast alle Stadtgründungen seither.

Kolonnadenstraße: Monumentalisierung war ein prägender Zug des römischen Städtebaus. Die alten hellenistischen Städte erhielten nun als Hauptachse eine säulengerahmte Kolonnadenstraße, die beidseitig von überdachten Wandelgängen begleitet wurde. Beherrschendes städtebauliches Prinzip wurde die Ausrichtung dieser Achse auf repräsentative Fassadenbauten wie Nymphäen (Brunnenhäuser) oder Triumphbögen.
Stoa: Auch die Plätze wurden als Sonnenschutz von Säulenhallen gerahmt, wo sich die Bürger zu Gespräch und Diskussion trafen. Vor allem im 2. Jh., verbunden mit Kaisernamen wie Trajan, Hadrian, Marcus Aurelius, Septimius Severus, stifteten wohlhabende Provinzbeamte öffentliche Bauten, Theater und Stoen.
Thermen: Reichtum und Luxus der römischen Zeit zeigten sich in der weiten Verbreitung großzügiger Badehäuser, der Thermen, die ebenso wie Privatvillen der Oberschicht prachtvoll mit riesigen Mosaik-Fußböden ausgestaltet wurden.
Basilika: Für das Christentum bildeten nicht die alten Tempel (obwohl viele zu Kirchen umgebaut wurden), sondern die profane römische Basilika das Vorbild der neuen heiligen Stätten. Das war ein oft mehrschiffiger Hallenbau, wo man Markt hielt oder zu Gericht saß.
Nekropolen: Die Friedhöfe (wörtl. ›Totenstädte‹) lagen stets außerhalb der Stadt, oft entlang den Zufahrtsstraßen. Wohlhabende Familien bauten sich aufwendige Grabhäuser, so dass der Ankömmling die Namen der großen Familien erfahren konnte. Meistens bestattete man die Toten in steinernen Sarkophagen (wörtl. ›Fleischfresser‹). Eine Sonderform nehmen die lykischen Grabbauten ein (s. S. 104).

In der Nekropole von Termessos nahe Antalya kann man meinen, das Jüngste Gericht habe bereits stattgefunden

ESSEN UND TRINKEN

Gesund sei sie, abwechslungsreich und lecker, so ist das einhellige Credo zur Kochkunst der Türkei. Leider hat man als Tourist davon nur wenig. Alle Hotels (v. a. die all-inclu-Anlagen) und alle besseren Restaurants haben sich dem mitteleuropäischen Geschmack angepasst und servieren ideenlose internationale Küche mit einigen türkischen Grillgerichten. Wenn das gefällt, braucht man hier nicht weiterzulesen. Hier soll es um die echte türkische Küche gehen, und um sie zu probieren, muss man sich schon in die einfachen *lokantalar* wagen: Das Ist ein Abenteuer ohne Reiseleitung, das sich allerdings lohnt (s. Thema S. 60).

Die türkische Küche

Kennzeichnend für die türkische Küche allgemein ist die variationsreiche Zubereitung von **Gemüse** – tatsächlich haben die Türken den höchsten Pro-Kopf-Verbrauch an Gemüse Europas.

Wo kommt der Döner her?

Manche behaupten, er wurde in Berlin erfunden. Dort werden jedenfalls weltweit die größten Mengen verschlungen. Wer mehr wissen will, liest einfach *Aufgespießt. Wie der Döner über die Deutschen kam,* Eberhard Seidel-Pielen, Rotbuch, Berlin, 1996.

Häufig werden sie in frischer Form zu den Speisen gereicht, was, wie die moderne Ernährungswissenschaft berichtet, eine gesündere Verdauung garantiert.

Ebenfalls typisch sind die **Dolmalar**, ›gefüllte‹ Gemüse, die mit einer Mischung aus Reis, Pinienkernen und Korinthen kalt serviert werden. Ein gutes Beispiel ist das Gericht *Imam bayıldı,* mit Zwiebeln und Reis gefüllte Auberginen, das seinen schönen Namen ›Der Imam fiel in Ohnmacht‹ von der Reaktion des sparsamen Geistlichen erhielt, als seine Frau zur Zubereitung einen ganzen Liter Olivenöl verbrauchte. Solche Schmorgerichte werden nämlich mit reichlich Öl zubereitet.

Zurückhaltend ist man beim Verzehr von **Fleisch,** dagegen bevorzugt die häusliche Küche gehaltvolle, würzige Schmorgerichte wie *Güveç* oder *Tas Kebap.* Wenn aber Fleisch, dann keinesfalls Schweinefleisch, das den Muslimen verboten ist und in der Türkei auch nicht zu bekommen. Verwendet werden übrigens grundsätzlich Eigenerzeugnisse der Türkei, denn für den Import fehlt schlicht das Geld.

Auch in der Türkei gibt es den *Döner Kebap,* meist aber nur in größeren Orten. In den einfachen *lokantalar* wird er oft sogar noch vor einem Holzkohlengrill bereitet und üblicherweise als *İskender Kebap* mit Joghurt auf Pidebrot serviert.

Generell sind die meisten Speisen an der westlichen Südküste eher sparsam gewürzt, was auch für Knoblauch

In einem einfachen Lokanta ist nicht alles schick, aber doch sehr lecker!

gilt. Selbst der traditionell feurige *Adana Kebap* aus dem Osten ist hier deutlich gezähmt. Andererseits ist es typisch für die Türkei, dass einige wenige regionale Spezialitäten wie z. B. *İzmir Köfte* oder besagter *Adana Kebap* überall angeboten werden, jeweils aber angepasst an den eigenen Geschmack.

In den Küstenorten ist das Angebot an **Fisch und Meeresfrüchten** groß und verlockend. Oktopus-Salat, gegrillte Kalamari, die rote Meerbarbe (einer der feinsten Speisefische), aber auch Seebarsch, Schwertfisch und frischer Thunfisch sind Köstlichkeiten, die man so nur direkt am Mittelmeer bekommt. Der treuherzigen Versicherung, aller Fisch sei tagesfrisch, sollte man freilich mit dem gebotenen Maß an Skepsis begegnen. Als Tipp: Frischer Fisch hat klare Augen, sind sie rot unterlaufen, lagert das Tier schon einige Zeit. Dann sollten Sie besser verzichten; zwei Tage Durchfall und weiche Knie sind ein Experiment nicht wert!

PAMPHLET WIDER DIE HOTELKÜCHE

Kenner rühmen die türkische Küche, doch das Paradies wird auch in diesem Fall nicht verschenkt – erst recht nicht an den Buffets der großen Hotelanlagen: Ordentlich Knoblauch, die Prise Chili für den letzten Pfiff? Könnte Ärger geben. Cumin, Sumak, Koriander? Kennt man in Europa nicht. Also nur Salz und ein bisschen Pfeffer. Und das soll noch schmecken?

»Nee«, lacht Mustafa, Kellner in einem Touristenrestaurant an der (sündhaft teuren) Kordon-Meile beim Hafen von Alanya, »ich würde das nicht essen«. Und er schleppt mich in ein kleines, unscheinbares Lokal im Basarviertel, auf der anderen Seite der Atatürk-Straße. Auf den weißen Resopaltischen steht je eine riesige Plastikdose mit Brot (self service!), am Tresen reihen sich Stahlwannen, in denen Schmorgerichte und Suppen warm gehalten werden, frisches Fleisch kann man am Kühltresen aussuchen. »Hier ist alles lecker«, sagt Mustafa, und ich wähle per Fingerzeig – kein Problem.

Selten habe ich so gut und auch so günstig gegessen. Und endlich das Prinzip der türkischen Küche verstanden. Die basiert nämlich neben der breiten Palette mediterraner Zutaten vor allem auf einem: viel Zeit. Die braucht man, um all die vielen, ganz unterschiedlichen *mezeler* anzurichten: Köstlichkeiten aus Kürbis, Zucchini, Gurke, Aubergine, Tomate, Chili, Paprika, die mit tausenderlei Kräutern und Gewürzen, mit Zitronensaft und Olivenöl zubereitet werden, wie es einst die Köche im Sultanspalast in Stambul taten. Auf diese Palastküche gehen die meisten Gerichte nämlich zurück, und zugegebenermaßen sind es nur selten wirklich türkische. Im Osmanischen Reich mit seinen vielen Völkern wurde nämlich alles kombiniert, was gut war: Einflüsse vom Balkan, aus Arabien, aus Südrussland oder Ägypten. Man merkt es oft noch an Namen wie *Arnavut Ciğeri* (›Albanische Leber‹) oder *Çerkez Tavuğu* (›Tscherkessen-Huhn‹).

Aber Zeit braucht man auch für Schmorgerichte wie *İzmir Köfte* (Hackfleischbällchen mit Kartoffeln in Kreuzkümmel-Tomatensauce) oder *Tas Kebap* (Rindfleisch mit Gemüse, ähnlich wie Gulasch) und all die vielen anderen Köstlichkeiten der echten türkischen Küche (s. Speiselexikon, S. 62). Wenn dann die internationale Kundschaft aber banale Grillgerichte bevorzugt (weil man da »nichts falsch machen kann« … – man kann doch!), lassen viele Lokale die traditionellen Gerichte einfach weg. Fleisch oder Fisch vom Grill geht ja auch schneller und bringt sogar noch mehr Gewinn.

Erst langsam wieder besinnen sich einige Restaurants der Traditionen. Sonst muss man eben einfach zu den Busstationen gehen – dort ist die kulinarische Tradition der Türkei am lebendigsten. Die Lokale sind vielleicht nicht ganz so hübsch und auch nicht schick, es gibt keinen Schlepper, der ebenso gut Deutsch wie Englisch spricht, doch überraschend ist hier immer wieder die Herzlichkeit, mit der man bedient wird. Solche Entdeckungen macht man freilich im Hotel nicht.

Süße Sachen

Zum Nachtisch serviert man in der Regel **Obst:** Honig- oder Wassermelone, Trauben oder Orangen.

Die berühmten türkischen *şekerpare,* ›Zuckerteilchen‹, bekommt man am besten im *Pastahane,* der Konditorei. Es handelt sich um **Gebäck** aus Blätterteig oder Brandteig, das nach dem Backen in einen Sirup aus Zucker und Rosenwasser gegeben wird, bis es sich ganz voll gesaugt hat und auf der Zunge zerschmilzt: *Hanım Göbeği,* ›Frauennabel‹, oder *Dilber Dudağı,* ›Lippen einer schönen Frau‹, sind die passenden Namen dafür.

Berühmt ist auch das *Aşure* aus Trockenobst, Nüssen, Bohnen und Kichererbsen in einer sämigen Zuckercreme mit Rosenwasser und Zimt: Die Tradition will es, dass das Gericht auf Noahs Arche erfunden wurde, als man die letzten Reste zusammensuchte.

Turkish Delight

Eine echte Köstlichkeit ist das *lokum,* das unter dem Namen ›Turkish Delight‹ vermarktet wird (und kein türkischer Honig ist). Es handelt sich um eine zähe Masse aus Zucker und Reismehl, die mit allen Aromen und Farben angereichert werden kann und dann gewürfelt und dick in Puderzucker gewälzt serviert wird. Jedoch sollte man von der Ware, die zu sündhaft teuren Preisen auf den Flughäfen verkauft wird, die Finger lassen. Viel besser schmeckt das Lokum von den Wochenmärkten im Land.

Von Çay, Ayran und Rakı

Zum Essen wird in der Regel in einfachen *lokantalar* Wasser gereicht. Wird **Mineralwasser** gewünscht, bestellt man *maden suyu;* in Flaschen abgefülltes Trinkwasser heißt *kaynak suyu.*

Natürlich servieren alle besseren Restaurants *(restoran)* alkoholische Getränke, **Bier** *(bira)* oder **Wein** *(şarap).* In einer einfachen Gaststätte *(lokanta)* darf man Alkohol jedoch nicht immer erwarten; verboten ist er allerdings nur im Umkreis von 50 m um eine Moschee. Die häufigste Biersorte ist die der türkischen Efes-Brauerei. Der türkische Wein ist ein Fall für sich: **Rotwein** *(kırmızı şarap)* wird selten passend temperiert serviert. Bestellt man ihn gekühlt *(soğuk),* kommt er aus dem Kühlschrank, verlangt man ihn ungekühlt *(soğuk olmasın, lütfen),* hat er Lufttemperatur, im Sommer weit über 25 °C. **Weißwein** *(beyaz şarap)* aus türkischer Produktion ist in der Regel trocken und gekühlt gut trinkbar.

Das Nationalgetränk **Tee** *(çay,* sprich ›tschai‹) wird aus einem sehr starken Aufguss zubereitet und dann portionsweise mit heißem Wasser verdünnt. In guten Teegärten *(çay bahçesi)* bekommt man auf Wunsch auch einen **Samowar** *(çay semaver)* und kann sich an der Prozedur selbst versuchen.

Der türkische **Mokka** *(kahve)* hingegen wird jeweils frisch aufgekocht und mit dem Satz serviert – zuerst vielleicht etwas ungewohnt, aber probieren sollte man ihn doch. Schon bei der Bestel-

SPEISELEXIKON

Mezeler (Vorspeisen)

Antep Ezme scharfes Püree aus Tomaten, Peperoni, Petersilie

Arnavut Ciğeri gebratene Leberstückchen mit Zwiebeln

Caçık Joghurt mit Gurke, Dill und Knoblauch, ähnlich Tzatziki

Çerkes Tavuğu Hühnerfleisch in pikanter Sauce mit Walnüssen

Çoban Salatası ›Hirtensalat‹, gemischter Salat: Tomaten, Gurken, Zwiebeln, Paprika

Gözleme dünner Teig mit Schafskäse und Kräutern

Haydarl Püree aus Spinat, Schafskäse, Joghurt

Humus Kichererbsenpüree

Mantı eine Art türkische Ravioli, aber mit kalter Joghurtsauce

Mücver ausgebackene Bällchen aus geraspelten Zucchini

Patlıcan Ezmesi Auberginencreme

Piyaz Salat aus weißen Bohnen in Essig und Öl mit Zwiebeln

Sigara Böreği Teigröllchen mit Schafskäse

Su Böreği Pastete aus dünnem Nudelteig mit Hackfleisch oder Käse gefüllt

Tahin Sesamcreme

Tarama Fischrogencreme

Yaprak Dolması mit Reis gefüllte Weinblätter

Çorbalar (Suppen)

Balık Çorbası Fischsuppe

Düğün Çorbası ›Hochzeitssuppe‹, mit Ei legierte Fleischsuppe

İşkembe Çorbası Kuttelsuppe

Mercimek Çorbası Suppe aus pürierten roten (ägyptischen) Linsen

Yayla Çorbası Reissuppe mit Joghurt und Pfefferminze

İzgaralar (Grillgerichte)

Adana Kebap scharf gewürztes Hackfleisch am Spieß

Biftek Beefsteak

Bonfile Filet

Çöp Şiş kleine Fleischspieße vom Grill

Döner Kebap Lammfleisch vom Drehspieß

İskender Kebabı Döner-Fleisch auf Fladenbrot mit Joghurt

İzgara Köfte gegrillte Fleischbällchen

Pirzola Lammkotelett

Şiş Kebap Fleischstücke am Spieß mit Gemüse (Achtung: oft auch Chili-Schoten!)

Esas yemekler (Schmorgerichte)

Etli Kagıt Kebabı Lammkebap in Pergamentpapier gebacken

Fasulye Pilaki Weiße Bohnen in Sauce

Güveç Türlü Fleisch mit Gemüse geschmort

İçli Köfte Gefüllte Hackfleischnester mit Bulgur

İzmir Köfte mit Kartoffeln und Tomatensauce geschmorte Hackfleischbällchen

Kabak Dolması mit Hackfleisch gefüllte Zucchini

Menemen Rührei mit Tomate

Musakka Patlıcan (Aubergine) oder Kabak (Zucchini) mit Hackfleisch und Käse überbacken
Pilavlı Tavuk Huhn in Reis
Saç Kavurma auf dem Blech gegartes Lammfleisch
Soğanlı Yahnı Lammragout mit Zwiebeln in Zimtsouce, ähnlich wie das griech. Stifado
Tandır im Tontopf gegartes Fleisch, meist als *Kuzu Tandır* mit Lamm
Tas Kebap Rindfleisch mit Zwiebel, ähnlich wie Gulasch

Pide (Pizza)
Lahmacun Türkische Pizza
Peynirli Pide Pizzaschiff mit Käse

Pilav (Reisgerichte)
Pilav Reis mit Reisnudeln
İç Pilav Reis mit Korinthen, Pinienkernen und Lammleber
Bulgur Pilavı Weizengrütze mit Tomaten gekocht
Kısır Salat aus Bulgur mit Gemüse und aromatischen Gewürzen

Zeytinyağlılar (Gemüsegerichte)
İmam Bayıldı Auberginen in Olivenöl mit Zwiebeln, Knoblauch und Tomaten
Kabak Kızartma fritierte Zucchinischeiben mit Knoblauchjoghurt
Patlıcan Kızartma fritierte Auberginenscheiben mit Knoblauchjoghurt
Zeytinyağlı Fasulye rote Bohnen in Olivenöl mit Tomaten und Zwiebeln

Balıklar (Fische)
Ahtapot Oktopus
Barbunya Meerbarbe
Çupra Goldbrasse
İstakos Hummer
Karides Krevetten
Kılıç Balığı Schwertfisch
Levrek Meerbarsch
Mercan Rotbrasse
Orfoz Riesenbarsch

Tatlılar (Süßspeisen)
Aşure Trockenobst, Nüsse, Bohnen in sämiger Zuckersauce
Baklava mit Walnüssen oder Pistazien gefüllter Blätterteig
Dondurma Speiseeis
Hanım Göbeği ›Frauennabel‹, Brandteigbällchen in Zuckersirup mit Zitronensaft
Hoşmarim Pfannkuchen
Künefe Gebäck mit Frischkäsefüllung in Zuckersirup
Lokma Hefebällchen (wie Donuts) in Zuckersirup
Lokum aromatisiertes Gelee, meist engl. ›Turkish Delight‹ genannt
Şekerpare ›Zuckerstückchen‹, Mandelgebäck in Sirup
Sütlaç Milchpudding mit Kokos
Tel Kadayıf feine Teigfäden, mit Pistazien gefüllt und in Sirup getränkt
Tulumba Tatlısı Spritzgebäck in Zuckersirup mit Rosenwasser

Meyve (Obst)
Elma Apfel
Karpuz Wassermelone
Kavun Zuckermelone
Kayısı Aprikose
Muz Banane
Şeftali Pfirsich
Üzüm Weintrauben
Vişne Kirsche

Rakı, die ›Löwenmilch‹

Echte Kenner trinken zum Essen den Anisschnaps **Rakı**. Er wird aber nicht eiskalt genossen, sondern mit etwas Wasser vermischt, wodurch er eine milchige Farbe erhält. In der Türkei sagt man dazu treffend *arslan sütüsü,* Löwenmilch: Der Alkohol ist kaum spürbar, doch wirft der süffige Stoff den stärksten Löwen um. Übrigens: Prost heißt in der Türkei *Şerefe* (sprich ›schäräfä‹).

lung muss man angeben, ob der Kaffee süß *(şekerli),* mittelsüß *(orta)* oder ohne Zucker *(sade)* gewünscht wird.

Nur in den einfachen *lokantalar* bekommt man das **Ayran,** ein Getränk aus leicht gesalzenem, verdünntem Joghurt, das beste zum Mittagessen. In den Städten im Westen wird auf offener Straße frisch gepresster Orangensaft *(portakal suyu)* verkauft, im Herbst auch der säuerlich-erfrischende Granatapfelsaft *(nar suyu)*.

Türkische Esskultur

Während die besseren **Restaurants** sich soweit ›internationalisiert‹ haben, dass jeweils ›Rice, Chips, Salad‹ zu jedem Gericht serviert werden, bringt man im einfachen **Lokanta** jeweils nur recht kleine Portionen. So kann die Mahlzeit aus verschiedenen Gerichten zusammengestellt werden. Dabei ist es üblich, die Speisen an einer Glasvitrine auszuwählen – Sie sind also auf die Speisenkarte nicht angewiesen. Normalerweise bringt der Kellner alles gleichzeitig; wollen Sie mehrere Gänge, müssen Sie das ausdrücklich sagen.

Die einfachen türkischen Lokale haben sich oft auf bestimmte Gerichte spezialisiert. So erhält man im *Kebap Salonu* Grillfleisch, im *Pide Salonu* die dünnen türkischen Pizzen, das *Büfe* ist eine Art Take-away. Dann gibt es noch den *Aile Salonu,* den ›Familiensalon‹, wo meist eine ruhigere Atmosphäre herrscht als in den vollgequalmten Tee-

Das sind die Stunden, von denen man an Novembertagen träumt

häusern *(çayevi)* oder Kneipen *(meyhane).* Dort werden Frauen zwar auch bedient, türkische Frauen würden diese Lokale jedoch freiwillig nie betreten. Aber auch in dieser Hinsicht ändern sich die Zeiten: An der Südküste sind solche *Aile Salonu* kaum noch zu finden, schon gar nicht in den Urlaubsurbanisationen.

Das **Mittagessen** fällt schon wegen der Hitze meist weniger üppig aus, die meisten Einheimischen essen meist nur eine Suppe und ein Schälchen *pilav.* Die Hauptmahlzeit findet am **Abend** statt, meist erst gegen 21 Uhr, und wird oft zum Anlass genommen, mit Freunden und Bekannten in großer Runde mit Raki und vielen *mezeler* (Appetithappen wie die Tapas in Spanien) zu feiern. Wer als Tourist hingegen schon um 19 Uhr essen will, darf zusehen, wie der Ofen angeheizt wird.

Das **Frühstück** *(kahvaltı,* sprich ›kachvalte‹) ist etwas ungewöhnlich. Außer in Luxushotels besteht es in der Regel aus frischem Weißbrot, Butter, Tomaten und Gurken sowie Schafskäse und Oliven, als Konzession an den europäischen Geschmack auch Marmelade oder Honig. Dazu wird Tee *(çay)* oder Nescafé gereicht. Filterkaffe ist in der Türkei unbekannt und nur hin und wieder in den Urbanisationen und Luxushotels zu finden.

Tipps für den Urlaub

Blick über Kaunos von der Akropolis. Für solche Entdeckungen braucht man feste Schuhe und auch ein wenig Wanderlust

DIE TÜRKISCHE SÜDKÜSTE ALS URLAUBSZIEL

Die beste Reisezeit

Badesaison ist an der Türkischen Südküste von Mitte Mai bis Mitte Oktober, dann herrscht stabiles Sommerwetter. Im Juli und August können die Temperaturen auf 45 °C klettern – für Kreislaufkranke, alte Menschen oder Übergewichtige sind das lebensbedrohliche Verhältnisse.

Den Rest des Jahres prägt wechselhaftes Wetter, wohltuend warm bei Sonne, eher kühl bei Regen. Dennoch ist die vom Taurus-Gebirge abgeschirmte Riviera-Küste bei Antalya und Side als Winterreiseziel durchaus geeignet. Der Westen, die Fethiye-Region, liegt hingegen stärker im Einfluss der ägäischen Nordwindzone.

Eine besonders schöne Reisezeit ist das Frühjahr ab Mitte April, dann ist es noch nicht so heiß, die Landschaft nicht so ausgedörrt wie ab Mitte Juni. In den Herbstferien kann man noch sommerliche Tage genießen, diese Zeit ist allerdings meist schon Ende Januar ausgebucht.

Pauschal oder individuell?

Wie in den 1970ern mit dem VW-Bulli bis an den Van-See – so bereist heute kaum jemand mehr die Türkei. Das Motto heute ist immer mehr ›all inclusive‹, und möglichst auch noch die Begegnung mit Land und Leuten pauschal gebucht. Das hat sicherlich Vorteile, denn so bekommt man zu relativ günstigem Preis sehr gute und luxuriöse Hotels, muss sich um nichts mehr kümmern und kann sich ganz auf ›Urlaub‹ konzentrieren. Für den, der nur Sonne, Strand und Entspannung sucht, also die richtige Wahl.

Es geht jedoch auch anders. Gerade in den Zentren der Urlaubsorte, z. B. Side, Antalya, Kaş, Fethiye, gibt es zahlreiche qualitativ akzeptable Kleinhotels und Pensionen, die teils sehr viel Flair bieten. Wer in einem der Luxushäuser logiert, die in der Regel weit außerhalb liegen, läuft Gefahr, den Urlaub an der Poolbar zu verbringen, es sei denn, er leistet sich recht teure Taxifahrten in die Stadt. Wen man also auf Altstadtflair, Abendbummel, Bars und eine große Restaurantauswahl Wert legt, sollte man besser individuell fahren.

Das ist nicht sonderlich schwierig, denn mit Bussen kommt man gut und preiswert von Ort zu Ort, wenn man vorher anruft, organisieren die meisten Hoteliers auch einen Abholservice von der Busstation oder dem Flughafen. Wenn man auf Super-Luxus verzichten kann, kommt man so auch noch preiswerter durch den Urlaub als mit Pauschalbuchung.

Wohin fahren wir denn?

Grundsätzlich sind alle Orte zwischen Fethiye und Alanya mehr oder weniger fest in deutscher Hand; anders als in Kuşadası oder Bodrum sind Briten kaum vertreten, eher schon skandinavische Nationen. Die großen Zentren sind heute die Kemer-Küste, Belek–Side und İncekum–Alanya. Der Tourismus an der Kaş-Küste und in Antalya hingegen hat in den letzten Jahren eher abgenommen. In Kaş geben sich Rucksackreisende wie in den 1980er Jahren und Taucher ein Stelldichein, während sich in Antalya, das zur Großstadt geworden ist, vor allem die türkische High Society und Franzosen tummeln.

Baderatten, die viel Wert auf gute Strände legen, wählen die Riviera oder die Kemer-Küste: Im Side-Bereich ist Kumköy eher quirlig, Sorgun und Titreyengöl eher ruhig. İncekum hat mit Neu-Avsallar gerade erst ein Ortszentrum erhalten, ansonsten muss man mit dem vorliebnehmen, was das eigene Hotel bietet. Die Küste bei Kemer hat dagegen mit bekannten Discos wie dem Sherlock einen hohen Fun-Faktor, ein zusätzliches Plus ist die wunderbare Landschaft des Beydağları-Nationalparks.

Wer quirliges **Nachtleben** sucht, sollte die Zentren von Kemer und v. a. Alanya wählen. An der Hafenpromenade in Alanya reihen sich die Open-air-Disco-Bars und ab Mitternacht geht es indoor weiter. Zahlreiche Music-Bars für ein junges Publikum bieten auch die Hotelsiedlung Ölüdeniz bei Fethiye und der Ort Kaş an der lykischen Küste.

Am meisten **historisches Flair** bietet natürlich die Altstadt von Antalya, wo inzwischen auch einige noble Hotels in stilvoll renovierten osmanischen Häusern eröffnet wurden. Dazu kommen zahlreiche preiswerte Pensionen, die diese zugegeben sehr belebte und quirlige Stadt immer noch zu einem beliebten Standquartier von jungen Leuten aus aller Welt machen.

Für **aktive, junge Leute** ist vor allem die Fethiye-Region eine gute Adresse. Die Palette der Sportarten reicht von

Vorsicht Schlepper!

So viele freundliche Menschen sind Ihnen selten begegnet. Vorm Teppichgeschäft werden Sie zum Tee eingeladen, ein junger Türke zeigt Ihnen die halbe Stadt – komisch bloß, dass die Sache immer mit einem Verkaufsgespräch endet. Schlepper, die den Geschäften Kunden bringen sollen, sind zahlreich, und man kann ihnen nicht entgehen; das Schlepperunwesen ist das größte Ärgernis eines Türkei-Urlaubs.

Die ›Souvenirindustrie‹ ist inzwischen der Wirtschaftsbereich mit den höchsten Wachstumsraten und den höchsten Profiten; die Schlepper, oft ›Deutschtürken‹, arbeiten auf Provisionsbasis und sind darauf angewiesen, möglichst viele Kunden zum Kauf zu bewegen. Dass da mit allen Tricks gearbeitet wird, ist klar; dass manch einem, der nur einen Abendbummel machen möchte, irgendwann der Geduldsfaden reißen will, ebenso. Am besten wird man sie aber mit einer witzigen Bemerkung wieder los.

Kleine, hübsch mit Antiquitäten eingerichtete Hotels gibt es vor allem in der Altstadt von Antalya

Fallschirmfliegen (Paragliding) und Rafting und Wandern bis zu längeren oder kürzeren ›Blauen Reisen‹ mit dem Gulet-Boot (s. S. 88). Das zweite ›Sportzentrum‹ ist Belek, wo sich auf inzwischen fünf Plätzen eine große Golfergemeinde trifft.

Diejenigen, die sich intensiv mit den **antiken Stätten** beschäftigen wollen, können alle wichtigen Plätze von der Kemer-Küste aus in gut 2 Std. Autofahrt erreichen. Das erfordert jedoch stets eine sehr enge Zeitplanung. Anzuraten wäre daher eher eine individuelle Reise, wobei Antalya der günstigste Zielflughafen ist.

Hotels mit Flair

Die meisten Großhotels an der Riviera, die man in den Katalogen findet, sind überaus großzügige Neubauanlagen. Sehr viele sind architektonisch fantasievoll gestaltet und zitieren entweder antike oder osmanische Bauelemente oder bauen Naturwunder der Türkei nach. Unter den Tausenden von Mittelklassehotels, ebenfalls zumeist neuere Bauten, gibt es dagegen nur selten außergewöhnliche oder traditionsreiche Häuser. Eine längere Reisetradition hat es in der Türkei (mit Ausnahme von Istanbul) nämlich nie gegeben.

Allerdings sind in den 1990er Jahren in der Altstadt von Antalya mit ihren vielen osmanischen Holzkonaks einige sehr stilvolle und doch luxuriöse Hotels entstanden (z. B. Doğan, Marina, Aspen, Argos ...). Ganz besonderes Flair verspricht auch das Hotel Bedesten in Alanya, für das eine ehemalige Karawanserei auf der Zitadelle umgebaut wurde (zu buchen bei TUI). Auch im Lowbudget-Bereich gibt es etwas Besonderes: Kadir's Treehouses, echte Baumhäuser für Backpacker bei Olympos (Kemer-Küste), oder die Strandhütten am Butterfly Beach bei Fethiye.

All-in-Tourismus ?

Inzwischen werden in den Urlaubszentren immer mehr Großhotels, vor allem die unter internationaler Leitung, nach dem Club-Modell organisiert: *all inclusive* ist das Zauberwort. Man muss immer mit einer ›Hundemarke‹ in Form eines Plastikarmbands herumlaufen, zahlt mit Perlen – und kommt vor lauter Animation nicht mehr dazu, über die hohen Mauern dieser Anlagen zu schauen. Land und Leute lernt man aber nur außerhalb solcher Kunstwelten ein wenig kennen – wozu dieser Führer ausdrücklich ermutigen will.

Für türkische Hoteliers und Restaurantbesitzer hat diese Entwicklung folgenschwere Konsequenzen, denn die Gäste bleiben aus. Vor allem betrifft das die Deutschen, die traditionsgemäß den Hauptanteil stellten und am meisten Devisen ins Land brachten, heute aber in den Clubanlagen ›weggesperrt‹ sind. Ihre Stelle nehmen nun Engländer, Holländer und auch Russen ein, sie prägen heute die eigentlichen Touristenorte. Was wiederum den Deutschen derart befremdlich scheint, dass sie erst recht in ihren Kunstsiedlungen bleiben.

Verlorene Kinder

Am Strand vor den Hotels können Kinder leicht die Orientierung verlieren, v. a. abends, da die Dämmerung sehr rasch in Dunkelheit übergeht. Erkunden Sie also gleich nach Ankunft mit dem Kind zusammen den Strand, zeigen Sie ihm Orientierungspunkte – am besten geben Sie ihm auch einen Zettel mit dem Hotelnamen mit.

Urlaub mit Kindern

Viele **große Hotelanlagen** haben sich ganz auf Familienurlaub spezialisiert – zunehmend werden auch Apartments oder ›Familienzimmer‹ mit getrennten Schlafbereichen angeboten. In vielen Touristenrestaurants gibt es sogar Kindersitze und spezielle Gerichte für den Nachwuchs. Größere Anlagen haben einen Kinderclub mit Animationsprogramm, so dass den Eltern genügend Freiraum zur Entspannung bleibt.

Wer mit Kindern in günstigeren **Mittelklassehäusern** unterkommen will, hat hingegen eher Probleme; alternativ bucht man nur Flug und mietet vor Ort ein Apartment in einem der zahlreichen kleineren Aparthotels: z. B. an den kinderfreundlichen Stränden von Çalış bei Fethiye, Antalya-Lara oder Side-Kumköy. In einfachen Hotels oder Pensionen übernachten Kinder unter 8 Jahren im Zimmer der Eltern oft kostenlos, sonst für 50 % des vollen Preises.

Babywindeln und Babynahrung sind in Supermärkten erhältlich (am besten fragt man nach dem nächsten Migros-Markt). Als besondere Vorsichts-

In Ruinen stöbern macht auch Kindern Spaß

maßnahme ist im Frühsommer (v. a. bei Kleinkindern) dringend die Mitnahme eines Moskitonetzes anzuraten. Zudem erfordert die starke Sonneneinstrahlung Cremes mit besonders hohem Schutzfaktor; zwischen 12 und 15 Uhr sollte man direkte Sonne grundsätzlich vermeiden.

Türken sind überaus kinderfreundlich, die Kleinen werden auch von Fremden geherzt und mit Süßigkeiten beglückt. Viele Kinder mögen das, manche haben aber ihre Probleme damit, sich plötzlich in den Armen eines schwarzhaarigen Stachelbarts wiederzufinden. Das wiederum passiert gar nicht so selten, denn viele Souvenirverkäufer und Kellner haben gelernt, das der einfachste Weg zur Geldbörse der Touristen über ihre Kinder führt …

Gute **Ausflugsziele** für Kinder sind natürlich die Märkte; für günstiges Geld wird dort auch jede Menge Spielzeug angeboten. Daneben sind die Aqua-Parks beliebte Ziele, etwas ältere Kinder dürften auch die Zitadelle von Alanya (wo man oft auch auf Kamelen reiten kann) oder die Geisterstadt Kayaköy bei Fethiye spannend finden.

An den Stränden locken zahlreiche **Wassersportangebote:** Tretbootfahren oder Banana Riding (einem Ritt auf einer Gummiwurst über die Wellen), Parasailing (Fallschirmfliegen übers Meer) oder Jet-Ski-Fahren (eine Art Wassermotorrad) – da kann ein normales Urlaubsbudget jedoch rasch überstiegen werden. Aber für die meisten Kinder bleibt ja der Hotel-Pool sowieso das Wichtigste!

SPORTLICH & AKTIV

Der Kulturtourismus, einst das wichtigste Fremdenverkehrssegment, spielt heute längst nicht mehr die Hauptrolle. Mit ihren teils buchtenreichen, teils von Sandstränden gesäumten Küsten, der großartigen, naturbelassenen Bergwelt und zahlreichen Wildwasserflüssen ist die Türkei ein Paradies für aktive Urlauber.

Die schönsten Strände

An der Küste der ›**Türkischen Riviera**‹ zieht sich zwischen Antalya und Alanya ein endloses Sandstrandband. Die Strände sind meist Sandstrände mit mehr oder weniger vielen Kieseln; Kinder und empfindliche Personen nehmen daher besser Badeschuhe mit. Die meisten Hotelstrände sind sehr gepflegt und werden jeden Morgen geharkt. Dort findet man stets auch Strandbars, Wassersportangebote und Sonnenschirmverleih: An öffentlichen Stränden zahlt man ca. 5 € für zwei ›sun beds‹ mit Schirm.

An der **lykischen Küste** bis nach Fethiye bestimmen vor allem kleinere Buchten das Bild. Ausnahmen sind die Sandstrände bei Finike und Patara. Der Prospektstrand von Ölüdeniz ist längst nicht mehr so idyllisch wie auf den Fotos und im Sommer recht voll. In allen touristischen Orten werden aber Bootstouren angeboten, die Felsküste eignet sich gut zum Tauchen.

Östlich von Alanya ist vor allem der Strand von **Kızkalesi** noch recht

Die Seele baumeln lassen … am Patara-Strand

BESUCH IM TÜRKISCHEN HAMAM

von Petra Penke

Ein wenig mulmig ist mir ja schon, aber dann wage ich mich doch kurzentschlossen, Beauty Case und Handtücher unter dem Arm, hinein – ins Hamam. Heute vormittag ist Frauenbad. Im Eingangsraum dudelt der Kassettenrecorder, ein Tee-Samowar dampft. Die resolute ältere Frau, die auf mich zutritt, trägt als Einzige das Kopftuch: wohl die Bademeisterin. Sie spricht zwar kein Wort Englisch, hat die Situation aber sicher im Griff. Zeigt mir ein Schließfach, in dem ich meine Wertsachen verstaue, fragt »Masaj?«, worauf ich zögernd nicke, und schiebt mich in Richtung der Umkleidekabinen. Dort stehe ich dann vor der großen Entscheidung: Mit oder ohne Slip? Wähle also die goldene Mitte und trete, Handtuch um die Hüften geschlungen, wieder hinaus. Die Madame vom Dienst ist's zufrieden, ich schlüpfe in die Badelatschen und schlurfe hinter ihr her in den Schwitzraum.

Das Hamam, das Türkische Bad, hat, so lese ich später, eine lange, bis auf die große römische Bäderkultur und ihre Thermen zurückgehende Tradition. Gerade die religiösen Reinigungsvorschriften des Islam (s. S. 44) führten im Orient zu einer allgemein weiten Verbreitung öffentlicher Bäder. Doch der Besuch im Hamam bereitet die Muslime nicht nur auf das Gebet vor, das Bad ist auch ein Ort der Kommunikation, vor allem für die Frauen. Hier können sie sich unbeobachtet bewegen, können tratschen, hier bietet sich den Müttern aber auch Gelegenheit, nach einer passenden Partie für den Sohn Ausschau zu halten. Denn selbstverständlich wird im Schwitzraum streng nach Geschlechtern getrennt.

Den Begriff ›Schwitzraum‹ verdient der zentrale Baderaum des Hamams jedoch nur mit Abstrichen. Meist hält sich die Temperatur im Gegensatz zur Feuchtigkeit in Grenzen. Dampfende Schwaden schlagen mir entgegen. Im Dunst erkenne ich den großen, marmornen *göbek taşı,* ein beheiztes Podest, auf dem mehrere Frauen sitzen, die sich gegenseitig mit einem Hanfhandschuh massieren – doch dazu später mehr. Darüber wölbt sich eine hohe Kuppel mit kaum handgroßen, sternförmigen Durchbrüchen, die gebrochenes Licht einfallen lassen.

Kaltes und heißes Wasser läuft aus zwei Hähnen in Marmorbecken, aus denen ich mit dem bereitliegenden flachen Schöpfteller das Nass über mich gieße. Etwas umständlich, aber stilecht, diese Prozedur. Denn die Dusche kannte man damals noch nicht, und ein Bad in stehendem Wasser ist bei den Türken nach traditioneller Sitte verpönt. Nach einer ersten Säuberung begebe ich mich auf den *göbek taşı* und harre der Dinge, die da kommen sollen. Längst habe ich das Handtuch fallen lassen, denn auch die meisten anderen Frauen sind im Evaskostüm. So hochnotpeinlich darauf bedacht, mit dem Hüfttuch die Lenden zu bedecken, wie das dem Vernehmen nach bei den Herren Usus scheint, ist hier keine.

Schließlich kommt eine zweite Badefrau, beeindruckend in ihrer Üppigkeit, und beginnt, mich mit dem erwähnten Hanfhandschuh, dem *kaşa,* zu massieren. Wörtlich bedeutet der Begriff ›Kratzer‹, und das durchaus zu Recht. Puterrot läuft die Haut an, und bald bilden sich dunkle Krümel – kein Grund zur Peinlichkeit, denn es ist nur die oberste Hautschicht, die sich löst... Meine Patronin aber lässt nicht ab und schabt und reibt, scheuert und schrubbt und vergisst auch nicht einen Quadratzentimeter meiner Körperoberfläche. Im Stillen muss ich mir eingestehen: So sauber bist du noch nie in deinem Leben gewesen.

Doch sie beginnt erst mit der eigentlichen Massage, mit Seifenschaum und Kraft. Denn falls ich noch gedacht hatte, das Schlimmste sei überstanden – ich habe mich geirrt. Stahlhart ist der Griff, mit dem die Badefrau meine Arme knetet, die Beine walkt; sie lässt mich zwischen ihren Beinen kauern, dass ihre schweren Brüste auf meinen Schultern liegen, wühlt mir in den Haaren, pult in den Ohren, fährt kraftvoll durch mein Gesicht. Dann wieder in die Bauchlage: Da dehnt sie die Schultern, bis es – deutlich – knackt, und als ihre Knöchel über meine Wirbelsäule gleiten, schreit jede Bandscheibe um Erbarmen. Doch nach erneutem Abspülen, heiß und kalt, da fühlte ich mich – wie neugeboren. Die folgende Ölmassage war dann so etwas wie eine Abbitte, Labsal für die gepeinigte Haut.

Tulay und Yasemin, zwei jüngere Türkinnen, nickten mir anerkennend zu, fast als hätte ich die Prozedur besonders tapfer ertragen. Wild gestikulierend verständigten wir uns, über die Kinder, den Mann, den Beruf. Das wichtigste aber war das Lachen, wie es selten ist in unserem kühlen Deutschland und das eine Brücke spannte über alle Sprachschwierigkeiten. Abgetrocknet und unendlich sauber genoss ich meinen Tee – doch Tulay drehte den Kassettenrecorder auf volle Lautstärke, und dann fing sie an zu tanzen, so selbstvergessen und selbstbewusst, wie ich eine Türkin in der Öffentlichkeit noch nie erlebt hatte. Als ich viel später aus dem Hamam trat, hatte ich nicht nur die Schrittfolge eines türkischen Tanzes gelernt, sondern auch etwas Wichtigeres erfahren: Jenseits aller öffentlichen Zwänge kennen Türkinnen untereinander, in den der Männerwelt verschlossenen Räumen, eine Offenheit, die uns ›freien‹ Frauen aus dem Westen längst verloren gegangen ist.

Nachrede: Zugegeben, seitdem ich diesen Text geschrieben habe, sind 10 Jahre vergangen – 10 Jahre, in denen sich die Türkei sehr verändert hat und nun in manchen Teilen kaum weniger globalisiert ist als der Westen. Die moderne Türkin von heute liest ›Cosmopolitan‹ oder ›Kadın‹, das einheimische Gegenstück, und kauft, was sie dort sieht, im ›Migros‹ oder ›Real‹. Und moderne Wohnungen haben natürlich alle ein Bad, so dass die Notwendigkeit eines öffentlichen Hamams immer weniger gegeben ist. In der Tat klagen vielerorts die Hamams über Besucherrückgänge, manche versuchen zunehmend, sich auf Touristen als neue Kundschaft zu spezialisieren. Wenn man genauer hinschaut, betrifft das aber nur die Männerbadezeiten; bei den Frauen ist die Hamamkultur weiterhin lebendig, ob in den modernen Zentren oder in den alten Städten Anatoliens. Ihren wichtigsten sozialen Freiraum werden die türkischen Frauen wohl weiterhin verteidigen.

schön, dort gibt es auch eine umfassend ausgebaute touristische Infrastruktur. Weiter im Osten dagegen wird das Wasser schmutziger, die Küste ist über Kilometer mit Hochhaus-Apartmentbauten zugestellt.

Baden & Wassersport

In den Urlaubszentren ist die Palette der angebotenen Wassersportaktivitäten derart enorm, dass man fast schon etwas altmodisch dasteht, wenn man nur schwimmen will. Man kann Tretboote oder Kajaks leihen, Wasserski oder Jet-Ski fahren, auch Parasailing (vom Motorboot gezogen am Fallschirm übers Meer gleiten) gehört schon zum Standard. Beliebt ist Banana Riding: ein Motorboot zieht eine aufgeblasene Plastikbanane, auf der man sitzt. Sieger ist, wer oben bleibt!

Trotz der Meernähe erleben in jüngster Zeit die hier **Aqua Parks** genannten ›Spaßbäder‹ einen Boom. Jedes Städtchen, das auf sich hält, hat so eine Anlage mit unterschiedlichen, oft extrem steilen Wasserrutschen.

Segeln: Die buchtenreiche lykische Küste ist ein Segelparadies. Auf der sogenannten ›Blauen Reise‹ (s. S. 88) schippert man von einer Bucht zur nächsten. Buchen kann man solche Törns über das heimatliche Reisebüro, aber auch direkt in den Yachtmarinas von Fethiye oder Antalya. In den Urlaubsorten gibt es zudem die Möglichkeit zu Tagesausflügen per Yacht.

Tauchen: In den frühen 1980er Jahren hatten die spektakulären Funde antiker Schiffswracks (bei Finike und am Uluburun bei Kaş) und die Sorge vor Schatztauchern ein generelles Tauchverbot zur Folge. Heute ist **Scuba Diving** (Tauchen mit Pressluftgeräten) fast überall erlaubt, allerdings nur in Begleitung autorisierter Tauchführer. Wer tatsächlich antike Amphoren etc. findet, muss sie den türkischen Behörden übergeben; andernfalls drohen sogar Gefängnisstrafen.

In den Urlaubsorten, v. a. in Fethiye, Kaş und Alanya, bieten Servicestellen und Tauchschulen eintägige Schnupperkurse sowie Wochenkurse zum Erwerb des Padi- oder CMAS-Brevets (um 300 €) an. Die Ausrüstung wird gestellt; das notwendige Gesundheitszeugnis erledigt ein türkischer Arzt. Fortgeschrittene können Ausrüstung leihen und geführte Ausfahrten zu interessanten Spots buchen.

Sport an Land

Golf: Beim Ferienort Belek, östlich von Antalya, gibt es inzwischen fünf neu angelegte 18-Loch-Plätze am Meer zwischen Dünen und Greens mit Kiefernbewuchs (s. S. 164). Einige Hotels betreiben Golfschulen; von Öger Tours gibt es einen Spezialkatalog. Die Saison beginnt etwa ab Februar.

Mountainbiking: Mit geländegängigen Fahrrädern lassen sich die landschaftlichen Schönheiten am besten erschließen. Das lohnt daher vor allem in der Fethiye-Region und an der Kemer-Küste, wo große Sporthotels wie das Lykia World (Fethiye) oder das Türkiz (Kemer) auch Räder verleihen. Gute

Rafting auf dem Köprülü-Fluss

Kondition und Fahrvermögen (Schotterpisten!) sind natürlich Voraussetzung; in den Monaten März bis Mai ist es auch noch nicht zu heiß.

Rafting: Die Gebirgsflüsse im Taurus bieten gute Wildwasserreviere. In Side und Fethiye gibt es Anbieter von Tagestouren, am bekanntesten ist der Köprülü Kanyon westlich von Side. In der Saison kann man am Forellenrestaurant hinter Beşkonak zu geführten Touren durch zwei Canyons starten, die auch für Anfänger geeignet sind. Abenteuerlicher ist die Abfahrt auf dem Manavgat-Fluss von der Şahap-Brücke zwischen Aydınkent und Akseki, wo der Fluss durch drei Canyons mit Fällen der 5. Klasse strömt. Achtung: Starten Sie nie ohne Führer, denn die Flüsse entwickeln gefährliche Strömungen oder fließen über Schlucklöcher mit starkem Tiefensog!

Paintball: Bei Alanya-İncekum (nahe Hotel Justiniano), in Side (am Weg nach Sorgun) und auch in Belek/Kadriye gibt es mittlerweile solche Anlagen, wo der Zivilisationsmensch mit Farb-Knarren ein bisschen Krieg spielen kann. Ab Gruppen zu 8 zahlt man etwa 30 € pro Person.

Paragliding: Der 1970 m hohe Babadağı über Ölüdeniz bei Fethiye ist mittlerweile einer der Hot Spots für Fallschirmgleiter. Wegen eines Unfalls dürfen Anfänger aber nur im Tandem fliegen. Anbieter gibt's am Ölüdeniz-Strand; Szenetreff dort ist die Bar ›Cloud Nine‹. Man fährt ca. 1,5 Std. hoch, fliegt ca. 30 Minuten – und wird süchtig. Das passende Hotel für Könner ist das ›Flying Dutchman‹ in Ölüdeniz-Belçeğiz.

Reiten: Mehrere Reitställe, die stundenweise Pferde zum Ausritt am Strand vermieten, findet man z. B. in Side/Sorgun oder Patara. Besonders schön ist die Berke Ranch, ein kleines Hotel in den Bergen über Kemer, das auch Reitkurse anbietet (s. S. 127).

Ski fahren: In den Bergen zwischen Kemer-Küste und Antalya liegt das Skigebiet **Saklıkent** auf ca. 2000 m Höhe. Zentrum ist das Bakırılı Motel mit Lift (Tel. 446 12 79), ein einfaches Dreisternehaus. Anfang März kann man hier Ski- und Badeurlaub verknüpfen. Alpine Verhältnisse darf man jedoch nicht erwarten!

Triathlon: Ganz sportliche Naturen können sich beim Alanya Triathlon melden, der immer Ende Oktober stattfindet. Der Wettkampf (1,5 km Schwimmen, 40 km Radfahren, 10 km Laufen) gilt als Finale des ETU-Cups (Info: www.triathlon.org.tr).

Wandern & Trekking: Die beste Zeit für Wanderungen sind die Monate März und April, für Hochgebirgstouren Juli und August. Leider gibt es so gut wie keine Infrastruktur (Berghütten, markierte Wanderwege), nicht einmal exakte Wanderkarten liegen vor. Ohne einen Führer sollten daher nur sehr erfahrenen Trekker aufbrechen. Feste Wanderschuhe, Kompass, ausreichender Trinkwasservorrat und für den Notfall auch Trockenproviant sind unerläslich. In jedem Fall sollte man vor dem Aufbruch auch zu einfachen Wanderungen im Hotel Ziel und geplante Route hinterlassen, um eventuell erforderliche Suchaktionen zu erleichtern.

Als eine der schönsten Wanderstrecken der Welt hat die britische Sunday Times den **Lykien-Trail** zwischen Fethiye und Kaş bezeichnet (s. S. 98). Aber auch im **Beydağları-Nationalpark** an der Kemer-Küste gibt es zahlreiche schöne Wanderwege.

Wer hochalpines Trekking bevorzugt, kann den 2366 m hohen **Tahtalı Dağı** oberhalb von Kemer besteigen; von Elmalı erreicht man den **Kızlarsivrisi,** den mit 3070 m höchsten Gipfel der Beydağları. Führer vermittelt der TODOSK, Antalya, Tel. 0242/248 13 91, www.todosk.org.

Ausflüge & organisierte Touren

In allen Orten, Hotelurbanisationen und auch Großhotels bieten Reiseagenturen eine große Palette von **Ausflugstouren** zum Komplettpreis an, diese Büros verleihen meist aber auch Mopeds oder Autos (s. S. 214). In aller Regel ist es billiger und vor allen Dingen erlebnisreicher, auf eigene Faust mit gemietetem Fahrzeug loszufahren. Die meisten Pauschaltouren stoppen ›zufällig‹ an einer Teppichknüpferei, wo viel Zeit verloren geht (nicht unter Zeitdruck kaufen!), und planen auch sonst eine höchst knappe Führung ein, die kaum Raum für eigene Entdeckungen lässt. Auf jeden Fall sollte man die Preise vergleichen, die erstaunliche Unterschiede aufweisen können.

Eine schöne Alternative sind **Ausflüge per Boot,** wobei das Bootfahren ja die eigentliche Attraktion ist (Sonnenschutz nicht vergessen!). Meist gibt es Mittagessen (›Lunch‹) an Bord inclusive, ebenso auch die Anekdoten des Kapitäns.

Alle häufiger besuchten **archäologischen Stätten** kosten Eintrittsgeld. Die Preise liegen zwischen 1 und 6 €, Studenten erhalten Nachlass bei Vorlage eines internationalen Ausweises. Eine Beschilderung, die man auf den großen Arealen gut gebrauchen könnte, fehlt fast immer; für seine Sicherheit ist der Besucher gänzlich allein verantwortlich. Man sollte es vermeiden, von den ›Trampelpfaden‹ abzuweichen, vor allem an Steilhängen, und keine bergsteigerischen Experimente wagen. Dass man nicht auf 2000 Jahre alten Bauten herumklettert, versteht sich von selbst!

Um möglichst viel zu sehen, ist es ratsam, sich vom Aufseher *(bekçi)* führen zu lassen (natürlich erwartet er dann ein ordentliches Trinkgeld). Im Gelände empfiehlt es sich, stark aufzutreten, denn Schlangen sind scheu und ergreifen bei Erschütterungen die Flucht, bevor man sie sieht.

Vorsicht, ›Türkische Nacht‹!

Wer Wert auf zeitige Nachtruhe legt, bringt vorsichtshalber Ohropax mit ins Luxushotel, und selbst in kleineren Häusern ist man vor den ›Abstrahlungseffekten‹ der Türkischen Nächte mit ihren über den Strand wummernden Bässen nicht sicher.

Wohin am Abend?

Das Nachtleben findet an der Mittelmeerküste von Mai bis September hauptsächlich unter freiem Sternenhimmel statt, vor allem im Sommer, wenn es bis Mitternacht noch über 30 °C warm ist.

In allen Ferienurbanisationen verwandeln sich die Straßen abends in quirlige Bummelmeilen mit dem Flair eines **Nachtmarkts.** Alle Läden haben geöffnet und zahlreiche Kneipen, Restaurants und Bars warten auf Kundschaft, die teils mit speziellen Events wie Großbildschirm-TV oder Live-Musik gelockt wird.

Besonders turbulent geht es in Orten wie Alanya, am Ölüdeniz-Strand bei Fethiye und in Kemer zu, wo man in den **Bar-Vierteln** bis spät in der Nacht zwischen lauschigen Cafés und lauten Music-Bars pendelt. Bistro, Candle-Light, Irish Pub, American Bar – alle Stilrichtungen sind dort vertreten. Richtige türkische Lokantalar hingegen kann man nur noch weit abseits dieser ›Bar Streets‹ finden.

Der Übergang von der Bar zur Disco ist fließend und nennt sich **Music-Bar.** Ob open-air oder in der Halle, die Musik ist stets top-aktuell: Rave, TripHop und was gerade die neueste Erfindung ist. Das ist kein Wunder, da die türkische Pop-Szene zum großen Teil aus deutschtürkischen Musikern besteht und die besten Schuppen DJs aus England einfliegen lassen. Berühmte

In Alanya wird auch nachts einiges geboten

Discos sind das ›Sherlock‹ in Kemer, das ›Oxyd‹ in Side, der ›Zapfhahn‹ in Alanya oder das ›Ally‹ in Antalyas Altstadt. Vor allem das ›Ally‹ ist im Sommer ein Erlebnis, da es dort nur wenig ausländische Touristen gibt und die türkische Jugend zeigen kann, was sie drauf hat. In den Großdiscos ist aber meist erst nach 24 Uhr etwas los.

Daneben lohnt es sich, auf plakatierte **Abendveranstaltungen** zu achten. Klassikkonzerte, Opern oder auch Tanztheater finden bespielsweise in den antiken Theatern von Aspendos und von Side statt. Beim **Kemer Holiday Carnival** treten mitunter berühmte türkische Popgrößen auf – Mustafa Sandal oder Tarkan in der Türkei live zu sehen ist wirklich ein besonderes Erlebnis.

Eher lästig, aber fast unvermeidlich sind dagegen die meist einmal wöchentlich, nicht selten aber täglich stattfindenden **Abend-Shows** der Luxushotels. Bauchtanz und eine nachgestellte ›türkische Hochzeit‹ gehören meist zum Standardprogramm, dazu kommt ein bisschen Variete und ein bisschen Comedy… Oft darf (oder muss) auch jemand aus dem Publikum mitmachen – das ist meist der eindeutig größte Lacherfolg!

UNTERWEGS
AN DER TÜRKISCHEN SÜDKÜSTE

Ein Leitfaden für die Reise und viele Tipps für unterwegs.

Ausführliche Beschreibungen von Städten und Sehenswürdigkeiten, Stränden und Ausflugszielen.

Die Türkei erleben: Ausgesuchte Unterkünfte, Restaurants, Sportadressen, Einkaufstipps

Fethiye und die lykische Küste

Mit Bougainvillea überranktes Haus an der lykischen Küste

Reiseatlas S. 233–234

FETHIYE UND UMGEBUNG

Die Urlaubsregion Fethiye, landschaftlich sehr schön an einem weiten Golf mit zahlreichen Inselchen gelegen, ist auf dem besten Weg, zum beliebtesten Ferienziel der Türkei zu werden. Hier findet sich der bekannte Traumstrand Ölüdeniz, hier vereinen sich überall die Farben der ›Türkis-Küste‹, Meerblau, Piniengrün, Hotelweiß, zu harmonischem Dreiklang: da möchte man gar nicht mehr wegfahren.

Fethiye

Atlas: S. 233, E3
Die Kreisstadt Fethiye (ca. 55 000 Ew.) ist die größte Stadt zwischen Antalya und İzmir und das urbane Zentrum der Südwesttürkei, obwohl sie ihre einstige Bedeutung als Ausfuhrhafen weitgehend verloren hat. Schon früh wurde Fethiye vom Tourismus entdeckt – noch vor 30 Jahren war es das einzige Standquartier zur Erkundung Lykiens. Heute werden unter dem Namen die neuen Hotelzonen an der berühmten Landzunge Ölüdeniz, in Hisarönü und Ovacık (beide im Süden der Stadt), am Çalış-Strand und an den Küsten im Norden des Golfs vermarktet (s. S. 91 f.). Dabei hat sich Fethiye selbst den Charakter einer türkischen Mittelstadt bewahren können – noch dreht sich hier nicht alles um Sun & Fun. Vor allem am Abend, wenn der lange Sonnenuntergang die Stadt und den östlich aufragenden Ak Dağ (›Weißer Berg‹) in ein warmes Licht taucht, zeigt sich Fethiye von der schönsten Seite.

In der Antike hieß die Stadt griechisch Telmessos; ein eigener lykischer Name ist nicht bekannt. Im 5. Jh. v. Chr. gehörte die Stadt zum Seebund der Athener, doch spätestens seit Anfang des 4. Jh. hatten sich die Lykier wieder aus der griechischen Machtsphäre gelöst. Telmessos stand dann mit Xanthos, Pinara und Tlos unter der Herrschaft des Dynasten Arbinas; doch um 370 verlor sein Nachfolger Arrtumpara die Unabhängigkeit an Perikles, den Fürsten von Limyra (s. S. 120). Endgül-

Honig aus Fethiye

Berühmt ist der Honig aus den einsamen Wäldern rund um Fethiye: Die Imkerkooperative **Arıcılar** verkauft in einem Laden in der Altstadt (Cumhuriyet Caddesi, parallel zur Atatürk Cad.) eine große Auswahl, darunter ausgefallene Sorten wie Thymianhonig *(kekik balı)* und Pinienhonig *(çam balı)*.

tig griechisch wurde Telmessos erst nach der Eroberung durch Alexander den Großen, ab dem 2. Jh. v. Chr. stand es in engen Beziehungen zu Rhodos. Die Johanniterritter von Rhodos befestigten den Hafen Makri mit einer Burg, im Osmanischen Reich wurde der Name zu *Meğri.* Erst seit dem Sieg Atatürks über die Griechen, die auch hier vor 1923 die Bevölkerungsmehrheit stellten, heißt der Ort Fethiye (›Eroberung‹, gesprochen ›fätje‹).

Ein schwerer Schlag war das Erdbeben von 1958, als große Teile der Stadt zerstört wurden – aus den Trümmern schüttete man dann die Hafenpromenade vor der Atatürk Caddesi, der Haupt- und Zufahrtsstraße, auf.

In der Altstadt

Am schönsten ist Fethiye im Altstadtkern, der zwischen der Anhöhe der antiken Akropolis im Süden und dem Yachthafen im Osten liegt. Hier, im Bereich zwischen dem alten **Hamam** und der **Eski Cami** 1, wurde wenig neu gebaut; manche Restaurants behelfen sich bis heute in alten Ruinen.

Antike Reste sind aufgrund des Erdbebens rar. In den 1990er Jahren wurde das **Theater** 2 am Hafenplatz freigelegt, das wie das in Kaş ganz hellenistischem Bautypus ohne Bühnenhaus entspricht. Zwischen Rathaus *(Belediye)* und Postamt steht der bedeutendste der altlykischen **Sarko-**

Ausflugsboote am Hafen von Fethiye

Atlas: S. 233

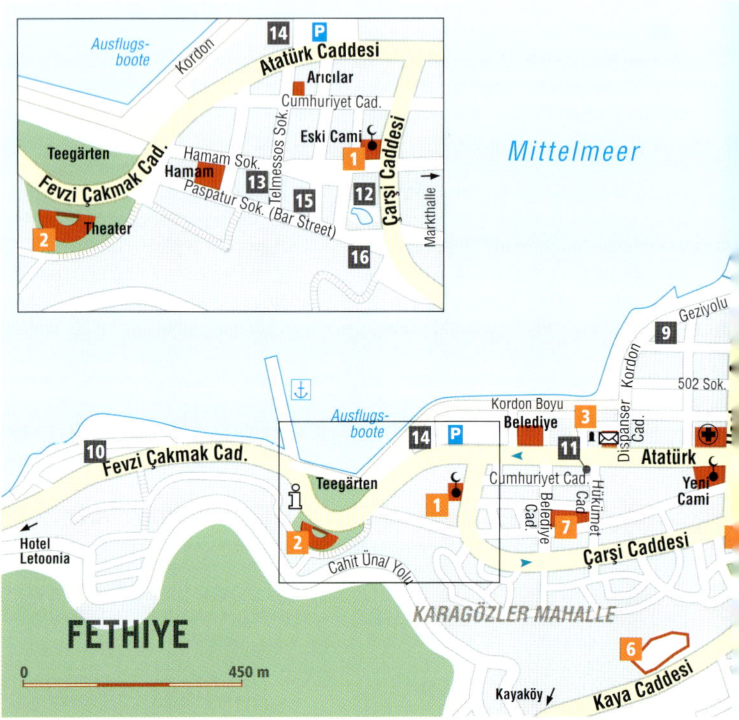

Sehenswürdigkeiten
- 1 Eski Cami
- 2 Theater
- 3 Sarkophage
- 4 Ahmet Gazi-Friedhof
- 5 Felsgräber
- 6 Johanniterburg
- 7 Markthalle
- 8 Fethiye-Museum

Hotels
- 9 Kemal
- 10 Yacht

Restaurants
- 11 Birlik Lokantası
- 12 Duck Pond
- 13 Meğri
- 14 Rafet

Bars & Discos
- 15 Music Factory
- 16 Ottoman Bar

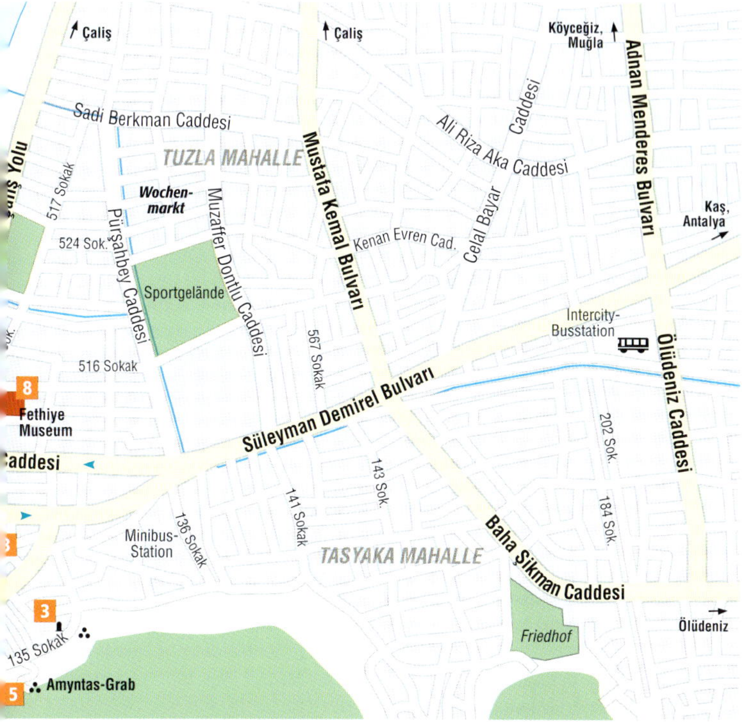

phage 3, die auf das 4. Jh. v. Chr. zurückgehen. Der Fries am Deckelfirst zeigt kämpfende Krieger (um 370 v. Chr.), kann heute aber als Negativbeispiel für Kunstzerstörung durch Abgase gelten: In den letzten Jahren ist das Relief fast völlig verwittert.

Weitere Sarkophage sind in dem noch fast dörflichen Stadtteil unterhalb des Steilfelsens zu finden: teils in Gärten, teils mitten auf der Straße. Einen Blick lohnt dort auch der osmanische **Ahmet Gazi-Friedhof** 4 mit kalligraphisch beschrifteten Grabsteinen.

Darüber erheben sich die berühmten **Felsgräber** 5 von Fethiye, als prächtigstes das ›**Amyntas-Grab**‹ mit imposanter, aus dem Fels geschnittener Fassade in Form einer ionischen Tempelfront (tgl. 8.30–17 Uhr). Gut zu erkennen ist das in Stein nachgeahmte Holzportal mit Bronzebeschlägen; im Innern sind die Namenszüge der ersten europäischen Entdecker zu finden, darunter die des Charles Texier, der 1836 als Erster die antiken Ruinen von Telmessos beschrieb. Weitere Tempelgräber, darunter ein unvollendetes,

MIT DEM GULET INS PARADIES

Die ›Blaue Reise‹

Mal ehrlich: Ständig am Strand zu braten ist ja eigentlich nicht wirklich spannend. Da werden beim Blick aufs Meer schnell Träume wach: von knatterndem Segeltuch, Wellengischt, endlosem Blau – und man selbst lässig an einer Reeling gelehnt. Dann ankern in kristallklaren Buchten, selbst gefangene Fische am Strand überm Feuer backen und unter Sternengeflimmer einschlafen ... In der Türkei kein Problem, hier nennt man das *mavi yolculuk*, die ›Blaue Reise‹.

Kleines Hotel, riesiger Pool: Die türkische Küste zwischen Bodrum und Antalya bietet mittlerweile Marinas für über 3000 Yachten – und sogar pauschal kann man die Blaue Reise buchen (z. B. bei TUI, Jahn, Südtours). Dabei fährt man mit den zu Mini-Pensionen ausgebauten türkischen Gulets: zweimastigen Ketschs, etwa 12 m lang, die in Zweier- und Viererkabinen Platz für acht bis zwölf Personen bieten, dazu Dusche, Küche und ein Deck fürs Sonnenbad und ein Schattendeck (der beliebteste Platz am zweiten Tag, wenn alle am Sonnenbrand leiden). Bei den Touren sind immer ein Kapitän und ein Matrose mit an Bord, fürs leibliche Wohl sorgt ein Koch. Bucht man sie in der Türkei, besteht auch die Möglichkeit, Route und Landungsplätze in Absprache mit dem Kapitän festzulegen. Eines ist bei diesen Charter-Touren allerdings schade: Trotz voller Takelage wird bei Touren mit nautischen Anfängern per Motorkraft gefahren und nicht im Wind.

Voraussetzung sind natürlich gute Nerven: Für manche hat sich die Romantik beim Törn nämlich bald erledigt. 8 Quadratmeter Sonnendeck, 6 Quadratmeter Schattenplatz, daneben nur die Koje oder der Mast... Wer zum ›Lagerkoller‹ neigt, sollte diese Art Urlaub besser lassen. Oder man bucht eine Tour zusammen mit einer Handvoll Freunden, dann weiß man, worauf man sich einlässt. Auch bei den Tagestouren sind große Boote eher verdächtig: Häufig sind einheimische Drinks an Bord frei – und der Törn artet zur Sauftour aus. Mit 30 allzu heiteren Mitreisenden macht auch die einsamste Bucht nur bedingt Freude.

Viele Wege führen ins Paradies: Die beliebteste Strecke führt von Fethiye nach Marmaris, wobei das Dalyan-Delta mit dem antiken Kaunos (s. S. 95f.) und der Golf von Fethiye mit seinen zwölf Inseln die Höhepunkte sind. Im Fethiye-Golf sind auf den Inseln Tersane Adası und Domuz Adası antike Ruinen zu sehen, der kleine Hafen von Kurbağalık hingegen ist noch ein echtes Idyll aus alter Zeit. Nach Osten besucht man kleine Weiler der lykischen Küste wie Yeşilköy oder Cavurağılı, einsame Buchten wie Bayındır Limanı, Batikkaya Bay oder Çamlı Burun, aber natürlich auch Patara (s. S. 107) und Kekova (s. S. 115).

Veranstalter: *Light Tours,* Atatürk Cad. 104, Tel. 614 47 57, Fax 614 51 43, www.lighttours.com; *Compass Yachting,* Yat Limanı, Körfez Apt., Tel. 612 5921, Fax 612 5926, www.compassyachting.com.

aber auch frei stehende Hausgräber schließen im Osten und Westen an.

Auf dem Akropolis-Plateau weiter westlich blieben nur die Mauern einer **Johanniterburg** 6 erhalten. Von dort hat man einen schönen Blick über Fethiye, seine abgeschirmte Bucht mit dem Çalış-Strand bis zum weißen Gipfel des Ak Dağ.

Einen (durchaus längeren) Besuch lohnt noch die große **Markthalle** 7 im Viertel zwischen Çarşısı Caddesi und Atatürk Caddesi, wo man in orientalischen Köstlichkeiten schwelgen kann (etwa auf Höhe der Post). Oder man geht zum **Hafenkai** mit den Ausflugsbooten, wo die Cafés jede Sekunde des Sonnenuntergangs ausnutzen, bis die Dämmerung in die romantische Altstadt mit ihren Bars, Restaurants und Souvenirläden lockt.

Fethiye-Museum

Das durchaus sehenswerte **Fethiye-Museum** 8 (tgl. 9–17 Uhr) zeigt archäologische Grabungsfunde aus der gesamten Umgebung: Keramik, Statuen, hellenistische Vasen, Glaswaren, skulptierte Marmorteile vom 8. Jh. v. Chr. bis 2. Jh. n. Chr. Das bedeutendste Stück ist die **Letoon-Stele:** Dies ist eine Trilingue, sie trägt also eine Inschrift in drei Sprachen, die den einzigen Schlüssel zur Entzifferung des Lykischen darstellt. Auf der rechten Seite ist der griechische, auf der linken Seite der lykische Text, die mittlere Hauptseite nimmt die Fassung in Aramäisch, der *Lingua franca* des Perserreichs, ein. Der Text gibt einen Erlass des persischen Satrapen Pixodaros wieder und nennt als Datierung das erste Jahr des Königs Artaxerxes (358 v.Chr.). Die **ethnologische Abteilung** dokumentiert Webwaren und Handwerk der Yörük-Nomaden.

Strände

Fethiye Zentrum hat keine schönen Badeplätze, man muss auf jeden Fall eine Weile fahren. Çalış im Norden (s. S. 94), Ölüdeniz im Süden (s. S. 91) waren die beliebtesten, sind heute aber sehr zugebaut und voll. Wer es gern einsamer hätte, fährt zu den abgelegenen Badebuchten von **Katrancı** (12 km nördlich von Çalış, mit Camping-Areal unter Pinien) oder **Günlük** noch etwas weiter Richtung Göcek – dort ist nur an Wochenenden Badebetrieb.

Ansonsten muss man aufs Boot. Die meisten Buchten, deren Farbenspiel aus dem Grün der Kiefern, dem Türkisblau des Meeres und weißem Sand diesen Teil der türkischen Küste so berühmt gemacht haben, sind nämlich nur per Schiff zu erreichen. **Bootsausflüge** starten von Fethiyes Seepromenade; die **12-Islands-Tour** durch den Golf von Fethiye ist die beliebteste: Sie führt zu den kleinen Inseln im Golf von Fethiye und bietet sechs Badestopps an unbewohnten Küsten: etwa in **Gobun Bay** mit kristallklarem Wasser und einem kleinen Familienrestaurant, bei den Ruinen einer osmanischen Werft auf **Tersane Adası** *(Dockyard Island),* an einer flachen Sandbank auf **Yassıca Adası** *(Flat Island)* oder bei den antiken Ruinen des **›Kleopatra Hamam‹,** wo immer noch eine untermeerische warme Quelle entspringt.

Reizvoll sind auch Bootstouren entlang der auf dem Landweg unzugänglichen Festlandküste, etwa zum **Aquarium** *(Samanlık Bay)* mit besonders klarem Wasser, zum **Turunç-Strand** oder zum Strand von **Gemiler** (auch Gemile) mit Tavernen, Campingplatz und den Ruinen des byzantinischen Klosters St. Nicolas (gr. *Agios Nikolaos)* auf der vorgelagerten Insel, das im Spätmittelalter ein Stützpunkt der Johanniterritter von Rhodos war.

Tourist Information: İskele Meydanı 1, Tel. 614 15 27, Fax 614 15 27.
Im Internet: www.fethiye.net
Telefonvorwahl: 0252 (gehört zur Provinz Muğla, s. S. 223).

Die Hotels aus den Katalogen liegen alle in den Hotelstädten über Ölüdeniz oder am Çalış-Strand. Im Stadtzentrum findet man Pensionen und Einfachhotels im Viertel hinter der Post (PTT) oder hinter dem Hafen.
Kemal 9: Einfaches Stadthotel der unteren Mittelklasse im PTT-Viertel direkt am Kai. Zimmer mit Aircondition und Seebalkon, relativ ruhig gelegen. Kordon Geziyolu 1, Tel. 614 50 09, Fax 614 50 09, DZ/F 25–35 €.
Yacht Oteli 10: Einfahrt zum Yachthafen nehmen! Mit Blick auf die Boote, angenehme Zimmer, mit Pool und Restaurant. Tel. 614 15 30, Fax 612 53 54, DZ ca. 23 €.

Birlik Lokantası 11: Einfaches, echt türkisches Lokal mit sehr freundlichem Service. Gute türkische Küche – traditionell und ohne Nepp. Atatürk Cad., gegenüber der Post.
Duck Pond 12: Hübsch an einem kleinen Teich gelegen, schön für Kinder. Die Küche türkisch-international, große Auswahl. Bar Street, Tel. 614 74 29.
Meğri 13: Das bekannteste Lokal in der Altstadt, am großen Platz vor der Eski Cami. Türkische Küche in riesiger Auswahl, sehr beliebt. Likya Sok., Tel. 614 40 46.
Rafet 14: Altbekannte Adresse für Fisch; am Hafen mit schönem Meerblick auf die Ausflugsboote. Hier gehen auch Einheimische hin! Kordon Boyu, Tel. 614 11 06.

Im Altstadtviertel zahlreiche **Souvenirgeschäfte** (Teppiche, Leder, Kunstgewerbe, Gold). Westlich der Yeni Cami liegt ein großes **Marktviertel** (Lebensmittel, Textilien etc.), der große **Wochenmarkt** am Dienstag findet hinter dem Museum statt.

Die schrillste Bar in Fethiyes ›Bar Street‹ (die Gasse hinter dem Hamam) ist die **Music Factory** 15, bis 4 Uhr geöffnet, 21–24 Uhr Happy Hour. Aber es gibt viele Alternativen, z. B. die laute **Car Cemetry Bar** oder die **Ottoman Bar** 16 am Ende der Gasse, wo man auch eine *nargile* (Wasserpfeife) rauchen kann. Wer es gemütlicher mag, geht zu den Teegärten unterhalb vom Theater, wo **Gold Semaver** eine riesige Kuchenauswahl bietet (ca. 12 laufende Meter Vitrinen!)

Bootstouren starten am Kordon (Uferkai bei Restaurant Rafet): nach dem Dolmuş-Prinzip nach Çalış und zur Insel Şövalye; dazu Tagestouren nach Ölüdeniz, Dalyan/Kaunos, Kekova oder per Hydrofoil nach Rhodos (s. S. 95).
Hamam: Das Hamam aus dem 16. Jh. in der Altstadt (nahe Meğri Restaurant) ist jetzt an einigen Tagen ab 10 Uhr auch für gemischte Touristengruppen zugänglich – allerdings in Badekleidung! Tel. 614 93 18, man spricht auch Deutsch.
Rafting: Tagesausflüge zu Abfahrten auf dem Dalaman Çayı (Fälle 3. Klasse) inkl. Mittagessen (Lunch) bieten etliche Reisebüros, z.B. *Hannibal Tours,* Tel. 617 04 74.

Am Ölüdeniz-Strand

Segeln: s. Thema S. 88
Tauchen: Kurse, Equipment-Verleih und Tagesausfahrten bieten spezialisierte Anbieter in allen Hotelurbanisationen rund um Fethiye. Unter britischer Leitung steht **European Diving Centre,** Atatürk Cad. 12, Tel. 614 97 71, Fax 614 97 79. Ein türkischer, etwas günstigerer Anbieter ist **Divers Delight,** Dispanser Sok. 25/B, Tel. 612 10 99, Fax 612 11 18, www.diversdelight.com.
Wandern: s. Kasten ›Lykien-Trail‹, S. 98.

Verkehr: Fernbusstation außerhalb am S. Demirel Bulvarı; etwa alle 2 Std. Richtung Kaş, Antalya und İzmir. Minibusse zu Orten und Stränden der Umgebung ab Busstation an der Çarşı Cad.; nach Ölüdeniz und Çalış alle 20 Min.

Rund um den Golf von Fethiye

Ölüdeniz (Hisarönü / Ovacık)

Atlas: S. 233, E3
Das berühmteste Fleckchen Erde der Umgebung (und vielleicht der Türkei) ist natürlich die in jedem Katalog abgebildete Lagune von **Ölüdeniz.** ›Totes Meer‹ wurde die Bucht genannt, weil kein Windhauch und kein Wellenschlag die südseehafte Idylle stört. In der Saison aber geht es dort heute ziemlich lebendig zu. Für die Landzunge, ausgewiesen als *Tabiat Parkı* (Strandbad) mit Umkleidekabinen, wird inzwischen Ein-

EXODUS DER GRIECHEN

Ein Dorf zieht sich an einem sanft abfallenden Hang entlang. Idyllisch, so scheint es von Ferne. Doch nähert man sich der Siedlung, gähnen plötzlich leere Fensterhöhlen, verwandeln sich die Häuser in Ruinen ohne Dächer, ohne Türen: Kayaköy ist eine Geisterstadt. Bis 1923 noch war das Städtchen Levissi, das man heute Kayaköy nennt und das auf die antike Stadt Karmylassos zurückgeht, bewohnt. Wie in vielen anderen Siedlungen der Küste Kleinasiens lebten hier Griechen, die auch unter der langen Herrschaft der türkischen Sultane an ihren Traditionen, ihrer Kultur und am orthodoxen Glauben festgehalten hatten.

Als das Osmanische Reich dann im Ersten Weltkrieg zusammenbrach, schien auch für die griechische Volksgruppe die Unabhängigkeit zum Greifen nah: Die Siegermächte hatten die Zerstückelung des Reichs geplant, und im Mai 1919 landete ein griechisches Expeditionsheer in Smyrna und stieß auf Ankara vor. Doch das Abenteuer endete in einem Fiasko. Während die Großmächte sich aus Anatolien zurückzogen, verteidigte Atatürk Ankara in der Schlacht an der Sakarya und eroberte Smyrna, heute İzmir, mitsamt der gesamten Westtürkei zurück.

Im Friedensvertrag von Lausanne wurde dann ganz Kleinasien als türkisches Nationalgebiet anerkannt und zudem ein gewaltiger ›Bevölkerungsaustausch‹ vereinbart. Das bedeutete die Umsiedlung, also Vertreibung von etwa 1,3 Mio. Griechen aus der Türkei; die Leute von Levissi z. B. zogen in die Athener Gegend, wo sie den heutigen Vorort Nea Livissi gründeten. Danach wurden die alten griechischen Städte türkisiert und umbenannt. Viele kleine Dörfer mit großen griechischen Bevölkerungsanteilen waren plötzlich nahezu entvölkert. Nicht nur, dass ganze Stadtteile dem Verfall preisgegeben waren, auch in vielen Berufen fehlten nun die Spezialisten. Wo es nicht gelang, diese Verluste auszugleichen, mussten die Dörfer aufgegeben werden.

Der alte Konflikt zwischen Griechen und Türken, der 1070 mit der Eroberung Kleinasiens begann und 1453 zum Fall Konstantinopels führte, ist bis heute nicht beigelegt. Immer wieder brechen aktuelle Konflikte zwischen den beiden NATO-Partnern auf. Doch scheint mit der Annäherung seit 1999 (der griechischen Zustimmung zur Aufnahme von EU-Beitrittsverhandlungen) eine friedliche Lösung zwischen diesen beiden Völkern mit einer so eng verbundenen Geschichte wahrscheinlicher geworden zu sein.

Nach Kayaköy ist durch den Tourismus neues Leben gekommen, auch einige Urenkel der damals Vertriebenen waren letztens zu Besuch. Wer durch die Stadt spaziert, erkennt neben den prachtvoll mit Marmor und Fresken ausgeschmückten Kirchen große steinerne Herrenhäuser an gepflasterten Straßen, das Rathaus, Schulen, die Bücherei, Werkstätten … Mit seinen 6500 Einwohnern zählte der Ort damals schließlich zu den bedeutendsten Städten des ägäischen Raums; hier wurde sogar die erste Zeitung des türkischen Südwestens gedruckt.

tritt verlangt; das Dörfchen **Belceğiz,** das mittlerweile auch Ölüdeniz heißt, ist zu einem Hotelstädtchen geworden. Kaum anders sieht es in **Hisarönü** oder **Ovacık** (sprich ›owa'dschek‹) aus, den Dörfern auf der Hochebene vor der Steilabfahrt zum Traumstrand. Dort ist eine Hotelstadt mitten im Bauernland entstanden, was für überraschende Begegnungen sorgt: Die Bäuerin mit Kopftuch und Pluderhose auf ihrem Eselchen beäugt misstrauisch die barbusige Touristin am Pool; der Gatte äugt auch, aber eher begeistert …

Am Lagunenstrand trift sich jetzt die Jugend der Welt, und auf dem Meer stehen die Ausflugsyachten Schlange. Derweil schweben vom 2000 m hohen **Babadağ** in dichter Folge die Paraglider (Gleitschirmflieger) ein. Für diesen Sport ist Ölüdeniz derzeit die Topadresse südlich der Alpen. Der Babadağ ist auch ohne Fallschirm ein schönes Ausflugsziel: Der Blick über die Küste ist schlicht atemberaubend. Bei der Fahrt mit einer Jeep Safari besucht man dann auch das **Kelebekler Vadısı (Butterfly Valley)** mit kleinem Wasserfall, wo man im Sommer tausende Schmetterlinge sehen kann.

Çiftlik: Ländliche Anlage mit neuerem Hoteltrakt, sehr ruhig und macht dem Namen, übersetzt ›Landgut‹, alle Ehre. Am Ortsrand von Hisarönü Richtung Kayaköy, Tel. 616 63 54, Fax 616 71 93, Mob. 0531-525 13 97, DZ ca. 18 €.
Flying Dutchman: Einfache Mittelklasse mit Pool; der Besitzer ist ein Paraglider aus Holland und kann viele Tipps geben. Ölüdeniz, an der Hauptbummelmeile, Tel. 617 04 41, Fax 617 03 46, dutchman@superonline.com, DZ ca. 25 €.
Lykia World: An der Küste 3 km östlich von Ölüdeniz, Tel. 617 02 00, Fax 617 03 50, www.lykiaworld.de, Prospekte bei Impress Tours, Tel. +49 (0)6171/50 68 60. Der vermutlich beste Sport- und Wellnessclub der Türkei. Sogar eine eigene Dekompressionskammer, acht Segelboote, ein Thalgo-Kosmetikzentrum und spezielle Mind & Body-Motivationsprogramme vermeldet der Katalog.

Buzz Snax: Das Essen ist nichts Besonderes, aber hier hängt die hippe Fliegerszene rum, wenn sie nicht in der *Bar Cloud Nine* (!) ist. Ölüdeniz, direkt am Paraglider-Landeplatz.
Joseph's Restaurant: In einem schattigen Garten direkt an der Fußgängerzone im Dorf, nett lauschig, ohne das übliche Plastikdekor. Von englischem Frühstück bis Oktopussalat ist alles zu bekommen.
Olive Grove: Schön in einem Olivenwäldchen, große Auswahl, auch Lahmacun, dazu öfter ›Türkische Nächte‹ mit Folklore-Shows. An der Hauptstraße kurz vor der Strandsiedlung.

Wer **Paragliding** fliegen will, findet in Ölüdeniz viele Anbieter für Tandemsprünge, z. B. *Extreme,* Tel. 617 01 02, Fax 617 00 18. Man fährt ca. 1,5 Std. hoch, fliegt ca. 30 Min. und zahlt ca. 80 €.

Kayaköy & Gemiler

Atlas: S. 233, E3
Auch in der ›toten Stadt‹ **Kayaköy,** einer vor 1922 rein griechischen Siedlung (s. S. 92), die am Rand der Ebene hinter Hisarönü liegt, regt sich durch den Tourismus langsam wieder Leben (mit Imbissbuden, Pensionen). Die beiden großen Kirchen Taksiarchis (im oberen Teil der Stadt) und Panayia Pyrgiotissa (Katopanayia) kann man be-

sichtigen. In Kayaköy werden auch Pferderitte zur **Afkula Kilise** angeboten, eine christliche Eremitenkirche auf der Steilküste mit tollem Küstenblick.

Von Kayaköy fährt man noch einmal 14 km hinab zur **Gemiler-Bucht** mit Campingplatz, wo einfache Strandtavernen frischen Fisch servieren. Auf der vorgelagerten Insel St. Nicholas kann man die Ruinen eines mittelalterlichen Klosters entdecken: eine Kirche des 6. Jh. mit Bodenmosaiken auf dem Hügel, Wohntrakte und einen erhaltenen Tunnel zum Meer hinunter.

Kayaköy Motel: Kleines Familienhotel in der Ebene unterhalb der Stadt. Einfache charmante Zimmer, mit Restaurant und sogar Pool, der Besitzer ist sehr hilfreich bei der Erkundung der Gegend. Tel. 618 00 78, Fax 618 00 69, DZ ca. 16 €.

Çalış

Atlas: S. 233, E3
Im Norden bildet der **Çalış-Strand** (sprich ›tschalesch‹) bzw. die dort entstandene weitläufige Hotelsiedlung die bedeutendste Alternative zur Ölüdeniz-Region. Landschaftlich kann die flache Ebene von Çalış zwar kaum mithalten, am langen Strand findet man aber immer ein stilles Plätzchen. Hier geht alles etwas ruhiger und gemütlicher zu, doch gibt es schon zwei kleine Discos und ein ›Games World‹ im Hotel Aries.

Seaside Tours: Das private Reisebüro informiert nett und freundlich über alles, was man in der Umgebung machen kann. An der Brücke unter Hotel ErÖz, Tel. 622 12 96.

Hotel Mutlu: An der Brücke nach links; hübsches Mittelklassehaus am Strand mit Pool im großen Garten und Restaurant. Tel. 613 30 10, Fax 613 12 11, DZ ca. 20 €.

Idee Hotel: Das Hotel mit deutsch-türkischer Leitung serviert nachmittags Filterkaffee und Kuchen dazu.

Fischerfahrten (Fish'n Cruises) tgl. ab 7 Uhr (morgens!) ab Bootsanlegestelle bei der Flussbrücke. Jeder bekommt eine Fischleine, der Fang wird dann an irgendeiner Bucht gegrillt (Notverpflegung mitnehmen!).

Verkehr: Nach Fethiye-Zentrum per Minibus und per Boot Taxi ab Flussbrücke, jeweils mind. stündlich.

Kadyanda & Üzümlü

Atlas: S. 233, E3
Neben den antiken Stätten im Tal des Koca Çayı (s. S. 98f.) lohnt auch die lykische Bergstadt Kadyanda nordöstlich von Fethiye einen Ausflug. Nach kaum 30 Autominuten (ca. 35 km) erreicht man das das Dorf Üzümlü im lykischen Taurus erreicht, eine dörfliche Idylle, die aber schon auf die noch eher seltenen Besucher eingerichtet ist: Die Frauen verkaufen Ayran, Gözleme und auch handgewebte Dastar-Schals. Dann geht's mit dem Auto noch 15 km durch den Wald bis zu den Kadyanda-Ruinen.

Beim Rundgang mit dem *bekçi* (Wächter, ans Trinkgeld denken!) kann man Felsgräber sowie Reste von Stadtmauer, Agora und Theater, alle mit Kiefernwald überwachsen, entdecken. Allerdings hat das Fethiye Museum dort jüngst mit Grabungen begonnen.

Göcek

Ein schönes Ausflugsziel ist das Hafendorf **Göcek** (sprich ›gö'dschek‹) das einen neuen Yachthafen und eine großzügige Meerpromenade sein eigen nennt. Hier geben sich bislang nur Segler und auch die türkische Schickeria ein Stelldichein – vor allem Mitte Mai, wenn hier die Port Göcek Regatta im Fethiye-Golf stattfindet. Am Hafenkai gibt es einige vielversprechende Lokale, ansonsten kann man (als Autofahrer) vom Segeln träumen…

Kaunos und der Köyceğiz-See

Westlich vom Fethiye-Golf liegt mit dem Köyceğiz Gölü eine der schönsten Naturlandschaften der Türkei. Zur See hin ist der von Industrie und Touristenrummel fast unberührte See durch eine Lagune mit dichten Schilfdickichten abgeschlossen, in dem zahlreiche Tier- und Vogelarten ihre Rückzugsquartiere gefunden haben. Köyceğiz hingegen ist ein liebenswert einfaches Dörfchen geblieben, da es hier keine Großhotels gibt.

Dalyan

Ganz anders **Dalyan,** das an der Ostseite gegenüber den Ruinen des antiken Kaunos liegt. Dort konnten Umweltschützer in den 1980er Jahren ein großes Hotelprojekt verhindern, um die Eiablagestrände der Meeresschildkröte *Caretta caretta* zu retten. Der Ostteil des **İztuzu-Strandes** steht nun unter Naturschutz, doch genützt hat es letztlich wenig: Zur Saison knattern die Boote der Fischerkooperative im Fünfminutentakt durch das Delta, fettiger Dieselqualm steht in der Luft.

Bis 19 Uhr dürfen sich die Ausflügler, die von der Fethiye-Region ebenso wie von der Marmaris-Region mit Guletbooten anfahren, auf der Westspitze tummeln, dann ist der **›Turtle Beach‹** gesperrt. Die urtümlichen, bis 1 m langen Karettschildkröten kommen nur nachts zur Eiablage an den Strand – ein Weibchen auch nur alle 2–3 Jahre einmal an genau den Strand, an dem es selbst geschlüpft ist. Die Jungtiere graben sich ebenfalls nachts aus dem Sand. Bei ihrem Wettlauf mit dem Tod

Griechische Insel Rhodos

In der Saison fahren von Fethiye Hafen Tragflügelboote (Hydrofoils) zur griechischen Insel Rhodos – jedenfalls wenn nicht gerade einmal wieder eine ernsthafte Krise das griechisch-türkische Verhältnis belastet. Nur eine Stunde braucht das Schnellboot, so bleibt bei der Tagesfahrt genug Zeit für die überaus sehenswerte Altstadt von Rhodos mit ihren mächtigen Festungswällen und mittelalterlichen Palästen aus der Zeit, als der Ritterorden der Johanniter dort herrschte.

zum Meer orientieren sie sich an der Reflektion des Mondlichts; stört man sie durch künstliche Lichtquellen, können ganze Populationen ausgelöscht werden. Doch auch durch den Badebetrieb nehmen die Gelege Schaden – letztlich gibt es viele schönere Strände rund um Fethiye …

Kordon: Beliebtes Restaurant am Kai der Iztuzu-Boote. Unter gewaltigen Eukalyptus-Bäumen gute, nicht allzu touristische Küche.
Riverside Restoran: Wenn man am Fluss entlang Richtung Meer geht, kommt man zu etlichen Restaurants direkt am Ufer. Das Riverside, in einem hübschen Garten mit Orangenbäumen, hat den besten Ruf, große Auswahl und serviert köstlichen Fisch (natürlich à la nature vom Grill). Mittags super, abends jedoch gibt's ungebetene Begleiter: Scharen von Moskitos!

Ausflugsziele und Badeorte

Ein beliebtes Ausflugsziel sind heute auch die Schlammbäder (Mud Baths) von **Horozlar Köyü,** wo man sich in warmem Schwefelschlamm suhlt – ob sie auch verjüngen, wie versprochen wird, muss man selbst ausprobieren.

Fast noch als Geheimtipp wird **Ekincik** gehandelt, westlich des Sees am Meer gelegen. Die idyllische, von Kiefern gerahmte Bucht ist eine türkische Sommerfrische mit wenigen Restaurants und Hotelpensionen, wird aber auch gern von Seglern besucht. In den Restaurants dort kann man zwischen Meer- und Süßwasserfisch aus dem Köyceğiz-See wählen.

Ganz anders dagegen **Sarıgerme,** südlich vom Flughafen Dalaman, dessen Fünfsternehotels quasi das Nachfolgeprojekt von Dalyan darstellen – der Strand ist genauso schön, aber einfacher zu erreichen.

Kaunos

Die Einwohner der antiken Stadt **Kaunos** am Ausfluss des Sees wurden in der Antike wegen ihrer grünlichen Gesichtsfarbe verspottet, wahrscheinlich weil Malaria hier eine Alltagskrankheit war. Gleich gegenüber der Anlegestelle in Dalyan liegen die berühmten Felsgräber aus dem 4. Jh. v. Chr. mit einer

Die Felsgräber von Kaunos

imposanten Reihe von Tempelfassaden im ionischen Stil. Am größten, unvollendeten Grab erkennt man, dass sie von oben nach unten aus dem Fels gemeißelt wurden; die Steinmetze und später die Bestatter mussten sich an der Steilwand abseilen.

Die eigentliche Stadt lag weiter zum Meer hin, dorthin muss man per Boot fahren. Auf dem Sattel unterhalb des Akropolis-Hügels stehen römische Thermen, eine christliche Basilika und das runde Podest eines Tholos-Tempels; daneben der hohe Bau des gut erhaltenen Theaters. Unterhalb des Sattels überblickt man den heute vom Meer abgeschnittenen Hafen, seine Verlandung brachte schon in spätrömischer Zeit das Ende von Kaunos. Am Abstiegspfad liegen ein Tempel und ein Nymphaion; weiter unten markiert eine Stoa die Agora, an der sich auch ein unter Vespasian errichtetes Brunnenhaus erhob.

Der ziemlich mühsame Aufstieg zur Akropolis (steiler Felspfad vom Theater aus) lohnt vor allem wegen des Blicks über Stadtruinen (s. Abb. S. 66) und das von silberglitzernden Wasserstraßen zerteilte Flussdelta.

Überfahrt: Boot-Taxis der Fischer-Kooperative von Dalyan morgens gegen 10 Uhr, sonst nach Bedarf (teurer).

DIE LYKISCHE KÜSTE

Zwischen Fethiye und der Urlaubsregion Kemer erstreckt sich die Küste des antiken Lykien, die heute noch zu den am wenigsten erschlossenen Regionen am Mittelmeer zählt. Viele antike Ruinenstätten, lebendiges bäuerliches Leben und nur kleinere Hotelörtchen machen den eigenwilligen Charme dieses Küstenabschnitts aus.

Von Fethiye zum Patara-Strand

Saklıkent

Atlas: S. 233, F4
Die Schlucht von Saklıkent ist heute eines der beliebtesten Ausflugsziele der Region – und in der Tat kann sie sich (wenn auch nicht an Länge, so doch an Imposanz) fast mit der Samaria-Schlucht auf Kreta messen. Im Sommer, wenn es selbst am Meer unerträglich heiß wird, findet man hier ein angenehm kühles Plätzchen. Saklıkent bedeutet ›Verborgene Stadt‹, und eine versteckte Festung könnte man sich in dieser engen Schlucht gut vorstellen. Allerdings öffnet sich die von einem eiskalten Gebirgsbach durchflossene Felsenge nur zu einem schmalen Talkessel, wo über dem strömenden Wasser ein einfaches Lokanta türkische Spezialitäten serviert.

Manche baden in dem klaren Wasser, weniger Mutige können sich damit zufrieden geben, die Füße ins Wasser zu stellen und die Sekunden zu zählen, die sie das kalte Wasser aushalten. Improvisierte Lokale gibt es zwar auch vor der Schlucht, die über eine schwankende Brücke durchquert wird, im Talgrund ist es aber schöner.

Der Lykien-Trail

An der lykischen Küste ist ein Wanderweg ausgewiesen, der von Fethiye bis nach Antalya führt. Die Sunday Times aus London zählte diesen *Likya Yolu* zu den schönsten Fernwanderwegen der Welt. Wegbeschreibungen mit Kartenskizzen liefert das Buch *The Lycian Way* von Kate Clow (Verlag Upcountry, UK, auch in D erhältlich).

Tlos

Atlas: S. 233, F3
Auch die Stadt Tlos kann auf eine mehrtausendjährige Geschichte zurückblicken, doch im Gegensatz zu anderen antiken Orten liegen für Tlos Dokumente vor, die die mythische Grün-

dungssaga zu bestätigen scheinen: Die Menschen von Tlos, lykisch Tlawa, galten als Kinder der Nymphe Praxidike, einer uralten Göttin, die auf die Zeit vor der griechischen Besiedlung zurückgeht. Tatsächlich wird in hethitischen Inschriften des 14. Jh. v. Chr. eine Stadt Dlawa im Land der Lukki erwähnt, die mit Tlos identisch sein dürfte; bei Ausgrabungen fand man ein Bronzebeil aus dem 2. Jt. v. Chr. Später gehörte Tlos zum Lykischen Bund und war im Reich von Byzanz Bischofssitz. Aus dem 19. Jh. ist die Herrschaft des *kanlı Ali Ağa* überliefert, des ›blutigen Ali Ağa‹: Das war ein Fürst und Landrichter, der in der Burg auf dem Akropolis-Hügel hauste und ein Schreckensregiment über die umliegenden Dörfer führte.

Vom **Teehaus** 1 im Dorf, wo man auch einen Führer *(bekçi)* findet, besteigt man zunächst den Akropolis-Hügel, der die **osmanische Festung** 4 trägt und von einer römischen Mauer umgeben ist. Mauer wie Festung sind deutlich erkennbar aus antiken, teils mit Inschriften verzierten Marmorblöcken errichtet. Vorbei an **Sarkophagen** 2 und einem **Heroon** 3 mit dem Felsrelief eines Reiters wird der Hügel umrundet und über eine gemeißelte Treppe erklommen. Von oben hat man einen schönen Blick über das Tal des Koca Çayı und die Stadtanlage mit den kaiserzeitlichen Monumentalbauten.

Die **lykische Nekropole** 7 in den Felsen unterhalb der Akropolis beeindruckt durch schöne Grabreliefs. Das berühmte Bellerophontes-Relief in einem imposanten Tempelgrab zeigt den Helden (s. S. 137, 151) auf seinem Flügelpferd Pegasos sowie eine Löwin.

Die Stadt selbst lag unterhalb der Akropolis-Mauer, an der durch Ackerflächen Restteile des **Stadions** 8 ver-

Restaurant in der Schlucht von Saklıkent

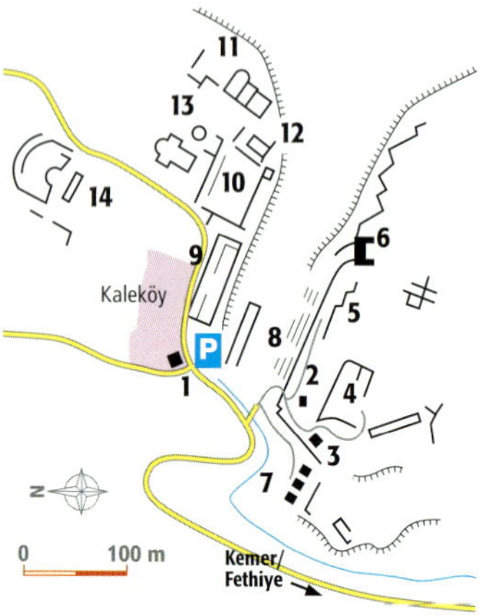

Plan von Tlos

1 Teehaus
2 Lykischer Sarkophag
3 Heroon
4 Osmanische Burg
5 Lykische Mauer
6 Römisches Tor
7 Lykische Nekropole
8 Stadion
9 Gymnasion
10 Palästra
11 Thermen 1
12 Thermen 2
13 Korinthischer Tempel
14 Theater

laufen. Daran schließt ein lang gestrecktes Gymnasion mit bogenüberwölbten Eingängen 9 an, das in einer weiten **Palästra** 10 mündet. Entlang diesen Bauten erreicht man ein mächtiges **Thermen-Gebäude** 11 mit einem dreibogigen, aus der Renaissance-Architektur bekannten ›Thermenfenster‹, von dem sich eine prächtige Aussicht über das Tal öffnet. Dahinter liegt eine zweite **Therme** 12 (im Dorf als ›Hospital‹ bezeichnet), nordöstlich die ganz überwachsenen Trümmer eines korinthischen **Rundtempels** 13. Mit der Fahrstraße erreicht man dann etwas höher am Hang das römische **Theater** 14 mit gut erhaltener Cavea.

Mountain Lodge: Ein britisch-türkisches Paar führt diese Pension mit Restaurant mitten in der Einsamkeit an der Tlos-Zufahrt. Wer hier Unterkunft sucht, bekommt die Tipps für wenig bekannte Ziele in der Umgebung umsonst. Tel. 0252/638 25 15, www.themountainlodge.co.uk, DZ 30–40 €.

Pinara

Atlas: S. 233, E3

Das Tal des Koca (oder Eşen) Çayı schlängelt sich Richtung Xanthos durch die bis heute schlecht erschlossenen lykischen Berge – nördlich überragt vom fahlen Gipfel des Ak Dağ, des ›Weißen Berges‹, 3024 m hoch.

Ein Abstecher nach **Pinara,** in einer grandiosen Felslandschaft einsam über dem Dorf Minareköy gelegen, gehört zu den schönsten Ausflügen zwischen Fethiye und Kaş.

Verlässliche Daten zur Geschichte gibt es kaum. Nach Homer soll ein Held aus Pinara im Krieg um Troia gekämpft haben. Bis 370 gehörte Pinara zum Reich des Arrtumpara von Telmessos (s. S. 84); 334 unterwarf die Stadt sich Alexander. Strabon zählt Pinara zu den sechs einflussreichsten Städten des Lykischen Bundes, doch hatte die

Siedlung in den Bergen schon im 1. Jh. v. Chr. an Bedeutung verloren. In der späten Kaiserzeit wurden die Gebäude noch einmal instand gesetzt, und bis zum 9. Jh. n. Chr. besaß der Ort den Status eines Bischofssitzes.

Das Stadtgebiet liegt auf einem nach drei Seiten durch Steilabfälle geschützten Plateau, an das sich im Westen der markante, gut 300 m höhere Felsen mit einer Festung anschließt. Schon bei der Anfahrt fällt diese Wand auf – durchsiebt mit Hunderten von **Felsgräbern,** die nur mittels hängender Plattformen in das Gestein geschlagen worden sein können.

Vom Parkplatz folgt man am besten zunächst dem Bachtal zur unteren Nekropole mit dem **Königsgrab** (rechts am Hang). Dieses Tempelgrab, ausgestattet mit prachtvollen Löwenkopfplastiken am Giebel und gut erhaltenen Reliefs an den Seitenwänden des Vorraums, galt als kunsthistorisches Kleinod, doch moderne Grabräuber haben die Plastiken und Inschriften abgeschlagen und die Reliefs mit Graffitis überzogen. Mir einiger Mühe kann man jedoch die Darstellungen von (eroberten?) Städten und (gefesselten?) Kriegern (4. Jh. v. Chr.) noch erkennen.

Vorbei an einem **Felsgrab** mit Stierhörnern als Firstabschluss erreicht man weiter oberhalb die **Stadtmauer;** dahinter beeindrucken die mächtigen Seitensteine des lykischen Tores. Das

Blick von der Agora zum Theater von Pinara

Picknick in Pinara

Wer nach Pinara fährt, bringt am besten einen kleinen Picknick-Korb mit und plant einen etwas längeren Aufenthalt ein. An der Küste hier gibt es nämlich kaum einen zweiten so schönen Picknickplatz wie die von Pinien beschattete Anhöhe beim Podium-Tempel mit dem tollen Ausblick zum Theater.

Stadtgebiet macht einen sehr unübersichtlichen Eindruck. Gleich links schließt ein **Odeion** mit völlig durcheinandergewürfelten Sitzreihen an, ihm folgt die künstlich planierte **Agora** zu Füßen der Unterburg.

Das schmale Tal endet bei einem weiteren, bislang nicht identifizierten öffentlichen Gebäude aus römischer Zeit. Von dem Felsabsturz dort öffnet sich eine prächtige Aussicht zur **Süd-Nekropole** mit gut erhaltenen lykischen Tempel- und Hausgräbern. Zurück beim Haupttor erreicht man im Norden die Ruine eines Podium-Tempels aus dem 2. Jh. n. Chr. und kann einen wunderbaren Blick auf das **Theater** von Pinara, eingebaut in den Hang der Kuppe auf der anderen Talseite, genießen.

4 km nordwestl. von Eşen zweigt eine Asphaltstraße nach Minareköy ab, kurz vor dem Dorf führt eine steile Geröllstraße zum Parkplatz unterhalb des Bachtals. Will man auch zur Süd-Nekropole, benötigt man knapp 2 Std. zur Erkundung der Stätte.

Xanthos

Atlas: S. 233, E4

Xanthos, einst mächtigste Stadt Lykiens, liegt auf einer Anhöhe beim Dorf **Kınık** direkt an der Küstenstraße. Der Hügel beherrscht die weite Ebene im Osten, wo heute Baumwolle, Tabak und Gemüse angebaut werden. Im Westen stürzt er steil zum Koca Çayı ab, dem antiken Xanthos-Fluss.

Zwar wird die Stadt schon in Homers Darstellung des Troianischen Kriegs (s. S. 104) erwähnt, doch können erste Siedlungsspuren bislang nur bis ins 7. Jh. v. Chr. sicher verfolgt werden. Während der Eroberung Lykiens durch den persischen Feldherrn Harpagos (545 v. Chr.) verschanzten sich die Lykier nach verlorener Feldschlacht in der Stadt und leisteten einen wirklich ›heroischen‹ Widerstand. Als es keine Hoffnung mehr gab, zündeten die Krieger die Häuser an und verbrannten ihren Besitz und ihre Sklaven, ihre Frauen und ihre Kinder, wagten dann einen verzweifelten Ausfall und wurden bis auf den letzten Mann niedergemacht. Keine hundert Jahre später war Xanthos unter persischer Oberhoheit wieder aufgeblüht.

Alexander dem Großen unterwarf sich Xanthos wohl kampflos, gehörte zeitweilig zu Rhodos, wurde dann aber als Mitglied des Lykischen Bundes unabhängig. Im römischen Bürgerkrieg nach der Ermordung Caesars suchte die Stadt erneut ihr Heil in einem fürchterlichen Massensuizid. 42 v. Chr., kurz vor der Entscheidungsschlacht gegen Octavian und Antonius, zog Brutus, einer der Mörder, durch Kleinasien, um

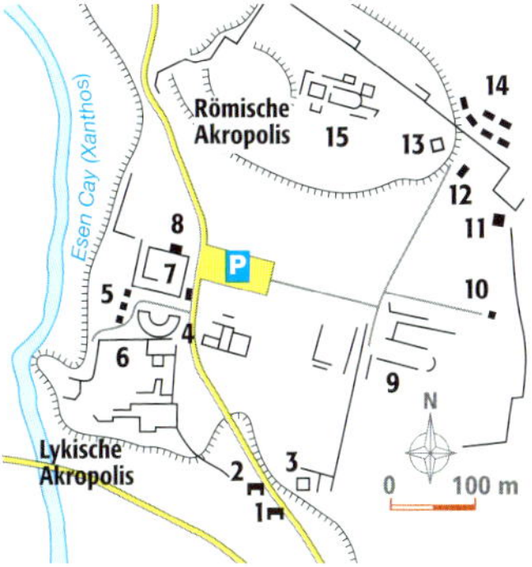

Plan von Xanthos

1 Hellenistisches Stadttor
2 Vespasian-Bogen
3 Nereïden-Tempel
4 Theater
5 Harpyien-Monument
6 Byzantinische Wehrmauer
7 Agora
8 Inschriftenpfeiler
9 Basilika
10 Tänzerinnen-Sarkophag
11 Löwengrab
12 Sarkophag des Payava
13 Pfeilergrab
14 Lykische Nekropole
15 Byzantinisches Kloster

den dortigen Städten Geld und Söldner abzupressen. Auch er belagerte Xanthos, auch diesmal verbrannten die Einwohner am Ende die Häuser. Mit Unterstützung von Antonius (dem Sieger über Brutus) wurde Xanthos wenig später wieder aufgebaut und blühte unter den Kaisern erneut auf.

In byzantinischer Zeit Bischofssitz, büßte die Stadt während der arabischen Einfälle des 7. Jh. ihre Bedeutung ein und verfiel. 1838 wurden die damals noch weit eindrucksvolleren Bauten von dem englischen Reisenden Sir Charles Fellows entdeckt. Der Hobby-Forscher löste durch seine Berichte von den prächtigen Marmorfriesen eine ziemliche Begeisterung – und folgenreiche diplomatische Anfragen aus. 1842 schließlich wurden alle Reliefplatten mit Erlaubnis des Sultans von einer englischen Expedition abgetragen und ins Britische Museum verbracht. Das berühmte **Nereïden-Monument,** ein ionischer Peripteral-Tempel (um 390 v. Chr.) wurde bei diesem Kunstraub, der wohl zu den größten legalen Diebstählen der Welt zählen darf, fast komplett nach London abtransportiert.

Die heutige Zufahrtsstraße passiert links das **Stadttor** 1 aus hellenistischer Zeit; dahinter ein **Triumphbogen** 2 zu Ehren Kaiser Vespasians (1. Jh. n. Chr.). Auf der anderen Seite stand einst der berühmte **Nereïden-Tempel** 3.

Vom Parkplatz wendet man sich am besten zunächst zum **Theater** 4. Der in römischer Zeit erneuerte Bau besitzt schöne Skulpturfragmente und Granitsäulen, die in der tiefen Orchestra liegen. Das Bühnengebäude steht noch bis zum ersten Stock. Besonders interessant ist der westliche Orchestra-Zugang, der nur der architektonischen Wirkung wegen angelegt wurde – als Scheinkonstruktion.

Über diese Seite erheben sich zwei Pfeilergräber (s. Abb. S. 105): ganz rechts und als höchstes (8,80 m) das **Harpyien-Monument** 5, entstanden wohl um 480 v. Chr. Die Relieffriese der Grabkammer (heute Gipsabgüsse), stellen Opferszenen dar, flankiert von

LYKIEN – DAS REICH DER GRÄBER

»Und Sarpedon führte die Lykier und der Held Glaukos, fern aus Lykien und von den wirbelnden Fluten des Xanthos«, so schildert Homer den Auftritt der Lykier während der Belagerung von Troia, und dies ist der erste literarische Hinweis auf ein bis heute mysteriöses Volk, das in der wilden, dünn besiedelten Bergwelt des Taurus eine eigenständige Kultur hervorgebracht hat. Spekulationen gibt es freilich genügend: Nach Herodot soll Lykien im 15. Jh. v. Chr. von dem Bruder des sagenhaften kretischen Königs Minos besiedelt worden sein, und aus dem 13. Jh. v. Chr. berichten hethitische Quellen von den Kriegszügen des Königs Tutchalijas IV. gegen die Lukki, ein Volk im Westen seiner Hauptstadt Hattušas.

Gegen jede Art der Unterwerfung, das mussten schon die Hethiter feststellen, setzten sich diese Bergbewohner allerdings während ihrer gesamten Geschichte bis ins 3. Jh. v. Chr. entschieden zur Wehr. So ist ihr überlieferter Einsatz vor Troia, nach der antiken Historiographie um das Jahr 1208 anzusetzen, vielleicht als Abwehrschlacht der minoisch-hethitisch beeinflussten Bewohner des Südens Kleinasiens gegen die durch die Seevölkerwanderung des späten 13. Jh. ausgelösten Bevölkerungsverschiebungen zu deuten. Nach Homer spielten sie dabei freilich keine entscheidende Rolle: »Und da hätte der Lykier mehr erlegt der Odysseus, hätt' es Hektor nicht scharf bemerkt mit funkelndem Helme.«

Archäologische Funde aus dieser Zeit hat man zwar nicht entdecken können, doch besonders faszinierend erschienen schon den frühen Entdeckungsreisenden des 19. Jh. jene seltsamen Gräber, die wohl zwischen dem 6. und 4. Jh. entstanden und damit sehr viel älter sind als die hellenistischen und römischen Prachtbauten an der Südküste. Nach baulicher Gestalt unterscheidet man:

- **Freistehende Pfeilergräber** mit einer ringsum verzierten Grabkammer auf bis zu 4 m hohen, viereckigen Säulen; der Sarkophag ist hier mit einer flachen, überkragenden Dachplatte geschlossen.
- **Sarkophaggräber,** die mit einem Spitzbogendeckel abschließen und auf einem mannshohen Hyposorion, einer zweiten Grabkammer für Sklaven oder Frauen, ruhen.
- **Felsgräber** mit einer in den Fels gehauenen Grabkammer, vor der eine gleichfalls aus dem Stein gemeißelte Zierwand angelegt wurde. Diese Form tritt in zwei Typen auf: als **Hausgrab** mit einer Front von bis zu drei Stockwerken, teils auch verziert mit Zahnschnittfriesen, sowie als **Tempelgrab,** das eine Scheinfassade mit ionischen Säulen, einem flachen Spitzdachgiebel und einer häufig reliefverzierten und einst bemalten Vorhalle besitzt.

Bis auf die Tempelgräber ahmen alle Formen eine Holzkonstruktion mit Balkengerüsten und lehmverschmierten Wandkassetten nach – die Scheintempel müssen also zumindest als Entwicklungsstufe den jüngsten Typ darstellen. Wie die an exponierter Stelle, etwa der Agora, errichteten Pfeilergräber oder Sarkophage, standen sie führenden Männern oder erfolgreichen Feldherren zu. In dieser Typologie spiegelt sich also die politische Verfassung der lykischen Kleinstaaten. Anders als die demokratisch verfassten Griechenstädte besaßen diese eine oligarchische Struktur mit wenigen mächtigen Adelsfamilien. So sind die Pfeiler- und Sarkophag-Gräber wahrscheinlich eine Entwicklung der feudalen Hochphase der lykischen Kultur im 5. Jh., als mächtige Dynasten das Land beherrschten, die nach ihrem Tod gottähnlich verehrt wurden. Demzufolge müssen die einfachen Felsgräber den ältesten Typ darstellen – am ursprünglichsten vielleicht in Pinara, wo sie in einen nur über hängende Arbeitsplattformen zugänglichen Steilfelsen geschlagen sind.

Ein weiteres Merkmal aller Gräber ist, dass sie immer – je nach topographischer Lage der Siedlung – möglichst hoch angelegt wurden. Der lykische Totenkult kannte, so scheint es, nicht die griechische Vorstellung von der Unterwelt, dem Reich des furchtbaren Hades, in das die Toten über den Fluss Styx fahren müssen. Die Quellen weisen vielmehr auf einen Entrückungsglauben hin, so dass man eine lykische Jenseitsvorstellung annimmt, nach der die Seelen der Verstorbenen von Vogeldämonen, den Sirenen, in ein lichtes Zwischenreich neben dem der Menschen und dem der Götter getragen werden. Da die Gräber wohl alle in der relativ kurzen Zeitspanne der persischen Besetzung Lykiens entstanden sind, liegt der Gedanke an persisch-orientalische Einflüsse nahe. Nach dem Alexanderzug und der Hellenisierung unter den Diadochen erstirbt die eigenständige lykische Kultur jedenfalls rasch, zu Zeiten des Lykischen Bundes von Roms Gnaden orientiert man sich bereits an den Bauformen der italischen Großmacht.

Die Pfeilergräber an der Agora von Xanthos

Patara (lyk. *Pttara)* stand vermutlich schon seit dem 6. Jh. v. Chr. in Handelskontakten mit den griechischen Städten. Im Altertum war es berühmt für sein Apollon-Orakel. Nach Herodot soll der griechische Gott den Sommer auf der heiligen Ägäis-Insel Delos, den Winter aber in Patara verbracht haben, was nicht nur auf den gemeinsamen Kultzusammenhang verweist, sondern auch für die hohe Bedeutung dieses Heiligtums spricht. Mit der Kultstätte wird wahrscheinlich das nahe Letoon (s. S. 106) gemeint sein, das die Griechen unzweifelhaft über den Hafen von Patara besuchten.

Bis 334 v. Chr., als Alexander der Große die Hafenstadt kampflos übernahm, diente sie den Persern als Seestützpunkt. In den Diadochenkämpfen fiel sie an das ägyptische Reich der Ptolemäer, wurde dann aber von den Römern nach 188 zur Hauptstadt des Lykischen Städtebundes bestimmt. Nachdem Patara 42 v. Chr. im römischen Bürgerkrieg zwar geplündert, nicht aber wie Xanthos zerstört worden war (s. S. 102f.), wurde es in der Kaiserzeit Sitz des römischen Provinzstatthalters und war im 4. Jh. die bedeutendste christliche Stadt Lykiens; der hl. Nikolaus von Myra (s. S. 118) wird um 280 hier geboren worden sein.

Der Hafen ist inzwischen versumpft und zu einem riesigen Schilfgebiet vor dem kilometerlangen Strand mit seinen weiten Dünenfeldern geworden. Denn etwa im 14. Jh. schnitt eine mächtige Sanddüne die Stadt vom Meer ab und gab ihr damit den Todesstoß.

Hinter Gelemiş erreicht man zunächst den dreitorigen **Modestus-Triumphbogen,** gestiftet von dem römischen Statthalter Mettius Modestus im 1. Jh. n. Chr. Hier lohnt ein erster Stopp, denn ringsum sind zahlreiche Gräber der Nekropole zu sehen. Interessant ist auch die römische **Basilika** etwas weiter in den Feldern, wo einige Abschnitte des antiken Straßensystems 2 m unter heutigem Niveau freigelegt sind.

Kurz vor dem Strand erreicht man dann über einen Pfad nach rechts das **Theater** (Mitte 2. Jh. n. Chr.), das halb von der Düne zugedeckt ist. Auf der Anhöhe befinden sich eine etwa 8 m tiefe **Zisterne** sowie Mauern eines Leuchtturms. Von dort oben kann man das Stadtgebiet am besten überschauen. Nördlich des Theaters erheben sich Reste der **Stadtmauer,** ganz rechts ein imposanter **Thermen-Komplex,** der zur Zeit Kaiser Vespasians entstand. Hinter der Stadtmauer zum Hafen steht ein **korinthischer Tempel** mit 6 m hoher, prächtig verzierter Cella-Tür.

Westlich erstreckt sich der **Hafen,** den man durch die Sanddünen umrunden kann. Direkt an der antiken Kaimauer steht das mächtige **Granarium** des Hadrian, ein Kornspeicher, der bis

Dünenritte

Trailritte mit Führung in der großartigen Dünenlandschaft von Patara bietet **Han Horse Riding,** an der Ortsausfahrt von Gelemiş. So kann man auch die Ruinen in der westlichen Stadt hinter dem Hafen am einfachsten besuchen und spart den anstrengenden Marsch durch den Feinsand.

Ausritt in den Dünen von Patara

auf das Dach vollständig erhalten blieb. Imposant auch der große Grabbau aus römischer Zeit dahinter. Westlich vom Granarium lag die Agora, der Mittelpunkt dieser reichen Handelsstadt, die jedoch unter Sand begraben ist.

Dardanos: Eher einfaches Haus, aber sehr gut geführt von einem deutsch-türkischen Ehepaar. 18 Zimmer mit Moskito-Netz, Restaurant (das beste in Gelemiş); hoteleigener Zubringerdienst zum Strand. Dazu veranstalten sie aber auch Busausflüge sowie Kanu- und Trekking-Touren. Westlich vom Dorfplatz (mit der Post), Tel. 0242/843 51 51, Fax 843 51 10, Fax im Winter (in Fethiye) 612 26 99, www.patara-tuerkei.de/h_dardanos, Fax in D 07072/92 02 70, DZ ca. 32–36 €.

Telefonvorwahl Patara: 0242, gehört zur Provinz Antalya, s. S. 223.

Bus: Dolmuş nach Gelemiş von Kınık, Kaş und Kalkan. Achtung: von Kaş und Kalkan besser einen Dolmuş nach Kınık nehmen; die Touristenbusse sind erheblich überteuert!

Kalkan

Atlas: S. 233, F4

Die Entwicklung des Fischerdorfs Kalkan ist erstaunlich: Besonders seitdem der Hafen für den Yachtverkehr ausgebaut wurde, ist hier eine Art Sylt der Türkei entstanden. Bodrum ist längst überfüllt – und heute handelt die ›*Hür-*

riyet‹ Kalkan als Geheimtipp für die türkische High Society. Inzwischen sind die Olivenhaine an der Küste im Westen fast vollständig durch Apartmentanlagen ersetzt. Im alten Ortskern, der sich über mehrere Terrassen zum Hafen zieht, hat die entsprechende Gastronomie Einzug gehalten – so nobel wie in Kalkan speist und kauft man nirgendwo in der Türkei.

Wie Kaş war der Flecken bis Anfang der 1920er Jahre von Griechen bewohnt – doch anders als dort wurde der Charakter der inzwischen sorgfältig renovierten Häuser im alten Zentrum nicht durch Neubauten zerstört. So hat sich an der angenehm ruhigen, fast dörflichen Atmosphäre von Kalkan noch wenig geändert.

Am Kaputaş-Strand

Strände

4 km westlich, am Ende des Neubauviertels, liegt der **Kalmar Beach Club,** ein schönes Lido mit Badeplateaus vor kristallklarem Wasser und viel Wassersport wie Jetskis und Bananas (unter Tel. 844 30 61 kann man sich abholen lassen). Direkt im Ort bietet der **Yacht Club Beach** am Hafen eine Bar und Musik mitsamt Sonnenliegen.

Der **Kaputaş-Strand** (sprich ›kaputasch‹) 4 km östlich ist ein herrlicher Kiesstrand unterhalb der Straße nach Kaş. In der Saison werden Sonnenschirme vermietet, sonst schattenlos. Etwas weiter ist es zum Sand-Dünen-Strand von **Patara** (s. S. 107).

Information: Nur bei den Tourveranstaltern. **Internet:** www.kalkan.org.tr. **Telefonvorwahl Kalkan:** 0242, Provinz Antalya.

Balıkçıhan: Gepflegte Privatpension mit Dachterrasse und Bar, etwas hinter dem Restaurant Akın, auf der ersten Terrasse über dem Hafen. Tel. 844 30 75, DZ ca. 18 €.
CluBE: Traumhafte Anlage am Ende des Neubauviertels (mit etwas halsbrecherischer Anfahrt). Kein Massentourismus, sondern sehr edel! Kalamar Koyu, Tel. 844 38 23, Fax 844 25 02, DZ ca. 70 €.
Zinbad: Überschaubares Hotel mit ansprechenden Zimmern und schöner Dachterrasse mit Bar. Auf halber Höhe im Dorf (für Zufahrt anrufen, dann wird die Einfahrsperre aufgemacht), Tel. 844 34 04, Fax 844 39 43, DZ ca. 35 €.

Akın Restoran: Beliebtes Restaurant unter lauschigen Bäumen mit langer Tradition. Es gibt *mezeler* vom Buf-

Die Yalı-Bar in der Altstadt von Kalkan

fet und große Auswahl an Grillgerichten.Man sitzt hübsch unter Zitronenbäumen mit Hafenblick. Auf der ersten Terrasse über dem Hafen.

Aubergine (Patlıcan): Ein deutsch-türkisches Paar führt dieses Restaurant mit ambitionierter Küche. Sehr gute Fischauswahl, aber vor allem außergewöhnliche Gerichte wie z. B. ›Wildziege mit Auberginen aus dem Ofen‹ (ca.10 €). An der Hafenmole, Tel. 844 33 32.

Doyum: Hübsch eingerichtete Loggia im 1. Stock, traditionelle türkische Küche mit familiärem Service. Nahe dem Busplatz.

Am zentralen Altstadtplatz findet man gut sortierte **Antiquitätenläden** (s. S. 223). Früher war das Dorf für seine **Schneider** berühmt, und noch heute wird viel handgearbeitete Konfektion und Maßarbeit angeboten.

Das **Nachtleben** ist in Kalkan eher gediegen und beschaulich. Man trifft sich im Zentrum: z. B. **Anatolian Jazz Bar** an der Hauptgasse mit Traditionsjazz. Jüngere Musik spielt die **Moonlight Bar** unterhalb des Busplatzes. Seitdem immer mehr Segler nach Kalkan kommen, gibt es auch am Hafen etliche Bars.

Ausflüge: Nach Xanthos/Letoon, Saklıkent, Myra sowie in die Elmalı-Region im Inland z. B. bei **Define Tours** am Hafen, Tel. 844 39 44, Fax 844 23 98.

Tauchen: Barakuda Diving Club, im Hotel Pirat, Tel./Fax 844 39 55, Mob. 0536-269 21 81, www.dive-turkey.com. Tauchkurse (PADI), Ausfahrten, Wracktauchen.

Bus: In Kalkan halten alle Busse zwischen Antalya und Fethiye. Busstation vor der Einfahrsperre zur ›Altstadt‹; dort häufig Minibusse nach Kaş, Patara oder Kınık/Xanthos. **Achtung:** Oft wird man in ›Touristen-Busse‹ gelotst, die zu völlig überzogenen Preisen fahren (z. B. Xanthos: 10 €). Besser fragt man nach

An der ›Souvenirgasse‹ zum lykischen Sarkophag ist Kaş am schönsten

Bussen zu den Dörfern, die zu ›Normalpreisen‹ fahren (z. B. Kınık: 1,5 €). Nach Kaputaş sollte es max. ca. 1 € kosten!
Leihwagen z. B. beim großen Tourveranstalter **Armes Travel,** Tel. 844 31 69, am Hafen.

Kaş

Atlas: S. 234, A4
In den 1990er Jahren war das Hafenstädtchen Kaş (sprich ›kasch‹) der beliebteste Urlaubsort an diesem Abschnitt der Südküste. Wohl unvermeidlich war damit ein rasanter Bauboom verbunden, der auch vor den Hängen im Osten und den lykischen Felsgräbern im Westen nicht haltmacht: So hat sich die bebaute Fläche vervierfacht, die Bevölkerung verdoppelt. Doch grandios ist der Blick bei der Anfahrt immer noch: Kaş schmiegt sich in eine von zwei Halbinseln gebildete Bucht, die wie Arme weit in das tiefblau strahlende Meer zu fassen scheinen – hin zur nahen Insel Kastellorizo, die immer noch zu Griechenland gehört.

Vor allem am neu ausgebauten Yachthafen haben sich die alten Straßenzeilen mit ihren schindelgedeckten griechischen Häusern erhalten. Bis zum Unabhängigkeitskrieg wohnten hier nämlich überwiegend Griechen (s. S. 92). Mit dem Tourismus wurde Kaş zu einem Geheimtipp unter deutschen Rucksackurlaubern, Tauchsportlern und Yachtseglern. Doch dann fing man auch hier an zu bauen, was die internationalen Kredite ermöglichten. Jetzt stellen sich die Erwartungen als überzogen dar; viele deutsche Veranstalter haben sich zurückgezogen. Dafür hat der Ort viel von seinem früheren Flair zurückgewonnen.

Vor dem Hafen biegt rechts die Straße zum antiken **Theater** von Kaş am Ansatz der Çukurbağ-Halbinsel ab. Rund um die kleine Anhöhe dort lag das alte Antiphellos, das als Hafen der lykischen Stadt Vehinda (griech. Phellos) hoch in den Bergen gegründet wurde. Das recht gut erhaltene Theater besaß nie eine Bühnenwand – viel-

leicht wollte man den schönen Ausblick über die Küstenlandschaft nicht verbauen.

Vom Hafen führt eine malerische Gasse durch den alten griechischen Ortsteil. Dort haben sich Künstler, Antiquitätenhändler, Souvenirläden und Teppichgeschäfte angesiedelt. Die Gasse – Zentrum des Nachtlebens von Kaş – endet bei einem gut erhaltenen lykischen **Sarkophag-Grab.**

An der östlichen Hafenseite beginnt der Weg in das **Hotelviertel** oberhalb des Küçük Çakıl Plaj (Little Pebble Beach). An der meist felsigen Küste reihen sich die Lidos (Strandbars mit befestigten Badeplateaus und Sonnenliegen), darüber staffeln sich die Hotels.

Strände

Kaş selbst besitzt eigentlich nur wenig schöne Strände. Man badet in den Lidos am **Küçük Çakıl Plajı** oder beim **Sardunya Lido** kurz vor dem Theater. 1,5 km außerhalb Richtung Südosten liegt der **Büyük Çakıl Plajı,** ein Kiesel-Sandstrand mit einfachen Lokantalar.

Die Strände von **Kaputaş** (20 km, s. S. 110) und **Patara** (ca. 29 km, s. S.

107) lohnen einen Ausflug, Anfahrt per Minibus.

Tourist Information: Am Hafenplatz, Tel. 836 12 38.
Telefonvorwahl Kaş: 0242, gehört zur Provinz Antalya, s. S. 223. **Achtung Handybesitzer:** In Kaş wird man von einem griechischen Netzbetreiber mit Sendemast auf Kastellórizo ›gefangen‹, der ständig gebührenpflichtige SMS Mails absetzt. Besser also manuell zum türkischen Betreiber Turkcell wechseln!

Limyra Pansiyon: Angenehme Zimmer in familiärer Atmosphäre; Frühstück gibt's auf der Dachterrasse. Auch zwei Apartments. Meltem Sok. 5, rechts der Straße von der Busstation zum Hafen, Tel. 836 17 16, Fax 836 21 61, www.limyra-kas.com, limyra@superonline.com, DZ/F 16–20 €, Apartment (4 Pers.) 35–45 €.
Kale Otel: Geschmackvoll-heller Neubau unter deutscher Leitung, gepflegte Zimmer mit Moskitonetz. Kein Pool, aber Sonnenliegen im Garten. Das Restaurant Kale serviert tägl. ein festes, sehr gutes 4-Gang-Menü. Am Hang hinter der Kilise Camii, Tel. 836 40 74, Fax 836 28 50, www.brigitte-krickl-reisen.de, DZ/F in Kaş ca. 25–30 €, HP 9 €.
Likya: Beliebtes Taucherhotel; man spricht auch Deutsch. Die Zimmer sind einfach, aber gepflegt; meist trifft man hier eine etwas flippige Taucherszene. Ein Tauchgang kostet 20 €. Kurse bis zum PADI Divemaster (Anfängerkurs Padi Open Water 265 €). Im östlichen Hotelviertel, Tel. 836 12 70, Fax 836 19 70, www.likyadiving.de, DZ/F ca. 30 €.

Oba Restoran: Ein hübsches Gartenlokal unter Zitronenbäumen, typisch türkische Grillküche mit freundlichem Service. In der Gasse, die beim Atatürk am Hafen zur Post hochgeht.
Eriş: Touristische Küche bei freundlichem Service. An einem hübschen Platz rechts der Antiquitätengasse.
Spaghetti House: Wer Abwechslung von der türkischen Küche braucht, findet sie hier: hinter dem Teegarten am Hafen. Das Ambiente ist zwar eher bescheiden, die italienische Küche, vor allem Pizza und Pasta, aber sehr beliebt, vor allem bei der Taucherszene.

Disco am Meer

Das Nachtleben in Kaş ist nicht laut, aber doch intensiv; in den zahlreichen Bars rund um den Hafen trifft sich eine lebendige Nachtschwärmer-Szene. Gegen 12 Uhr nachts ist dort Schluss, wer dann noch weiterfeiern will, fährt raus in die **Fullmoon Open Air Disco,** wo es unter Sternenhimmel direkt am Meer bis 5 Uhr morgens weitergeht (4 km Richtung Kalkan, Pendelbus ab Zentralplatz).

Bars: Große Auswahl im Viertel rund um die Antiquitätengasse: Eine sehr beliebte Kneipe ist das **Café Corner** bei der Post, die **Deja Vue Bar** über dem Mercan spielt nette Oldies; die **Mavi Bar** am Hafen ist dagegen ein Rückzugsbiotop für Grunge-Fans.

Ausflüge: Tagestouren per Boot zur Insel Kekova und zu den Dörfern Kale und Üçağiz mit den Ruinen des antiken Simena (s. S. 115). Fahrten zur Insel **Kastellorizo** (trk. Meis) finden in der Saison bei genügend Interessenten statt. Das winzige Inselchen gehört zu Griechenland und leidet aufgrund seiner Randlage stark unter Abwanderung; der Hauptort Megisti wurde im Zweiten Weltkrieg bei einem Angriff der Deutschen fast völlig zerstört und besteht heute fast nur noch aus einer Häuserzeile am Hafen. Unterhalb der Burg Castello Rosso aus dem 15. Jh. kann man bei einer Moschee baden. Auch das Museum im Kastell lohnt den Besuch; von dort führt ein Pfad zu einem lykischen Grab in dorischem Stil.

Bus: Gute Busverbindungen nach Fethiye (ca. 2,5 Std.) und nach Antalya (ca. 4 Std.). Viele Dolmuş-Busse nach Kalkan, Patara und Xanthos. **Achtung** beim Dolmuş: Wer nach Touristenzielen wie Patara fragt, landet in einer ›Touristenfuhre‹ und zahlt das Zehnfache. Besser in ein ›Einheimischen-Dolmuş‹ steigen!
Leihwagen: Agentur Kahramanlar, Büro am Hafen, Tel. 8363042, Fax 8362402.

Umgebung von Kaş

Der beliebteste Ausflug ist die Bootstour zur Insel **Kekova.** Dabei kann man bei der byzantinischen Siedlung Tersane (›Werft‹) vor der Apsis einer Kirche am Ufer baden, dann gleitet das Boot über die vom Meer überspülten Mauern der alten Werftanlagen, die als **›Sunken City‹** angepriesen werden.

Dann fährt das Boots zum schön gelegenen Dörfchen **Kaleköy** mit zahlreichen Lokalen für die Ausflüger. Es nimmt den Platz der antiken Siedlung **Simena** ein und wird von der zinnenbewehrten Mauer einer Kreuzritterburg überragt. Ein Aufstieg zur Burg lohnt nicht nur des Küstenblicks wegen, dort oben ist auch das (wahrscheinlich) kleinste antike Theater der Welt zu sehen. Gerade mal 300 Personen passten auf die sieben Sitzreihen.

Hier scheint die Zeit stehen geblieben: Kaleköy mit der Simena-Burg

Zum pittoresken Dorf **Üçağiz** (sprich ›ütschah'is‹) mit den Ruinen des antiken **Teimiussa** biegt 15 km von Kaş, Richtung Finike, eine Straße ab (weitere 20 km, Anfahrt auch per Dolmuş ab Kaş). Teimiussa war wohl der Hafen von Kyaneai (s. S. 116) und besaß nie eigene Stadtrechte. Östlich vom heutigen Dorf haben sich lediglich einige Grabbauten erhalten, v. a. lykische Sarkophage, aber auch zwei Hausgräber und das Relief eines jungen Mannes. Von Üçağiz, wo Lokale und bescheidene Pensionen auf Ausflügler warten, kann man per Boot nach Kaleköy unterhalb der Burg von Simena fahren.

Im antiken **Apollonia** (beim Dorf Kılınçı am Weg nach Üçağiz) sind neben Theater, hellenistischen Bauten und Basiliken etliche Pfeilergräber unterhalb der Akropolis zu sehen, in **Aperlai,** das man auf einem Küstenpfad in ca 30 Min. erreicht, steht noch die eindrucksvolle Stadtmauer.

Sarkophage in Kyaneai

Auf halbem Weg von Kaş nach Kale/Myra liegt die lykische Bergstadt **Kyaneai,** die als ›Stadt der Sarkophage‹ gerühmt wird. Für den knapp einstündigen Aufstieg sollte man sich ruhig den Dorfjungen aus Yavu anvertrauen (fürs Bakschisch kleine Scheine mitnehmen!). Nur so wird man die beiden Nekropolen mit ihren zahlreichen Sarkophaggräbern finden können.

Etwas weiter östlich zweigt beim Dorf Davazla eine passable Straße nach **Hoiran** ab – mit ihr gelangt man zu einem freistehenden Hausgrab, das ziemlich exakt der traditionellen Holzarchitektur der Region entspricht. Es ist mit einem Totenmahlfries verziert, der den Verstorbenen liegend beim Abschiedsmahl mit seiner Familie zeigt.

Von Kaş nach Kemer

Kale/Myra

Atlas: S. 234, B4
Die Kreisstadt **Kale,** ein lebhaftes Agrarstädtchen, liegt in der fruchtbaren Schwemmlandebene des Demre Çayı. Am Fuß der Kale überragenden Hügel liegen die wenigen Reste des antiken **Myra,** das als lykische Siedlung im 5. Jh. gegründet wurde, jedoch vor allem als Bischofssitz des hl. Nikolaus in Erinnerung blieb.

Anders als Xanthos stellten die Einwohner 42 v. Chr. ihren Widerstand gegen die Forderungen des Brutus (s. S.

Maskenfries vom Theater in Myra

102f.) ein, nachdem dessen Legionen den Seehafen bei Andriake besetzt hatten. Im frühen 5. Jh. erhob Kaiser Theodosius II. Myra zur Hauptstadt Lykiens. Um 809 n. Chr. wurde das wohlhabende Handelszentrum von den Arabern gebrandschatzt, danach war der Verfall nicht mehr aufzuhalten.

Heute ist als Einzelbau nur noch das römische **Theater** erhalten, das erst nach einem Erdbeben im Jahr 141 n. Chr. entstand. Der Rest der antiken Stadt liegt unter den vom Demre Çayı angeschwemmten Geröllmassen begraben.

Berühmt sind die prächtigen lykischen Felsgräber in den Hängen westlich des Theaters, die ›**See-Nekropole**‹ (Eintritt, geöffnet 9–17.30 Uhr). Die Scheinfassaden der lykischen Gräber sind schon von weither sichtbar. Über den steilen Hang ziehen sich dicht an dicht Gräber des Haustyps, ganz links außen sogar auch ein freistehendes, an dem die nachgeahmte Holzkonstruktion (s. S. 104) besonders deutlich wird. Das berühmte Relief mit dem Totenmahl etwas weiter oberhalb (s. Abb. S. 51) ist nicht mehr zugänglich, seit das Erklettern des Hangs aus Sicherheitsgründen untersagt wurde.

Mit einem eindrucksvoll dekorierten Bühnengebäude (bis zum 2. Stockwerk erhalten) wird das **Theater** vor allem wegen der mächtigen Quadermauern der Unterbauten mit den Zugängen und seiner imposanten Gesamtanlage in Erinnerung bleiben – es ist dem von Aspendos fast ebenbürtig. Schöne Marmorfriese des Bühnengebäudes lagern am Pfad zur See-Nekropole – und auch sonst sind fast alle Steine noch vorhanden, um den Bau komplett wieder aufzubauen. Das nötige Geld aber

VOM BISCHOF ZUM WEIHNACHTSMANN

Der hl. Nikolaus, griech. Nikolaos, wurde wohl um 280 in Patara geboren, im frühen 4. Jh. ist er als Bischof von Myra bezeugt. Die Diokletianische Christenverfolgung (303–11) überlebte er trotz mehrmaliger Einkerkerung, und nach Anerkennung des Christentums durch Kaiser Konstantin nahm er 325 am Konzil von Nikaia teil. Seine frühe Verehrung in der Ostkirche ist durch die Beschreibung einer Wallfahrtsanlage in Myra bereits im 6. Jh. dokumentiert.

Auch wenn die historische Gestalt im Dunkeln bleibt, sind viele Legenden überliefert. Er verkörpert Uneigennutz, Gerechtigkeitssinn und Wohltätigkeit, wobei in der orthodoxen Kirche seine Rolle als Patron der Seeleute im Vordergrund steht. So soll er einmal Schiffer unter Lebensgefahr aus Seenot gerettet, soll auch Unschuldige vor dem Henker bewahrt haben. Die bekannteste Legende rankt sich um seine Hilfe für die drei Töchter eines verarmten Mannes, die nicht heiraten konnten, weil ihnen die nötige Mitgift fehlte. Um sie aus der misslichen Lage zu befreien, soll er einen Beutel Gold in ihr Zimmer geworfen haben. Vor diesem Hintergrund entstand im Hochmittelalter der Brauch, am 6. Dezember, seinem Todestag, den Kindern über Nacht aufgestellte Schuhe mit Geschenken zu füllen.

Doch wie kam Nikolaus nach Europa? Mitte des 11. Jh. geriet das Wallfahrtszentrum in Myra zwischen die christlich-islamischen Fronten, 1077 besetzten mamlukische Sarazenen die Südküste. Ob es dann Raub war oder Rettung aus der Hand der Ungläubigen, sei dahingestellt, jedenfalls konnten Normannen die Gebeine des Heiligen 1087 ungehindert aus Myra nach Bari überführen. Die italische Hafenstadt entwickelte sich bald zum wichtigsten Pilgerziel nach Rom und Jerusalem, zumal viele Wallfahrer sich dort zur Reise ins Heilige Land einschifften. Mit ihnen verbreitete sich der Nikolaus-Kult über ganz Europa.

Myra wurde zwar 1097 zurückerobert, die Kirche erneut repariert. Ohne die Gebeine des Nikolaos, über die man früher Öl hatte fließen lassen, das dann unter dem Namen Myron als wundertätiger Balsam verkauft wurde, konnte der Wallfahrtsort seine alte Bedeutung nicht wiedererlangen. Anfang des 14. Jh. besetzten schließlich die Turkmenen die Küste. Später bedeckte der Myros-Fluss Ort und Kirche mit Schlamm – bis Zar Alexander II. 1862 das Gelände erwarb und eine erste Renovierung des Baus finanzierte. 1963 begannen dann türkische Archäologen mit wissenschaftlichen Ausgrabungen – und heute haben auch die Türken den *Noelbaba,* den Weihnachtsmann, in ihr Herz geschlossen.

Dessen wahre Karriere begann freilich erst vor etwas mehr als 100 Jahren, als die Figur im angelsächsischen Protestantismus mit seiner strikten Ablehnung des Heiligenkultes kurzerhand verweltlicht und zu einer Art Zaubermeister gemacht wurde, eine Kreuzung zwischen Gartenzwerg und guter Fee. Er bekam eine Zipfelmütze statt der Mitra, einen Rentierschlitten und einen weißen Rauschebart, nur die rote Kutte blieb: Santa Claus war geboren.

fehlt, und da Myra abseits der Touristenorte liegt, kann man in absehbarer Zeit wohl auch nicht damit rechnen.

Basilika des hl. Nikolaus

Die mit einem Schutzdach überdeckte Basilika des hl. Nikolaus *(Aya Nicola Kilisesi)* westlich vom Hauptplatz von Kale war schon im Frühmittelalter ein berühmtes Reise- und Pilgerziel (s. S. 119). Die heutige Anlage geht auf verschiedene Baustufen aus mittelbyzantinischer Zeit zurück. In der dreischiffigen Basilika (8. Jh.) verdienen vor allem die Bodenmosaiken, das getreppte, an ein kleines Theater erinnernde Synthronon, der Platz des Bischofs, sowie uralte Freskenfragmente (Heiligendarstellungen) Beachtung. Im zweiten Seitenschiff rechts wird jetzt wieder die letzte Ruhestätte des hl. Nikolaus gezeigt: ein prachtvoll skulptierter Rankensarkophag mit aufgebrochener Seitenwand – ob tatsächlich der heilige Bischof darin lag, ist unbewiesen.

Einfache Pensionen an der Straße nach Myra, z. B. **Kent Pansiyon** mit Gartenterrasse, einfach und günstig, Tel. 0242/871 20 42, DZ/F ca. 15 €. Bessere Hotels nahe der Busstation, z. B. **Otel Topçu,** ein kleinerer Mittelklassebau an der Dorfstraße beim Busbahnhof. Der Wirt organisiert auch Ausflüge zu den lykischen Stätten westlich von Myra, Tel. 0242/871 22 00, DZ/F ca. 20 €.

In Kale reißt man sich um die Touristen. Wer die großen ›Futterstationen‹ für die Busausflügler vermeiden will, sollte das **İpek Lokanta** zwischen Nikolaus-Basilika und Zentrumsplatz wählen: sehr leckere landestypische Küche; schmackhafte *Kale Köfte* in Tomatensauce, es gibt auch *Lahmacun.*

Anreise nach Kale: Mit lokalen Minibussen und den Intercity-Bussen etwa stündlich ab Kaş oder Kemer/Finike, Busstation an der Hauptstraße zum Zentrum.

Andriake

Atlas: S. 234, B4
Der antike Hafen von Myra liegt 5 km südwestlich von Kale unterhalb der neuen vierspurigen Küstenstraße. Im Jahr 59 n. Chr. wird dort auch der Apostel Paulus an Land gegangen sein, der auf seiner Fahrt nach Rom in Myra das Schiff wechselte (Apg. 27,5). Vor dem Strand, wo stets zahlreiche Fischer Bootstouren nach Kekova anbieten (s. S. 115), liegen etliche Sarkophage der Nekropole und wenig bemerkenswerte Gebäudereste der **Nordstadt.**

Die kaiserzeitliche **Südstadt** erstreckt sich links der Straße jenseits des versumpften antiken Hafenareals. Entlang den Hügeln auf der linken Buchtseite erreicht man die breite, von Lagerhäusern gesäumte Uferstraße. Überaus imposant blieb das unter Kaiser Hadrian (2. Jh. n. Chr.) errichtete **Granarium** erhalten, dessen 65 m lange Fassade eine Bauinschrift sowie Büsten des Kaisers und seiner Frau Sabina trägt. In dem Kornspeicher wurde das in der fruchtbaren Ebene angebaute Getreide gelagert, mit dem die Truppen während der Partherkriege versorgt wurden. Der lange, sehr flache Sandstrand (Restaurant) bietet Gelegenheit zum Baden.

Finike

Atlas: S. 234, B4
Das kleine Hafenstädtchen beginnt erst, sich für den Tourismus herauszuputzen. Mannshohe Palmen säumen die Straßen und werden wohl einmal eine schöne Promenade bilden.

Auch Finike kann auf geschichtliche Bedeutung zurückblicken. Schon seit dem 2. Jh. n. Chr. diente es unter dem Namen **Phoinikos** als bedeutender Hafen für die Städte des Lykischen Bundes. Vor der Küste gelang den Arabern 655 n. Chr. der erste Sieg über die byzantinische Flotte.

Rund um die neue Busstation liegen einfache Pensionen, wo bis heute noch viele Rucksackler absteigen, Richtung Osten folgen dem langen Sandstrand einfache Mittelklassehotels, wo meist türkische Familien Urlaub machen. Wer in Finike Station macht, kann daher echtes türkisches Leben kennen lernen, der Ort ist aber auch eine gute Basisstation für Wandertouren in die Berglandschaft des Alaca Dağ.

Ein 15 km langer **Sandstrand** zieht sich von Finike nach Osten. Bei starkem Wind toben dort regelrechte Sandstürme – dann ist der Kiesstrand von **Gökliman** angenehmer (3 km Richtung Kale, mit Bar, leider direkt an der Küstenstraße).

Tourist Information: Am Hafen, nur Mai bis Sept. geöffnet.
Telefonvorwahl: 0242, Provinz Antalya.

An der Busstation sind verschiedene Pensionen ausgeschildert, zumeist einfaches Niveau. Das wohl neueste Haus ist das **Finike 2000,** ein Hotel der unteren Mittelklasse mit Klimaanlage, Pool, etwas über der Küstenstraße am Ortsausgang Richtung Kale, Tel. 855 49 27, DZ ca. 18 €.

Als bestes Lokal von Finike gilt das **Petek Restoran** an der Hafeneinfahrt. Spezialität ist Fisch, der vormittags frisch vom Boot in die Küche getragen wird.

Bus: Von der Busstation am Abzweig nach Elmalı alle 2 Std. eine Verbindung von und nach Antalya oder Fethiye, seltener nach Elmalı; Minibusverkehr nach Kale/Myra und Kumluca.

Limyra

Atlas: S. 234, B4
Limyra (lykisch *Zemuri),* einst Sitz des mächtigen lykischen Fürsten Perikles, liegt nördlich von Finike, beim Dorf Zergerler, einer Siedlung der auf den Orangenhainen arbeitenden Tagelöhner. Die mächtigste Ruine, das um 141 n. Chr. gebaute **Theater** [1]**,** liegt am Ortsausgang.

Das antike Limyra gliedert sich in drei Abschnitte. Südlich der Straße verlieren sich auf Höhe des Theaters in den Feldern Bauten aus römischer und byzantinischer Zeit (s.u.).

Am Hang über dem römischen Theater liegen einige **Sarkophaggräber,** darunter (im Osten) das **Grab des Xiñtaburra** [2]**,** eines Bruders des Perikles. An den Längsseiten ist der Verstorbene beim Totenmahl und auf einem Streitwagen dargestellt, nach Westen tritt er unbekleidet vor Aiakos und Rhadamanthys, die Totenrichter der griechischen Mythologie.

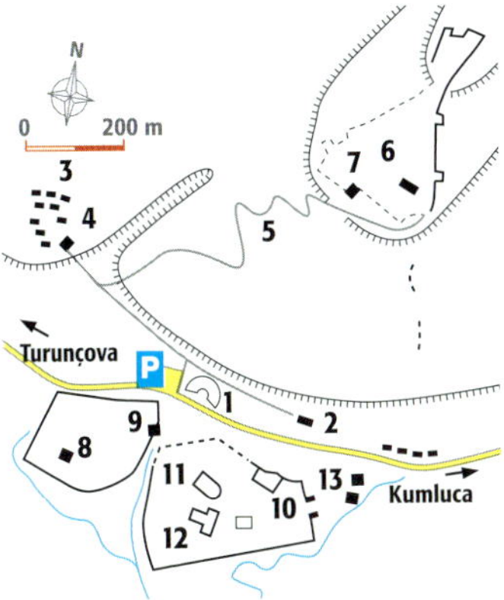

Plan von Limyra

1 Theater
2 Grab des Xiñtaburra
3 West-Nekropole
4 Grab des Tebursseli
5 Antiker Treppenweg
6 Akropolis
7 Heroon des Perikles
8 Kenotaph des Gaius Caesar
9 Ptolemaion
10 Thermen
11 Basilika
12 Bischofspalast
13 ehem. Bektaşı-Kloster

Durch einen Taleinschnitt gelangt man zur **West-Nekropole** 3 mit Felsgräbern im lykischen Stil. Das schönste ist das **Tebursseli-Grab** 4 mit einer Schlachtszene (um 360 v. Chr.).

Noch vor dem Tal beginnt der **Treppenweg** 5 zur **Akropolis** 6, der 200 m höher gelegenen Burgfestung, von der aus Fürst Perikles über Lykien herrschte. Perikles (lykisch *Pirekli,* vor 380–ca. 360 v. Chr.) war ein persischer Satrap, der die Städte Lykiens zu einem Königreich vereinen wollte. Als die griechischen Städte nach dem Peloponnesischen Krieg ausgeblutet am Boden lagen, verfolgte er in Kleinasien damit schon eine Idee, die sich erst mit dem Hellenismus nach dem Alexanderzug durchsetzen sollte. Beispielhaft für das Selbstbewusstsein des Perikles sind die in Limyra geprägten Münzen mit seinem Abbild: Im pan-hellenischen Kulturkreis war er nach dem xanthischen Fürsten Kherẽi der zweite, der das wagte.

Das leider nur noch in Fundamenten erkennbare **Heroongrab des Perikles** 7 am Eingang der Unterburg wurde durch seine Relieffriese berühmt, die u. a. Perikles mit einem Streitwagen vor seinem siegreichen Heer zeigen. Bis auf wenige Reste sind die Bauteile inzwischen abtransportiert. Die Aussicht von dem Felsen über die die Ebene lohnt aber den ziemlich mühsamen Aufstieg.

Die Unterstadt wurde in byzantinischer Zeit durch Schutzmauern in zwei Stadtviertel unterteilt. In der **Weststadt** stand das **Kenotaph für Gaius Caesar** 8, einen Enkel und Adoptivsohn des Kaisers Augustus, der um 4 n. Chr. in Limyra starb, bevor er als designierter Nachfolger das Purpurgewand der Caesaren übernehmen konnte. Unter der im 5./6. Jh. errichteten byzantinischen Stadtmauer konnten die Archäologen den Unterbau eines **Ptolemaions** 9 freilegen, eines Tempels für die Könige der Ptolemäer-Dynastie, zu deren ägyptischem Reich Limyra im 3. Jh. v. Chr. gehörte. Im Jahr 2000 wurde hier neben anderen Reliefwerken auch

noch ein (bislang nicht zugeordnetes) Herrscherporträt gefunden.

Anreise: Von Finike über die Elmalı-Straße nach Turunçova, dort nach Zergerler abbiegen. Die Ruinen der Unterstadt liegen in den Gärten des Dorfes, als Führer bieten sich gerne Kinder an: Wer auf eigene Faust kommt, vertraut sich ihnen am besten gegen ein Bakschisch an (kleine Scheine bereithalten!), allein schon, um die Beschädigung des Autos zu vermeiden.

Arykanda

Atlas: S. 234, B3
Nach Arykanda beim Weiler Arif fährt man Richtung Elmalı über den 1290 m hohen Karamanbeli-Pass (Anfahrt per Dolmuş möglich). Die historisch eher unbedeutende Stadt staffelt sich über vier Terrassen an den Ausläufern des mit 3070 m höchsten Bergs des Gebirgszugs der Beydağları. Etwa 1 km hinter dem Ortsausgang von Arif erreicht man zunächst eine Anhöhe mit der weitgehend zerstörten **Akropolis;** etwas weiter folgen ein großes **Gymnasion** sowie zweistöckige **Thermen,** deren südwärts gerichtete Apsis eine schöne Aussicht bietet.

Im Norden schließt sich eine **Nekropole** mit prachtvoll verzierten Tempelgräbern an und, weiter oben am Hang, ein auf mehrere Terrassen verteiltes Bauensemble mit Agora, Odeion, Theater und Stadion. Beachtung verdient vor allem das erst kürzlich freigelegte **Odeion** mit seiner aufwendigen Marmorverzierung. Im Westen kann man noch eine Stoa sowie ein Bouleuterion besuchen.

Heroon von Arykanda mit Blick zum Beydağları-Massiv

Elmalı

Atlas: S. 234, B3
Von Arykanda sind es nur noch 28 km nach Elmalı, der größten Siedlung im lykischen Taurus. In der Kleinstadt gibt es noch etliche alte Fachwerkhäuser und die **Ömer Paşa Camii** aus der Emiratszeit (15. Jh.) zu sehen.

16 km südlich liegt beim Dorf **Tekke** ein Kloster der Bektaşı-Derwische, das nach der Eroberung des Gebiets durch türkische Stämme von Abdal Musa gründet wurde, dessen Türbe heute als heilige Stätte verehrt wird.

Bemerkenswerte antike Relikte sind die mit Motiven aus der griechischen Mythologie verzierten **Tumulus-Gräber von Kızılbel** (um 525 v. Chr.), die aber nur selten zugänglich sind.

Rhodiapolis

Atlas: S. 234, B4
Über **Kumluca,** das schnell wachsende Zentrum der Schwemmlandebene des Alakır Çayı, gelangt man in die antike Stadt Rhodiapolis im Inland. Die fast gänzlich von Wald überwachsenen Ruinen liegen hinter dem kleinen Dorf **Hacıveliler** (1 Std. zu Fuß).

Rhodiapolis wurde Mitte des 2. Jh. n. Chr. als Heimat des Opramoas berühmt, der als oberster Beamter des Lykischen Bundes viele Städte mit Stiftungen bedachte. Erhalten blieben ein Theater sowie Ruinen von Thermen, Stoa und der Basilika.

Die Kemer-Küste und Antalya

Blick vom Hıdırlık-Turm in Antalya zur Kemer-Küste

Reiseatlas S. 234, C 2–4

DIE KEMER-KÜSTE

Zwischen Lykien und Antalya überragt das wild-romantische Beydağları-Gebirge eines der schönsten Feriengebiete der Türkei. Seine schroffen Felshänge, von Beldibi im Norden bis hinunter nach Çavuş im Süden als Nationalpark geschützt, fallen mit lichtem Pinienbewuchs zur Küste ab und bieten einen intensiven Kontrast zum strahlend blauen Meer.

Der touristische Ausbau der Region wurde von der Weltbank mit Milliardenkrediten gefördert, so dass im ›Holiday-Land an der Kemer-Küste‹ nun die besten Hotels der Türkei liegen. Auf 50 km Küste zählte man 2000 immerhin über 20 Luxusanlagen. Frühere Weiler wie Beldibi, Göynük, Çamyuva oder Tekirova nennen jetzt stolz bis zu drei Schnellstraßenabfahrten ihr Eigen und erwirtschaften ein größeres Sozialprodukt als Mittelstädte wie Kumluca.

Typischerweise ziehen sich hier die Großhotels an Strand und Meer entlang und schirmen es fast undurchdringlich ab; gegenüber reihen sich die Lädchen und Shopping Center. Die früheren Ortszentren von Beldibi oder Çamyuva haben dabei noch erstaunlich viel ursprünglichen Charme bewahrt, auch einfache Campingplätze und kleine Pensionen gibt es noch. Nur das frühere Fischerdorf Kemer ist heute ein modernes Städtchen mit einem gut ausgestatteten Yachthafen und zahllosen Restaurants, Mode-Boutiquen, Souvenirgeschäften und Disco-Bars.

Ein Urlaub in oder bei Kemer empfiehlt sich also vor allem für den, der komfortable Unterbringung, Badefreuden und gute Wassersportangebote sucht. Kemer bietet sich aber auch als Standquartier für Touren zu den antiken Stätten Pamphyliens und Lykiens an. Nicht zuletzt sind abenteuerliche Touren in die Berge möglich.

Kemer und die Badeorte

Atlas: S. 234, C3
Kemer (ca. 20 000 Ew.) ist ein lebhaftes Städtchen, das ganz vom Tourismus lebt. Die vom Hauptplatz an der Atatürk-Straße zum Yachthafen führende **Liman Caddesi** ist die große Flanier- und Geschäftsmeile. Die Hauptattraktionen sind das große **Aqua World-Spaßbad** 1 und die moderne **Marina** 2 mit ihrem beeindruckenden ›Mastenwald‹, die letzte Station der Blauen Reise von Fethiye her.

Hinter dem Hafen wird es regelrecht lauschig: Im **Moonlight Garden** 3 vor dem **Ayşığı-Strand** kann man in einem parkähnlichen Wäldchen Schatten finden und sogar Minigolf spielen, dazu gibt es verschiedenene Restaurants und die Disco Oasis. Der Strand selbst blickt auf eine idyllische kieferngefasste Bucht (an der auch der Club Med liegt). Auf der Felszunge der Nordseite, hinter der Marina, hat man den **Yörükü Parkı** 4 mit einer Oba, einem Zeltlager der Yörük-Nomaden (s. S. 34), aufgebaut: Typische Szenen sind mit lebensgroßen Puppen nachgestellt.

Der Hauptstrand von Kemer erstreckt sich links der Marina. Natürlich unvermeidlich: Im Rückraum dröhnt die Musik der Bars, auf dem Meer heulen Jet-Ski-Boote.

Neben Ausflügen zu den antiken Stätten Phaselis, Olympos, Perge oder Termessos bietet vor allem der **Beydağları-Nationalpark** lohnende Ziele an der Kemer-Küste (s. S. 130).

Tourist Information: Im Rathaus *(Belediye)*, Liman Cad., Tel. 814 11 12. Dort auch eine Bank mit EC-Kartenautomat.
Telefonvorwahl Kemer: 0242 (s. S. 223)

Die Luxusadressen entlang der Küste bucht man besser pauschal, für einen Überblick: www.kemerhotels.com
Unterkunft direkt in Kemer:
Chimera Pensiyon 5: Familiäre Pension mit 16 Zimmern, Pool, Bar und Restaurant. Liman Cad., 128 Sok. 7, Tel. 814 33 29, Fax 814 33 78, chimera@superonline.com, DZ ca. 30 €.
Felice 6: Moderne, noch überschaubare Mittelklasseanlage mit Sauna, großem Pool und Bar, angenehme Zimmer. Atatürk Cad. 47, Ortsausgang nach Süden, Tel. 814 45 61, Fax 814 45 65, DZ ca. 35 €.
Kaliptus Pansiyon 7: Neubau im osmanischen Stil; Pool, schöner Frühstücksgarten und sogar ein Internet-Café. Liman Cad., 106 Sok. 4, beim Hotel Kami abbiegen, dann rechts, Tel. 814 37 46, Fax 814 24 67, Kaliptus@ant.net.tr, DZ ca. 30 €.
Kami 8: Mittelklassehotel, beliebt bei jüngeren Leuten, mit Pool, Bar und Tanzshows 1 x wöchentlich. Atatürk Cad., Tel. 814 25 27, Fax 814 34 97, DZ ca. 40 €.
Pegasos 9: Unter den Häusern am Hauptstrand heute das beste: großzügige, futuristische Architektur. Deniz Cad. nahe Aqua World, Tel. 814 22 85, Fax 814 22 90, DZ ca. 70 €.
... außerhalb
Berke Ranch: Einfache Mittelklasse mit Pool und ... Pferdehof! Angeboten werden Trailritte in Gruppen oder Reitunterricht, das Ganze liegt ruhig 6 km von Kemer Zentrum entfernt. Kuzdere, Tel. 814 52 18, Fax 814 27 48, www.hotel-berkeranch.com, DZ/F ca. 40 €, 1 Woche inkl. Trailreiten und HP um 450 € pro Pers.

Wassersportzentrum am Kemer Beach

Berke Ranch
400
Karapinar Deresi
Dörtyol Caddesi
Akdeniz Caddesi
Kemer Caddesi
Atatürk Bulvarı
10
102 Sok.
137 Sok.
140 Sok.
139 Sok.
Bank
8
101 Sok.
103 Sok.
7
141 Sok.
143 Sok.
145 Sok.
12
Hastane Caddesi
116 Sok.
14
Çamyuva,
400
Atatürk Bulvarı
110 Sok.
Kavaklı Caddesi
Kemer Caddesi
5
Liman Caddesi
13
112 Sok.
6
118 Sok.
126 Sok.
19
Anafartalar Caddesi
Karapınar Caddesi
Karayer Caddesi
124 Sok.
126 Sok.
117 Sok.
16
Deniz Caddesi
15
Deniz Caddesi
18
17
9
11
Rathaus
1
Yalı Caddesi
Türkiz Hotel
Onno Tunç Caddesi
2
Baris Manço Caddesi
Mittelmeer
Marina
3
Moonlight Garden
Idyros-Ruinen
KEMER
N
4
Yörük Park
Ayşısı Beach
0
200 m

Anadolu [10]: Einfaches Lokanta neben der Busstation, preiswert und lecker. Die Gerichte kann man in der Glasvitrine anschauen und aussuchen.
Derya [11]: Authentische türkische Küche in großer Auswahl, selbst das türkische Alltagsgericht Bohnen mit Reis (Fasulye Pilaki, für umgerechnet 1 €) schmeckt besser als das ewige verbrannte Grillfleisch der Touristenrestaurants. Im Derya trifft man übrigens auch die Deutschtürken aus Berlin, die in Kemers Discos arbeiten. Yalı Cad. 6, rechts vom Rathaus *(Belediye),* Tel. 814 47 75.
Dörtler [12]: Ein familiäres Lokal, preisgünstig und bei Touristen beliebt: traditionelle Küche, nette Bedienung. Hinter der Moschee an der Atatürk Cad. rechts abbiegen.
Kaktus [13]: Tex-Mex und Hamburger, vom Preis-Leistungs-Verhältnis viel besser als die pseudo-vornehmen Restaurants an der Hauptpromenade von Kemer. Liman Cad.
King [14]: Lauschiges Gartenlokal mit Forellenteich, in dem man auch Einheimische trifft, günstige Preise. Es gibt Pizza, Lahmacun, Grillgerichte, und auch einfache Zimmer sind zu mieten. Am Flamingo Beach hinter den Discos.
Mercan [15]: Gutes, renommiertes Fischrestaurant mit authentischer türkischer Musik, große Auswahl – nicht billig. Gegenüber Pegasos Beach Hotel beim Aqua World.
Titanic [16]: Der Platz mit der Felsskulptur vor dem Titanic ist das Zentrum Kemers: Hierhin kommt man, um zu sehen und gesehen zu werden. Türkische und internationale Gerichte. Liman Cad.
... außerhalb:
In Ulupınar: Ein schöner Ausflug ist die Fahrt nach Ulupınar (Richtung Süden), wo es etliche Forellenrestaurants im Wald gibt. Sehr schön ist das **Botanik** mit einer imposanten Zuchtstation, sehr lauschig gelegen.

Sehenswürdigkeiten
1 Aqua World
2 Marina Agora
3 Moonlight Garden
4 Yörükü Parkı

Hotels
5 Chimaera
6 Felice
7 Kaliptus
8 Kami
9 Pegasos

Essen und Trinken
10 Anadolu
11 Derya
12 Dörtler
13 Kaktus Cafe
14 King
15 Mercan
16 Titanic

Bars und Discos
17 Halay Türkü Bar
18 Nona Beach & Bar
19 Sherlock's

Halay Türkü Bar [17]: Jeden Abend wird in dieser modernen Bar live türkische Volksmusik gespielt. Deniz Cad., neben Aqua World, Tel. 814 32 76.
Nona Beach & Bar [18]: Diese Beach-Bar vor dem Nona Hotel am Hauptstrand ist ein Szene-Treff für Wassersportler, Bodybuilder und Badenixen.
Sherlock's [19]: Der heißeste Club in Kemer, hier drehte inzwischen auch schon

Wasserspaß im Aqua World von Kemer

RTL. In der Saison, wenn genug Party-Volk da ist, kommt unter den nachgemachten antiken Säulen richtiges Ibiza-Flair auf. Liegt am Flamingo Beach, am Ende des Hauptstrandes, dorthin nachts Busse vom Belediye-Platz. Der Bereich am Flamingo Beach ist das Club-Viertel: neben an hibt es noch Buda Disco, Dance House Oberbayern und XClub.

Aqua World 1: Gegenüber dem Rathaus, tgl. 13–19 Uhr, Eintritt 8 €. Sechs tolle Rutschen (Black Hole, Kamikaze ...) und großes Schwimmbad.
Kemer Dive Center: Am Ortsstrand, Tel. 814 27 57, Ausfahrten, Equipmentverleih, Kurse; Grundkurs PADI Open Water 300 €.
Yökem Travel & Yacht Charter: Tgl. Ausflugstouren, nach Paselis mit Stopp bei Üç Adalar (Three Islands), nach Olympos; Badetouren nach Sinçan Adası (Mouse Island) oder den Pirates Coves, Tel. 814 27 92, Fax 814 27 93.

Kemer Carnival: An einem Wochenende Anfang September, mit farbenfrohem Umzug, einer großen Party vor dem Rathaus und Auftritten bekannter türkischer Stars im Kemer Stadion. Vor allem die Pop-Konzerte, wenn die Jugendlichen aus Antalya anreisen, lohnen einen Besuch.

Bus: Von der Intercity-Busstation am Atatürk Bulvarı mehrmals tgl. Verbindung nach Antalya und Fethiye, dazu ständig Minibusse Richtung Beldibi/ Göynük und Çamyuva/Tekirova.

Ausflugsziele im Beydağları-Gebirge

Das schönste an Kemer sind die unberührten Naturlandschaften im Olimpos Beydağları-Naturpark, der das ganze, bis über 2000 m hohe Gebirge umfasst. Dieses Bergparadies eignet sich für Wanderungen ebenso wie für Mountainbike-Touren. Einfache Planskizzen sind in Kemer erhältlich.

Für Wanderungen ins wild-romantische **Kesme-Tal** fährt man am besten mit dem Minibus (Dolmuş) zu den Binnendörfern Kuzdere oder Aslanbucak (10 km Asphalt). Für Mountainbiker ist die ganze, 23 km lange Strecke zur alpin anmutenden Hochalm **Kuzdere Yayla** unterhalb des Tahtalı Dağ reizvoll, das Çınarlıpınar-Forellen-Restaurant lohnt dabei als schönes Etappenziel. Von Göynük-Dorf (im Inland) geht es durch eine wilde Schlucht auf den Gipfel des nur knapp 1000 m hohen **Çamdağ.** Die beste Zeit für solche Touren ist Mai/Juni.

Geübte Trekker können (im Hochsommer, mit guter Ausrüstung und als Zweitagestour) auch den 2366 m hohen **Tahtalı Dağ** bezwingen, der in der Antike Olympos hieß und als Wohnsitz der Götter galt.

Ganz im Norden des Beydağları-Gebirgszugs liegt das 1800 m hohe Skigebiet von **Saklıkent,** dessen Zentrum das einfache Bakırılı Motel (3*, Tel. 446 12 79) ist. Hochsaison ist hier zwischen Ende Januar und Anfang März, dann kann man unten baden und in den Bergen Ski laufen.

Einen Ausflug lohnt auch das Drehrestaurant auf der Spitze des **Tünektepe,** das einen wunderbaren Panoramablick über die wilde Berglandschaft und den Golf mit den langen Stränden der türkischen Riviera bietet (s. S. 148).

Nach Süden, hinter Tekirova, erreicht man an der Straße Richtung Kumluca das Tal von **Ulupınar.** Hier liegen idyllisch im Wald versteckt einige schöne Forellenrestaurants.

Beldibi & Göynük

Atlas: S. 234, C3

Göynük und Beldibi, nördlich von Kemer, sind Hotelsiedlungen, die aus alten Dörfern hervorgegangen sind; heute geht man gern zum Bummeln hin, fast alle Häuser sind zu Lokalen und Shops umgewandelt. Der Strand von Beldibi bietet durch lockeren Kieferbewuchs viel Schatten; in Göynük sind verschiedene Wanderwege, z. B. zum Wasserfall **Göynük Şelalesi,** ausgeschildert.

Erman Camping: Für den fast noch idyllischen Platz braucht man kein Zelt: Vermietet werden auch Bungalows, es gibt sogar einen Pool. Auf Höhe der Ausfahrt Beldibi 1, günstig nahe dem alten Dorfzentrum, Tel. 824 81 74, Fax 824 82 31, Bungalow ca. 30 €.

Titanic Disco: Göynük, am Strand nahe Club Magic Live. Treffpunkt der Jugend und all derjenigen, die der abendlichen Animations-Show entfliehen wollen.

Zindan Disco: Beldibi, vor dem Hotel Caretta, dito.

Çamyuva & Tekirova

Atlas: S. 234, C3/4

Alt-Tekirova liegt eigentlich weiter südlich und nicht an der Küste, und so ist die Hotelsiedlung Tekirova eine moderne Neubau-Agglomeration rund um die Großhotels wie Phaselis Princess oder Martı Myra. Dafür ist die Land-

Blick zum Olympos-Gipfel von der Ruinenstadt Phaselis aus

schaft mit wild-romantischem Pinienwald unberührter als in Çamyuva und Kiriş. Çamyuva macht dagegen einen gewachseneren Eindruck, rund um das alte Dorf gibt es ein kleines Areal mit Pensionen und Kleinhotels. Die schönste Ecke ist wohl das schöne Kap Kiriş mit seinen drei Buchten, alle innerhalb des gleichnamigen Nobelhotels Kiriş World (DZ in Walk-in-rate 220 US-$!).

Pirate's Beach Club: Der wohl beste Club für Kinder unter 12 Jahren in der Türkei (echter Papagei …, echtes Holzbein …). Das Thema Piraten wird komplett ausgereizt, und hinterher haben die Eltern nicht einmal gemerkt, dass die Kids mit waren! Tekirova 1, Tel. 821 40 01, Fax 821 40 03, www.piratesbeach.com.tr, DZ ca. 180 €.
Willys Bierbüdchen: Kleines, gemütliches Gartenlokal wie in der Schrebergartensiedlung; ein beliebter Fluchtpunkt deutscher Urlauber. Çamyuva-Kiriş, vor dem Nobelhotel Kiriş World.
Tukan City: Mit Discos, Souvenir-Shops und Hamburger-Lokalen das beliebteste Ausgehziel am Platz. In Çamyuva-Zentrum.

Phaselis

Atlas: S. 234, C3
Ein Besuch der am Meer gelegenen Ruinenstadt Phaselis ist allein schon deshalb empfehlenswert, weil sich hier antike Kultur mit der Gelegenheit zu einem Bad vor idyllischer Kulisse verbindet. Hinter der Pforte (12 km südl. Kemer, geöffnet tgl. 8 bis ca. 18 Uhr) liegt ein kleines Museum, das Schmuckfriese und Statuen zeigt.

Phaselis soll antiken Autoren zufolge um 690 v. Chr. als Kolonie dorischer Griechen von Rhodos aus gegründet worden sein, doch haben wohl bereits die Phöniker die ›Stadt der drei Häfen‹ (so Strabo) als Handelsstation zwischen Palästina und Griechenland genutzt. Um 100 v. Chr. hielten die Piraten unter Zeniketes (s. S. 134) Phaselis besetzt, dann kam es zur römischen Provinz Pamphylia. Obwohl Phaselis bis in

byzantinische Zeit eine Flotten- und Handelsbasis von einigem Wohlstand war, ist der Baubestand nicht sehr imposant, denn die Stadt diente den Seldschuken als Steinbruch für die Erweiterung der Mauern von Antalya.

Kurz vor der Küste deuten links einige Steingräber im Wald auf die Nekropole hin. Beim **Aquädukt** des 1. Jh. n. Chr., das von Norden zur Stadt führte und die Trinkwasserversorgung sicherte, kann man parken. Die kleine Bucht links, von einer Felszunge umschlossen und von einer Seemauer geschützt, diente als **Galeerenhafen.** Von dort führt eine breite, von mosaikgepflasterten ›Bürgersteigen‹ gesäumte Prachtstraße zu einem größeren Platz. Links erhebt sich hinter den **Kleinen Thermen** das Bühnengebäude des **Theaters** (2. Jh. n. Chr.), auf dessen Sitzreihen inzwischen Pinien Platz genommen haben.

Auf der rechten Straßenseite schließen sich direkt hintereinander drei **Agoren** an. Zunächst die Tetragonos

Agora (›Vierseitige Agora‹), die kurz vor dem Besuch Kaiser Hadrians errichtet wurde. Auf sie folgt ein dem Kaiser Domitian (81–96 n. Chr.) geweihter Komplex mit gut erhaltenen Gebäudemauern und Türen. Zuletzt passiert man eine byzantinische Gebäudegruppe und gelangt zum **Hadrianus-Tor** kurz vor dem Südhafen. Wie in Antalya und Perge wurde es zu Ehren dieses Kaisers errichtet, hier ist es aber nur noch ein Trümmerhaufen. Im südlichen Haupthafen, wo nun die Ausflugsyachten ankern, dürfte der römische Imperator gelandet und dann durch das Tor in die Stadt gezogen sein. Steigt man von hier nach links den **Akropolis-Hügel** hinauf, kann man erhaltene Teile der hellenistischen Befestigungsmauer sowie Grundmauern von Tempelbauten aufspüren.

Über einen Treppenweg bei der Nekropole kann man auch noch zur **Nordstadt** emporsteigen, von wo sich ein schöner Blick über die Stadtanlage ergibt.

Anfahrt: Von Kemer per Minibus nach Olympos, der Fahrer hält nach Aufforderung. Mit eigenem Pkw kann man ganz bis zur Küste fahren (Extragebühr!). Yachttouren inkl. Barbecue und Badevergnügen werden an allen Stränden der Kemer-Küste angeboten.

Olympos & Çiralı

Atlas: S. 234, C4
Auf der Höhe von Tekirova erhebt sich der bis in den Juni hinein schneebedeckte Tahtalı Dağ, der in der Antike Olympos hieß. Dort oben lag für die griechischen Siedler an der Küste der Wohnsitz des Zeus. Nach dem Berg wurde auch die antike Siedlung an der Küste genannt, die als Piratennest berühmt wurde. Selbst heute ist die Küste bei Olympos noch kaum erschlossen, jedenfalls nicht durch Großhotels. In den Weilern Çiralı, am Olympos-Eingang und in Çavuş im Süden gibt es aber bereits eine ganze Reihe Pensionen und private Kleinhotels.

Hinter Ulupınar (s. S. 129) kommt der Abzweig zum kleinen Dorf **Çiralı,** das in einer langen Küstenebene gleich neben dem Olympos-Strand liegt. Ein zweiter Abzweig etwas weiter führt direkt zu der ehemaligen Seeräuberfestung **Olympos,** deren Burgberg steil abfallend die Küste beherrscht.

Olympos war seit dem 2. Jh. v. Chr. Mitglied des Lykischen Bundes, gehörte jedoch nicht zur älteren lykischen Kultur. Die Nekropole auf dem Hügel südlich des Flusses weist denn auch die typischen Grabbauten der Lykier nicht auf. Für die Bedeutung der Stadt spricht jedoch, dass sie in den Rat des Bundes genauso viele Vertreter entsandte wie das mächtige Xanthos.

Kurz nach 100 v. Chr. wurde sie von den kilikischen Piraten unter Zeniketes erobert, der den fast uneinnehmbaren Burghügel zu seinem Stützpunkt machte. Schon vor der Pompeius-Expedition wurde die Stadt 78 v. Chr. von dem römischen Proconsul Servilius Vatia nach einer Seeschlacht zurückerobert. Im byzantinischen Reich war die Stadt Bischofssitz – Ruinen einer Kirche sind am Südufer des Baches auszumachen, der am Strand mündet.

Strand bei der antiken Stadt Olympos

Zuerst erreicht man vom Parkplatz aus ein prächtiges, 5 m hohes **Tor** mit Weihinschriften, das als Rest einer Tempel-Cella gedeutet wird. Dann passiert man die Anhöhe der antiken **Akropolis,** die man über einen steilen Pfad besteigen kann. Der Zugang erfolgte ursprünglich über eine Rampe von Westen her. Auch das Haupttor ist eindrucksvoll: Zwischen den mächtigen Mauern öffnet sich ein schmaler Durchlass, auf beiden Seiten durch vorspringende Bastionen gesichert.

Die Burgmauern auf der meerseitigen Felszunge stammen dagegen aus dem Mittelalter, als die italienischen Handelsstädte (u. a. Genua) hier einen Seestützpunkt unterhielten – endgültig aufgegeben wurde Olympos nämlich erst im 15. Jh.

Eine direkte Straße zum Dorf **Çiralı** (sprich ›tschirale‹), wo vor allem türkische Urlauber wohnen, gibt es nicht. Der Umweg lohnt im Prinzip auch nur, um die **›brennenden Steine‹ von Yanartaş** zu besuchen. Nach 20 Min. Auf-

Die Erde brennt in Yanartaş

stieg, zum Schluss auf dem Pflaster des antiken Weges, erreicht man diesen Platz, wo die feuerspeiende Chimaira hausen soll. Unterhalb des vegetationslosen Hangstückes, wo tatsächlich der Erdboden brennt, liegen die Ruinen eines Gebäudes, das oft als **Hephaistos-Heiligtum** gedeutet wird, jedoch eher mittelalterlich wirkt.

Weiter oben am Hang (noch einmal 20 Min. Aufstieg) liegt ein weiteres, kleineres Flammenfeld. Am schönsten ist der Ausflug natürlich nachts; heute wird dies organisiert mit Barbecue und Bauchtanz angeboten.

Candan Holiday House: Familiär geführtes Kleinhotel in schöner Holz-Stein-Architektur, hohe, daher kühle Zimmer, zu Fuß geht man 10 Min. zum Strand. Kurz vor Çiralı an der Zufahrtsstraße, Tel. 0242/825 72 51, DZ ca. 20 €.

Kadır's Top Treehouses: Kein Witz: Es sind wirklich Baumhäusern, ein ganze Siedlung, lustig bemalt und fest in US-amerikanischer Hand – sogar mit Internetzugang. Man fühlt sich wie in Berkeley oder Athens, abends wird am Lagerfeuer Grunge gespielt. Olympos, am Weg von Çavuş her, kurz vor der Zahlstelle, Tel. 0242/892 12 50, Fax 892 11 10, www.olympostreehouses.com, Hütte ca. 15 €.

Am Olympos-Strand gibt es im Schatten des Burgkegels eine Reihe einfacher Lokale; aber bei dem Ausblick schmeckt selbst ein simpler Bauernsalat besser als ein Fünf-Sterne-Menü. Den besten Fisch isst man im **Azur** bei Mehmet Altıntaş.

Anreise: Per Bus steigt man an der Hauptstraße beim Çiralı-Abzweig in den Olympos-Minibus um (fährt etwa stdl.). Mit eigenem Pkw fährt man am besten über Çavuş.

Die Chimaira

In der Antike wurde als Hauptgott der Stadt Olympos der lahme Schmied Hephaistos verehrt. Dieser Dämon des Erdfeuers hatte seine Kultstätte am ewig brennenden Berg 3 km nördlich der Stadt, der in anderen Mythen mit dem Ungeheuer der Chimaira in Beziehung gesetzt wird.

Das war ein feuerspeiendes Ungeheuer, zusammengesetzt aus Löwe, Ziege und Schlange, gegen das der Held Bellerophontes (s. S. 99,151) auf seinem Flügelross Pegasos kämpfte. Dort, wo das tote Monster zu Boden fiel, entzündeten sich immer währende Flammen – die bis heute tatsächlich nicht verloschen sind.

Schon Plinius d. Ältere (1. Jh. v. Chr.) berichtet, dass man nur mit einem brennenden Stock die Erde berühren müsse, und schon schieße eine Flamme hervor – das stimmt, wie man ausprobieren kann. 1811, als Kapitän Sir Francis Beaufort mit einem Firman des Sultans die Südküste bereiste, sollen die Flammen einen halben Meter hoch gewesen sein. Wissenschaftliche Untersuchungen haben jüngst ergeben, dass das Gas durch metamorphische Prozesse entstanden und nicht vulkanischen Ursprungs ist. Besonders faszinierend ist ein Besuch bei Nacht, wenn die Flammen geisterhaft auf dem Hang tanzen.

Çavuş-Adrasan

Atlas: S. 234, C4

Einen Ausflug ist auch das Dörfchen Çavuş ganz im Süden des Nationalparks bzw. die lange Adrasan-Bucht 5 km unterhalb wert. Am kieferngerahmten, recht flachen Sandstrand gibt es etliche einfache *lokantalar,* in denen man gute türkische Küche und Fisch essen kann, in der Ebene auch Apartmentanlagen für türkische Familien – noch urlaubt man hier, ohne dass am Nebentisch jemand Deutsch spricht. Das könnte sich freilich ändern, wenn dem Diving Center Adrasan erst einmal größerer Erfolg beschieden ist.

Über Adrasan: www.kuenstlerhof adrasan.de.

Diving Center Adrasan: Holger und Mediha, früher in Hurghada, betreiben seit 99 eine Tauchschule, inzwischen mit vielen deutschen Stammgästen. Fax 0242/855 23 42, Mob. 0582-320 33 16, www.diving-adrasan.com, vermitteln auch Pensionen, DZ ca. 25 €.

Sözen Motel: Einfaches Hotel mit Pool und Restaurant direkt am Strand. Wer hier urlaubt, hat hinterher mit Garantie türkische Freunde. Adrasan, Çavuşköy, Tel. 0242/883 51 53, Fax 883 51 53, DZ/F ca. 30 €.

Eviniz: Kleiner Mittelklassebau etwas erhöht am Hang mit Buchtblick. Gepflegte Zimmer, und ein Pool mit alttürkischen Kacheln. Die deutsch-türkische Familie Beierle vermietet die Zimmer nur mit Halbpension, das Essen wird täglich frisch zubereitet (ohne Schwein, ohne Hammel). Adrasan, Çavuşköy, Tel. 0242/883 11 10, Fax 883 10 86, Mob. 0532-254 16 32, www.eviniz.de, DZ/HP 70 €.

ANTALYA UND UMGEBUNG

Antalya, die Hafenstadt mit 2000-jähriger Tradition, ist heute eine moderne Großstadt, die mit Hochhausblocks immer weiter ins Umland wächst. Als schönste Stadt der türkischen Mittelmeerküste ist die Stadt gerühmt worden. Während in den Neubauquartieren davon kaum etwas zu spüren ist, hat sich der historische Ortskern über dem alten Hafen, dem heutigen Yachthafen, den idyllischen Charme der Vergangenheit bewahren können.

Antalya – die Perle der Südküste

Atlas: S. 234, C2

Zinnenbewehrte Stadtmauern umgürten die Altstadt noch heute zur Seewie auch zur Landseite. Sie fassen damit ein architektonisches Ensemble zusammen, das auf Schritt und Tritt Geschichte atmet – angefangen bei den Bauten der Römer, unter denen die Stadt ihre erste Blütezeit erlebte, bis zu den mittelalterlichen Moscheen der türkischen Seldschuken. Das Bild prägen allerdings die vielen traditionellen türkischen Holzhäuser des 18./19. Jh. mit vorspringenden Erkern und Balkonen, die schindelgedeckten Dächer, die Gärten mit Hibiskus und Orangenbäumen, die Werkstätten und Souvenirläden. Während des Touristenbooms der frühen 1990er Jahre wurden sie häufig in hübsche Pensionen oder Restaurants umgewandelt, doch heute locken sie immer weniger Touristen an. Das unüberschaubare Verkehrsgewühl, vor allem die Verlagerung des Busverkehrs auf neue Stationen weit an den Stadträndern, scheint die Altstadt von ausländischen Besuchern abzuschotten – auch trotz der neuen, auch touristisch interessanten Trambahn.

In der fruchtbaren Ebene um Antalya baut man Zitrusfrüchte, Gemüse in Gewächshäusern und Baumwolle an, die in der Stadt verarbeitet wird. Ein neuer Handelshafen, Zentrum einer Freihandelszone, liegt am Westrand der Bucht. Dahinter steigen die Spitzen des Beydağları auf 3000 m empor; an klaren Tagen bilden die schneebedeckten Gipfel ein beeindruckendes Panorama über dem Meer.

Gegründet wurde Antalya um 150 v. Chr. von Attalos II., König von Pergamon, der sie nach dem eigenen Namen *Attaleia* nannte. 133 v. Chr. vererbte der König sein ganzes Reich Rom, so dass Attaleia 67 v. Chr. zum Stützpunkt des römischen Feldherrn Pompeius gegen die Seeräuber von Side und Alanya wurde (s. S. 24). Nach dessen Sieg wurde die Stadt mit der günstigen Lage am Handelsweg ins Innere Kleinasiens bald zur führenden Hafenstadt Pamphyliens.

In byzantinischer Zeit war die Stadt, nunmehr *Adalia* genannt, Bischofssitz, litt im 8./9. Jh. aber häufig unter den Überfällen arabischer Piraten. 1214 wurde sie von den Seldschuken erobert, deren spätere Sultane den Titel ›Herren über beide Meere‹, nämlich das Schwarze und das Mittelmeer, führten. Die Stadt blieb aber durch Handelsverträge den christlichen Seefahrern (Venezianern, Genuesen) geöffnet – große jüdische und christliche Bevölkerungsgruppen lebten in jeweils ummauerten Stadtbezirken. 1402 vom Mongolen-Heer des berüchtigten Timur geplündert, geriet Adalia 1415 endgültig unter osmanische Herrschaft. Nach dem Ersten Weltkrieg war die Stadt bis 1921 von Italienern besetzt. Nach dem Ende des türkisch-griechischen Krieges wurden die griechischen Einwohner umgesiedelt (s. S. 92), damals erhielt die Stadt auch ihren heutigen Namen. 1960 zählte Antalya erst 35 000 Einwohner, heute geschätzt weit über eine halbe Million.

Symbole des modernen Antalya, die auch als herausragende Architekturwerke der Türkei gelten, sind das hypermoderne neue **Bus Terminal** an der Stadtausfahrt Richtung Burdur und die Glaspyramide des **Sabancı Congress Centre** am Yüzüncüyil Bulvarı. Letzteres ist eine Stiftung des schwerreichen Industriemagnaten Hasan Sabancı, wo auch die Veranstaltungen des Altın Portakal-Filmfestivals (s. S. 149) stattfinden.

Antalya hat den schönsten Hafen der Türkei

DER LANGE TAG VON KADIR T.

Kinderarbeit in der Türkei

Morgens um sieben, die Sonne ist gerade aufgegangen, wandert Kadır Timur, eine schwere Holzkiste über der Schulter, aus einem der Vorortviertel zum Cumhuriyet-Platz im Zentrum von Antalya. Dort öffnet er die Kiste – mit Farb- und Poliercremes, Bürsten, Lappen – und wartet auf Kundschaft. Kadır, gerade 9 Jahre alt, ist *boyacı,* ein Schuhputzer.

Kadır wartet geduldig, weiß, dass es wenig Zweck hat, die Passanten anzusprechen. Nur wenn Touristen vorbeigehen, kommt Bewegung in ihn: »Hello Mister, Schuhputz, polish, good price, ganz billig«, ruft er, winkt mit seiner Bürste und strahlt über das ganze Gesicht. Denn Kadır kennt die Fremden, hat gelernt, dass sie mit der Lira großzügig sind. Am späten Abend hat er vielleicht umgerechnet 8 Euro eingenommen. Davon muss er den größten Teil an die Haushaltskasse der Familie abführen, der Rest geht für neue Schuhcreme drauf, und heimlich spart er noch, um sich seinen großen Traum zu erfüllen: eine richtige Schuhputzkiste, mit Metallbeschlägen und blitzenden Messingkappen für die Cremeflaschen.

Das Kinderleben von Kadır ist in der Türkei durchaus keine Seltenheit. Millionen türkischer Familien, vor allem in den Großstädten, leben am Existenzminimum. Die Kinder werden häufig schon bald nach der Beschneidung, also mit etwa 7 Jahren, als Kleinhändler, Botenläufer oder Schuhputzer auf die Straße geschickt. Gerade auch in den Touristenzentren gehören Kinder, die bis in die Nacht mit improvisierten Bauchläden Süßigkeiten oder Feuerzeuge anbieten, fast zum Alltag. Obwohl die Beschäftigung von Kindern unter 13 Jahren eigentlich gesetzlich verboten ist, zeigt die Realität ein erschreckendes Bild: Selbst in den gewerblichen Betrieben ist etwa ein Zehntel jünger, als das Gesetz es vorschreibt. Andererseits zwingt gerade diese Schutzbestimmung die Jüngeren in den unkontrollierbaren Straßenhandel, wo über zwei Drittel aller jugendlichen Händler unter der offiziellen Altersgrenze liegen.

Die Kinder von heute blicken so in eine eher düstere Zukunft. Es fehlen genügend Arbeitsplätze, das berufsfachliche Ausbildungswesen ist kaum entwickelt – schon die Grundschulen können die wachsenden Kinderzahlen kaum verkraften. Zwar liegt der Einschulungsgrad in den Städten bei immerhin 95 % gegenüber 50 % in Ostanatolien, doch über einen effektiven Schulbesuch sagen diese Zahlen wenig aus. Wie häufig Kinder, die auf den Straßen für ihren Lebensunterhalt selbst sorgen müssen, die Schule besuchen, kann man sich leicht ausmalen. Doch insgesamt mag man darüber streiten, wer es besser hat: Der kleinen Keziban im ostanatolischen Dorf, die zwischen Haushalt, Feldarbeit und den langen, monotonen Stunden vor dem Teppichwebrahmen lebt, wird der Alltag des Schuhputzers Kadır sicherlich als ein Traum erscheinen.

Die Altstadt

Die Altstadt, türk. *Kaleiçi* genannt, wird eingefasst von der nach Westen Richtung Kemer verlaufenden Cumhuriyet Caddesi und der nach Osten zum Lara-Strand führenden Atatürk Caddesi. Beide Straßen, die belebtesten Flaniermeilen Antalyas, folgen den Resten der alten, hellenistischen **Stadtmauer,** die im 13. Jh. von den Seldschuken und später noch einmal von den Osmanen erneuert worden ist.

Rund ums Yivli Minare

Beim **Saat Kulesi** (Uhrturm) an der Cumhuriyet Caddesi, einem der drei Wehrtürme des mittelalterlichen Haupttores, liegen die wichtigsten Bauten des seldschukischen Antalya. Unübersehbar erhebt sich das bekannteste Wahrzeichen Antalyas, das **Yivli Minare** 1 (›gerilltes Minarett‹) mit seinem kannelierten Schaft. Der 38 m hohe Ziegelsteinbau wurde um 1220 unter Alaeddin Keykubat errichtet, vermutlich als Siegesturm zu Ehren seines Vaters Izzeddin Keyhüsrev, der Antalya erstmals erobert hatte. Vor dem Yivli Minare haben sich zwei Portale mit arabischen Bauinschriften erhalten. Das kleinere aus Marmor markiert einen Namazgah, einen offenen Gebetsplatz, heute ein kleines Café. Das größere gehörte zu einer **seldschukischen Medrese** 2 *(Selcuklu Medrese),* einer Koranschule in der typischen Zwei-Livan-Form, die heute als Stahlgerüsthalle wiedererrichtet ist.

Die **Ulu Cami** hinter dem Minarett ließ der turkmenische Hamiden-Emir Mehmet Bey 1373 erbauen. Der schlichte Bau mit sechs Kuppeln und byzantinischen Säulenkapitellen im Inneren geht auf eine christliche Basilika zurück. Die kleine Türbe hinter der Moschee entstand 1502 als Grabmal für Nigar Hatun, eine Frau des Osmanen-Sultans Beyazıd II. Der **Mevlevihane** 3, der frühere Konvent der ›tanzenden‹ Derwische, ist aus dem 15. Jh., er wird heute öfter für Ausstellungen genutzt. Gleich daneben steht die große achteckige **Mehmet Bey Türbesi,** der Grabbau eines Emirs der Hamiden-Dynastie, der heute noch von der einfachen Bevölkerung als Heiliger verehrt wird.

Am Hafen

Durch die **Tabakhane Sokak,** eine malerische Altstadtgasse mit zahlreichen Souvenirläden, geht es zum Hafen; in einer Seitengasse nach links lohnt ein Blick auf das reich verzierte, doch leider ungepflegte Portal der **Karatay-Medrese** 4, die ein seldschukischer Wesir 1250 stiftete.

Kurz vor dem Hafen wurde 2000 ein ganzer Häuserblock restauriert, das Areal der **Tekeli Konakları** 5, in osmanischen Zeiten die Residenz der Paschas von Antalya. Die Familie Teke geht zurück auf jenen türkischen Stamm, der sich schon im Gefolge der seldschukischen Landnahme im 11. Jh. hier ansiedelte. Noch heute ist diese Familie einflussreich und hält den größten Landbesitz der Provinz (und etliche Luxushotels). Bei der Restaurierung entstanden Restaurants, ein Hotel und die Disco Ally – in dem sehr stilvollen Komplex gibt sich nun die

Sehenswürdigkeiten
1 Yivli Minare
2 Selcuklu Medrese
3 Mevlevihane
4 Karatay Medresesi
5 Tekeli Konakları
6 İskele Camii
7 Balık Pazarı Hamam
8 Kesik Minare
9 Alaeddin Camii
10 Hıdırlık-Turm
11 Kaleiçi Museum
12 Hadrianus-Tor
13 Bedesten

Hotels
14 Argos
15 Frankfurt
16 Hadrianus
17 La Paloma

Restaurants
18 Ekici Lyra
19 Hisar
20 Parlak
21 Tekeli Konakları
22 Türkmen Döner

Cafés und Discos
23 Iskele Cafe
24 Tophane Çaybahçesi
25 Living Room
26 Ally Disco

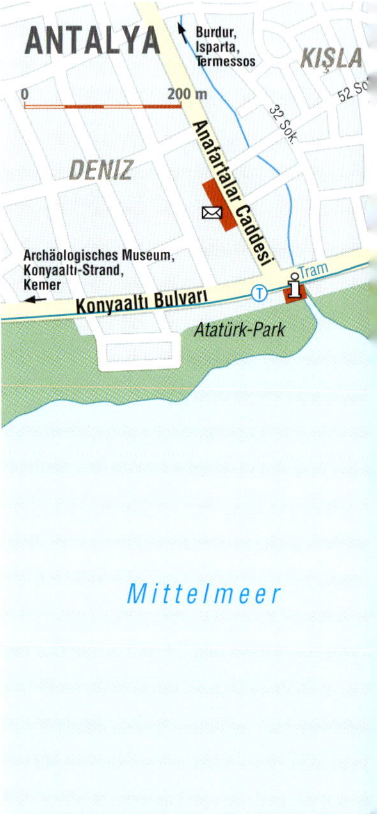

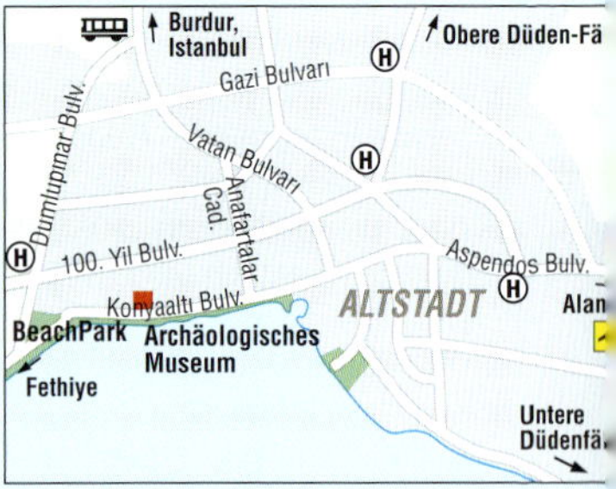

Subaşı Cad.
Murat Paşa Camii
Kazim Özalp Caddesi
Ismet Paşa Caddesi
ELMALI
Ali Çetinkaya Caddesi
Alanya, Side, Perge
Tahilpazarı Sokak
23 Sok.
Cumhuriyet Caddesi
Cumhuriyet Meydanı
Uhrturm
Paşa Camii
Yivli Minare
Dönerciler Sok.
Atatürk Caddesi
Teegärten
Tabakhane Sok.
Uzunçarşı Sok.
Mescit Sok.
1264 Sok.
Recep Peker C.
Iskele Cad.
Hadrianus-Tor
1268 Sok.
1270 Sok.
Civelek Sok.
Kocatepe Sok.
Paşa Camii Sok.
KALEIÇI
Akar Çeşme Sok.
Alp Paşa
Hesapçı Sok.
Zafer Sok.
Kurtuluş Sok.
Kandiller Sok.
Hüsnü Kartaş Cad.
Mermerli Banyo Sok.
Aspen
Mermerli Banyo
Hıdırlık Sok.
Kesik Minare
Stadtmauer
Atatürk Caddesi
SINAN
Zeytin Cik.
Hesapçı Sok.
Yenikapı Sok.
Tabakhane Sok.
Hıdırlık Kulesi
1277 Sok.
Belediye
Atatürk-Haus
Tinaz Tepe Cad.
Kara Alioğlu-Park
Stadion
Fevzi Çakmak Caddesi
1326 Sok.
Tram
1319 Sok.
Adalar Banyo
Işıklar Caddesi
Hotel Talya
Lara-Strand
1 2 3 4 5 6 7 8 9 10 11 12 13 14 15 16 17 18 19 20 21 22 23 24 26

bessere türkische Gesellschaft, die Antalya inzwischen (als Alternative zu Bodrum) als Urlaubsziel entdeckt hat, ein Stelldichein.

Unten am **Hafen** prägen Yachten und Fischerboote das Bild. Die kleine **İskele Camii** 6 beim Treppenaufgang zur Altstadt ist auf Säulen über einer Quelle gebaut, dahinter bietet der Fischerhafen viele Fotomotive. Rings um das Hafenareal zieht sich die immer noch zinnenbewehrte Seemauer. Schöne Panoramablicke bieten der Teegarten unterhalb vom Cumhuriyet-Platz und das Café über dem **Mermerli Banyo,** zu dem ein Treppenweg an der südöstlichen Mole führt.

Kesik Minare Basilika

Steigt man von dort weiter hinauf, findet man sich im weniger touristischen Bereich der Altstadt wieder. Historische Bauten überall; in vielen Wänden sind Bauteile aus Marmor zu entdecken. Noch ist das osmanische **Balık Pazarı Hamam** 7 eine Ruine, soll aber restauriert werden. In der Hesapçı Sokak markiert das **Kesik Minare** 8 (›abgeschnittenes Minarett‹) die Ruine einer dreischiffigen Basilika aus dem 5. Jh. n. Chr. Der Kirchenbau wurde unter Korkut Bey, einem Sohn des Sultans Beyazıd II., in eine Moschee *(Korkut Camii)* umgewandelt und im 19. Jh. durch einen Brand, bei dem auch der obere Teil des Minaretts herabstürzte, zerstört. Ursprünglich war der Bau aber ein antiker Tempel.

Im Langhausbereich kann man (von außen) noch sehen, wie die antiken Säulen bis zur Arkadenhöhe mit Ziegeln aufgemauert waren. Auch im Mauerwerk sind verbaute antike Skulptursteine zu finden. Im hinteren Bereich sieht man noch das typische Quadermauerwerk, das vermutlich von der antiken Cella, dem Allerheiligsten, stammt. Eine Bestandsklärung und -sicherung ist in der Diskussion.

Kara-Alioğlu-Park

Richtung Meer führt die Straße zum **Hıdırlık Kulesi** 10**.** Der Turmbau aus dem 2. Jh. n. Chr. besitzt ein viereckiges unteres und ein rundes oberes Stockwerk; er ist mit einem spätrömischen Fries mit Rutenbündeln verziert. Er diente vermutlich als Leuchtturm und später als Kanonenplattform zum Schutz des Hafens.

Nach Süden schließt dort der große **Kara Alioğlu Parkı** mit einer üppigen subtropischen Vegetation an. Dieses Gartenareal ist mit seinen verspielten Brunnen, zahlreichen Teehäusern und herrlichen schattigen Promenaden über der Steilküste des Meeres der beliebteste Treffpunkt der Einwohner Antalyas.

Kaleiçi Museum

Zurück in der Altstadt, geht man vorbei an der **Alaeddin Cami** 9**,** hervorgegangen aus der byzantischen Panagia-Kirche, zum sehr schönen ethnologischen **Kaleiçi-Museum** 11 (tgl. außer Mi 9–18 Uhr). Hier wurde mit Finanzmitteln der schwerreichen Industriellenfamilie Koç das Herrenhaus eines reichen *Aga* (Grundbesitzers) sehr stilvoll renoviert. Musik vom Band und le-

Altstadtgasse beim Kesik Minare

bensgroße Puppen verdeutlichen den Lebensstil im 18./19. Jh. Auch ein aufgelassener Kirchenbau gehörte zum Anwesen, dort sind heute historische Fotos aus dem alten Antalya sowie eine Keramikausstellung zu sehen.

Hadrianus-Tor

Über die Hesapçı Sokak erreicht man nun schnell ein gut erhaltenes Stück der Stadtmauer mit dem **Hadrianus-Tor** *(Hadrianus Kapısı)* 12. Das behutsam restaurierte Stadttor mit drei überwölbten Durchgängen wurde anlässlich des Besuchs von Kaiser Hadrian im Jahr 130 n. Chr. als Triumphtor errichtet; zum größten Teil zugemauert überstand es das Mittelalter. An den Bodenplatten, tief unter dem heutigen Straßenniveau, sind noch die Spurrillen der römischen Wagen zu erkennen – unschwer lässt sich erahnen, was für antike Bauten noch unter der Altstadt verborgen liegen.

Die Neustadt

Das Tor führt auf die palmengesäumte **Atatürk Caddesi,** die Prachtstraße Antalyas. Heute zur Hälfte Fußgängerzone, führt sie – gesäumt von modernen Läden, Boutiquen und belebten Freiluftlokalen – zurück ins Zentrum. Hier isst man sehr viel landestypischer als am Hafen, regelrecht sehenswert ist der **Dönerçiler Çarşısı,** der ›Dönermachermarkt‹.

Auch das Labyrinth der überdachten **Basar-Gassen** gegenüber, zwischen Kazim Özalp und İsmet Paşa Caddesi, lohnt einen Bummel. Viele Souvenirgeschäfte, die das ursprüngliche Gewerbe verdrängt haben, findet man in den Gassen rund um den **Bedesten** 13, eine teils überkuppelte Markthalle mit Juweliergeschäften.

Richtung Norden, an der als Fußgängerzone gestalteten Kazim Özalp Caddesi, liegt die **Murat Paşa Camii** aus dem 16. Jh., die im Inneren mit prachtvollen Fliesen aus der berühmten Iznik-Produktion geschmückt ist.

In westlicher Richtung verläuft die Cumhuriyet Caddesi zum Republik-Platz (Cumhuriyet Meydanı) mit einem gewaltigen **Atatürk-Monument;** von dort führen Treppenwege wieder hinunter zum Hafen.

Das Archäologische Museum

Einen Besuch dieses Museums, das zu den schönsten und wichtigsten der Türkei gezählt wird, sollte man auf keinen Fall versäumen (tgl. außer Mo 9–17.30, im Sommer bis 19 Uhr). Die Sammlungen sind sehr stimmungsvoll mit verschiedenen Lichteffekten präsentiert und decken die gesamte Geschichte Anatoliens von der Neandertaler-Epoche bis ins 19. Jh. ab.

Chronologisch geordnet findet man prähistorische Funde aus der Höhle von Karain (s. S. 150) und vom bronzezeitlichen Pithos-Grabfeld von Semahöyük bei Elmalı im lykischen Bergland (15. Jh. v. Chr.). Aus der griechischen Epoche stammen geometrische Keramik (9.–6. Jh. v. Chr., schwarze Zeichnung auf braunem Grund), archaische Vasen (7.–6. Jh. v. Chr., schwarze Zeichnung auf rotem Grund) sowie klassische Vasen (5. Jh. v. Chr., rote Zeichnung auf schwarzem oder weißem Grund). Silberschmuck und Holzfiguren zeugen von der Handwerkskunst der Phryger, die im 8.–7. Jh. v. Chr. das Innere Kleinasiens beherrschten.

Besonders beeindruckend sind die fast vollständige Galerie der marmornen Götterstatuen von Perge (s. S. 160). die Statuen römischer Kaiser aus dem 2. Jh. n. Chr. (u.a. Hadrian, Trajan, Septimius Severus) ebenfalls aus Perge und die reich mit Marmorfriesen geschmückten Sarkophage (u. a. Darstellungen der Taten des Herakles), die zu den besten Werken in Anatolien aus dieser Zeit gehören.

Dazu kommt eine beachtliche Münzsammlung, die die Zeit vom 6. Jh. v.

Mit der Tram ins Museum

Zum Museum von Antalya, das weit außerhalb des Zentrums kurz vor dem Konyaaltı-Strand liegt, fährt man günstig mit der neuen Tram, die aus der deutschen Partnerstadt Nürnberg hierher verpflanzt wurde. Man kann am Saat Kulesi (Uhrturm) einsteigen und zahlt umgerechnet etwa 25 Euro-Cent. Aber Achtung: Die Tram fährt als Pendellinie, also nicht die falsche Richtung nehmen!

Antalyas Stadtbad ist die Mermerli-Bucht

Chr. bis zur byzantinischen Epoche abdeckt. Die kostbarsten Stücke sind die Tetradrachmen von Side und die Dekadrachmen aus dem beginnenden 5. Jh. v. Chr., die 1984 bei Elmalı entdeckt wurden. Wie das goldene und silberne Liturgiegerät des 6. Jh. aus dem ›Schatz von Kumluca‹ wurden diese Münzfunde erst ins Ausland geschmuggelt, ehe die Türkei einige wenige Stücke zurückerwerben konnte.

Die kleinere ethnographische Abteilung zeigt seldschukische und osmanische Fayencen (Keramiken), Kalligraphien und alte Nomadenteppiche.

Strände

Das **Mermerli Banyo** am Hafen ist ein kleiner Kieselstrand (Eintritt ca. 3 €, Kinder frei, mit Restaurant, Sonnenliegen, sauberes Wasser). Einfacher ist das **Adalar Banyo** unterhalb des Kara Alioğlu-Parks, wo man zwischen idyllischen Felsen badet; dort ein improvisierter Kiosk.

Die großen Sandstrände von Antalya sind der grobkieselige **Konyaaltı Plaj** im Westen sowie der feinkieselige **Lara Plaj** im Osten, beide fast gänzlich von großen Hotels zugebaut.

Mit einem Moped kann man auch zu den Buchten entlang der Straße Richtung Kemer fahren, etwa zum **Topçam Plaj** gegenüber der Insel Sinçan Adası (›Ratteninsel‹) oder zum **Büyük Çaltıcak Plaj.** Beide liegen schön unter Kiefernwald und sind nur an Wochenenden überlaufen.

Ganz besonderen Badespaß versprechen das **Spaßbad ›Depark‹** am Dedeman Hotel beim Lara-Strand mit vielen Wasserrutschen. Der ›**Beach-Park**‹ am Konyaaltı-Strand (Eingang Dumlupınar Bulvarı) ist eine riesige Anlage mit Aqualand (Spaßbad), Delfinaquarium (für 50 € kann man sogar mit den Delfinen schwimmen), Paintball-Gelände, Minigolf-Anlage, Abenteuerspielplatz und einem großen Openair-Theater (www.beachpark.com.tr).

Tourist Information: Cumhuriyet Cad. Atatürk parkı, tgl. 9–18 Uhr, Tel. 241 17 47. **Im Internet:** www.antalya-ws.com; www.antalya-tuerkei.de (deutsch)
Telefonvorwahl: 0242 (s. S. 223)!

In der Altstadt *(Kaleiçi)* gibt es viele Pensionen und auch Komforthotels in alten osmanischen Holzhäusern.
Argos 14: Auch dieses über 100 Jahre alte Haus wurde edel restauriert; es gibt einen Pool im großen Garten. Die obersten vier ›Luxury Rooms‹ bieten tollen Hafenblick und Jacuzi statt nur Dusche. Balık Pazarı Sokak, Ortaokulu Karşısı, Tel. 247 20 12, Fax 241 75 57, DZ ab 50 €.
Frankfurt 15: Gepflegtes Haus der unteren Mittelklasse mit nettem Empfang, die Besitzer sprechen Deutsch. Jetzt auch Zimmer mit Klimaanlage, im kleinen Garten wurde aber leider ein Pool gebaut. Hıdırlık Sokak, Tel./Fax 247 62 24, DZ ca. 35 €.
Hadrianus 16: Einfache Zi. mit Du. u. WC, aber hübscher Frühstücksgarten, meernah und ruhig gelegen. Zeytin Sok. 4, hinter Kesik Minare, Tel./Fax 244 00 30, DZ ca. 20 €.
La Paloma 17: Ruhig gelegenes, sehr schön renoviertes Altstadthaus nahe dem Mermerli-Strand. Mit Liebe zum Detail geführt von einem Hamburger, mit Pool. Tabakhane Sokak 3, nahe Hıdırlık-Turm, Tel. 244 84 97, Fax 247 45 09, www.lapaloma-pension.com, DZ ca. 50 €.

Essen mit Panorama

Ein beliebtes Ausflugslokal ist das Restaurant **Magic Mount** auf dem Tünektepe-Berg westlich im Beydağları-Gebirge (Richtung Kemer, ca. 10 km). Der Clou: das Restaurant dreht sich, so dass man das ganze Panorama des Antalya-Golfs genießen kann. Türkische Küche, Tel. 243 39 31.

Ekici Lyra 18: Große Auswahl an Fischgerichten und Meeresfrüchten vor der Kulisse der Ausflugsboote. Fischmenü ab 10 €, Vorspeisen um 3 €. Yat Limanı, direkt am Kai bei der Hafenmoschee, Tel. 247 81 90.
Hisar 19: In toller Lage in der mittelalterlichen Burg unterhalb vom Cumhuriyet-Platz, im Mittelalter logierten hier Eleonore von Aquitanien und ihr Gemahl auf dem Kreuzzug. Türkische und internationale Küche mit super Aussicht. Hauptgerichte um 8 €, Vorspeisen 2–3 € Tel. 241 52 81.
Parlak 20: Bodenständiges, bei Türken beliebtes Grillrestaurant in einem modernen Innenhof an der Fußgängerzone beim Basar. Hauptgerichte um 5 €, Vorspeisen um 2,50 €, Kazim Özalp Cad. 7.
Tekeli Konakları 21: Edelrestaurant in der früheren Residenz des Paschas von Antalya, spezialisiert auf Meeresfrüchte und verfeinerte türkische Küche. Umgeben von renovierten Holzkonaks sitzt man dort sehr idyllisch. Hauptgerichte um 9 €, Dizdar Hasan Sokak, Tel. 244 5465.
Türkmen Döner 22: In der Fressgasse parallel zur oberen Atatürk Cad. reihen sich die Lokale. Noch immer wird hier das Döner vor Holzkohle gegrillt. Das Türkmen hat gute Auswahl, Hauptgerichte um 4 €, Vorspeisen um 2 €.

Souvenirs: Teppiche, Kupfergeschirr, Stricksocken, Kästchen mit Einlegearbeiten, Meerschaumpfeifen, Repliken historischer Waffen u.v.m. werden in den Altstadtgassen angeboten (bei Teppichen viel Zeit zum Handeln einkalkulieren!).

Rosenkonfitüre, Antalyas traditionelle Spezialität, sowie Yayla-Honig, eingelegte Früchte und Lokum kauft man in der Konditorei an der Cumhuriyet Cad., Ecke Atatürk Cad.

Basar: Der alte Basar in den Gassen rechts der Kazim Özalp Caddesi hat inzwischen viel an Flair verloren – günstige Textilien und Goldschmuck bestimmen das Bild. Auch Türken kaufen heute lieber in den Boutiquen an der Kazim Özalp, der Atatürk oder der Anafartalar Caddesi.

Wochenmarkt: Mittwochs an der Işıklar Cad. beim Hotel Talya; berühmt ist der große Sonntagsmarkt auf der Anafartalar Caddesi (hinter der Hauptpost).

Migros Shopping Center: In Antalya hat inzwischen das größte Einkaufszentrum an der Südküste eröffnet (100 Yil Bulvarı, hinter Dumlupınar Bulv.). Die ganze schöne Einkaufswelt mit modernem Supermarkt, Boutiquen, Kinos, Lokalen.

İskele Cafe 23**:** Ein beliebter Treff- und Ruhepunkt direkt am Hafen, vor den Ausflugsbooten.

Tophane Çaybahçesi 24**:** In den Teegärten unterhalb des Cumhuriyet Meyd. sitzt man unter Türken mit tollem Altstadtblick.

Living Room 25**:** Der frühere Club 29 bietet wie früher Luxus-Ambiente mit erlesener Küche; dazu gehört auch eine beliebte Open-air-Music-Bar mit Pool. Kaleiçi Marina, am Hafen über dem kleinen Theaterrund, Tel. 244 80 10.

Ally 26**:** Die In-Disco der Stadt, ein Ableger des berühmten Istanbuler Stammhauses, im Komplex der Tekeli Konakları (Aydoğdu Sokak).

Altın Portakal Festival (Filmfestival Goldene Orange) präsentiert Anfang Okt. vor allem türkische Filme (Info: www.altinportakal.org.tr).

Akdeniz Festival (Ende Sept.): Musikveranstaltungen und Volkstänze.

Der **Flughafen** *(Havaliman)* liegt 15 km östlich von Antalya; seit dem Bau des neuen Terminals werden im alten Gebäude die Inlandflüge *(İç Hatları)* abgefertigt. Dort sind auch noch die Büros der **Mietwagenagenturen** zu finden. Zubringerbusse für THY-Inlandsflüge bis/ab Cumhuriyet Cad. Bei Auslandsflügen nimmt man ein Taxi (ca. 15 € bis Zentrum, 20 € bis Busstation). **THY-Stadtbüro:** Cumhuriyet Cad. 91, Reservierung: Tel. 243 43 81).

Busse: Die neue Intercity-Busstation *(Yeni Garaj)* liegt weit außerhalb an der Straße Richtung Burdur (Zubringerbusse, z. B. ab Uhrturm, sind mit ›Otobüsi Terminalı‹ bezeichnet). Für den Regionalverkehr gibt es drei Busstationen am Gazi Bulvarı (der Ringautobahn) und zwei zentrumsnähere. Etwa stündl. gehen Busse nach Side und Alanya, alle 2 Std. durchgehend bis Adana; ebenfalls stündl. nach Kemer, alle 2 Std. nach Kaş und Fethiye. Die Stadtbuslinien sind recht unüberschaubar, am besten fragt man Einheimische (z. B. nach Lara oder zu den Düden-Fällen). Von den Busstationen ins Zentrum kommt man am besten per Taxi oder Minibus (Dolmuş), deren Haltestellen mit einem ›D‹ bezeichnet sind.

Tram: Neue, praktische Straßenbahn, die zwischen dem Antalya-Museum im Westen und der Işıklar Caddesi pendelt. Wichtige Stationen: Uhrturm, Atatürk Caddesi, Kara-Alioğlu-Park; Einheitspreis: ca. 0,25 Cent.

Leihwagen: Neben großen Agenturen wie NationalCar, Fevzi Çakmak Cad. 27, Tel. 247 06 48, Fax 243 07 81, bieten zahlreiche kleinere Büros in der Altstadt Fahrzeuge zu günstigen Preisen: z. B. Maki Tur, Uzun Çarşı Sok., Tel. 241 45 41, www.makitur.com, oder Kavas, Paşacamii Sokak 32, Tel. 247 94 57, Fax 243 55 87, kavas@finet.com.tr.

Rund um Antalya

Touren nach **Termessos**, **Phaselis** (s. S. 132), **Perge** (s. S. 160) und **Aspendos** (s. S. 166), dazu auch Zweitagesausflüge zum berühmten **Pamukkale** (s. S. 154) werden von örtlichen Reisebüros mit deutschsprachiger Führung angeboten.

Düden-Fälle

In der näheren Umgebung sind die beiden **Wasserfälle des Düden Çay** sehenswert. An den oberen Kaskaden *(Yukarı Düden Şelalesi)* etwa 11 km nördlich wurde ein ausgedehnter Picknick-Park angelegt. Man kann schön an den Fällen spazieren gehen, durch einen Felsgang kann man sogar unter den Hauptfall gelangen (Eintritt, beschildert vom Gazi Bulvarı, Dolmuş-Bus oder Taxi).

Bei den unteren Fällen *(Aşağı Düden Şelalesi),* etwa 8 km vom Stadtzentrum an der Straße zum Lara-Strand, stürzt der Düden aus ca. 60 m Höhe über die Kalksteinplatte von Antalya ins Meer hinab. Man kann den Ausflug auch per Boot ab Hafen-Marina Antalya (verschiedene Boote, 2 Std.) unternehmen. Vom Schiff erscheint die gesamte Küste fast wie ein zu Stein erstarrter Wasserfall. Die ›fließenden‹ Gesteinsformationen sind Ablagerungen von Travertin (Quellkalk) aus dem kalkhaltigen Wasser des Düden, der die Felsplatte von Antalya ins Meer hinauswachsen lässt: Es handelt sich also um eine Art Mini-Pamukkale. In der Antike hieß der Düden *Katharaktes* – das Wort Katarakt leitet sich davon ab.

Karain-Höhle

Die **Karain Mağarası,** etwa 27 km nordwestlich von Antalya, gilt als größte prähistorische Wohnhöhle Kleinasiens (tgl. 8–17.30 Uhr). In den über 350 m verzweigten Sälen und Seitenkammern wurden Kulturreste einer Besiedlung seit dem Paläolithikum (Altsteinzeit) ausgegraben, darunter Schädelreste eines Neandertalerkindes und viele Steinwerkzeuge. Anfahrt über ausgeschilderte Zufahrt von der Straße nach Isparta.

Termessos

Atlas: S. 234, C2
Die Stadt Termessos im Bergland 40 km nördlich von Antalya zählt zu den reizvollsten archäologischen Stätten der südlichen Türkei. Auf 1050 m Höhe, inmitten des wild-romantischen Güllük Dağı-Nationalparks, ziehen sich ihre Ruinen, teils von Buschwerk überwachsen, über die Hänge des Bergtals. Aufgrund der Gebirgslage hält sich die Hitze auch im Sommer in Grenzen; im Frühjahr und Herbst sollte man unbedingt warme Kleidung mitnehmen.

Die Einwohner von Termessos nannten sich nach dem die Stadt überragenden Berg Solymos (heute Güllük Dağ) Solymer. Schon Homer (8. Jh.

Der ›Thron der Südküste‹: das antike Theater von Termessos

v. Chr.) überliefert sie als kriegerisches Volk: Im Auftrag des lykischen Königs Iobates muss der Held Bellerophontes drei gefährliche Aufgaben bestehen. Nachdem er die Chimaira bezwungen hat (s. S. 137), soll er im Kampf gegen die Solymer sterben, unterwirft aber auch sie. Alexander d. Gr. konnte 333 v. Chr. die durch ihre unwegsame Lage geschützte Stadt nicht erobern. Um 150 v. Chr. unterstützte Termessos den König von Pergamon und Gründer Antalyas, Attalos II., der daraufhin eine Säulenhalle an der Agora stiftete. In byzantinischer Zeit wird Termessos noch als Bischofssitz erwähnt, doch schon im 5. Jh. scheint die Stadt, vermutlich nach einem Erdbeben, verlassen worden zu sein. Die meisten Ruinen stammen aus spätrömischer Kaiserzeit.

Das kleine **Museum** am Eingang zeigt neben Fotos und Plänen von Termessos vor allem ausgestopfte Tiere der Hochgebirge des Taurus, als Prunkstücke einen Weißkopfgeier und einen Braunbären.

Direkt am Parkplatz unterhalb der Stadt erhebt sich als Rest eines **Hadrianus-Tempels** 1 ein gut erhaltenes Eingangspropylon. Beim Aufstieg folgt man der uralten Trasse der **Königsstraße** 2, auf der schon Attalos II. in Termessos einzog, passiert Reste eines Brunnenhauses, bis schließlich mit der mächtigen, teils in voller Höhe stehenden **Wallmauer** 3 das Stadtgebiet erreicht ist. Wenig später folgt auf der linken Seite das 91 m lange **Gymnasion** 4, das vor allem mit seiner reich gegliederten Ostfassade beeindruckt. Derm Hauptpfad folgt nun einem Stück der alten Straßenpflasterung (mit Abwasserkanal). Etwas höher am Berg lassen sich Reste einer überwachsenen **Kolonnadenstraße** 6 ausmachen. Vor einem zweistöckigen Privathaus biegt ein Pfad nach links, der oberhalb der **Stoa des Osbaros** 7 zum Theater verläuft.

Das von grandiosen Gebirgsstöcken überragte **Theater** 8, das einst über 4000 Zuschauer fasste, ist der Höhepunkt der Tour. Besonders eindrucksvoll erhebt sich der rechte Teil des Bühnengebäudes. Die beiden seitlichen *Parodoi* (der linke ist eingestürzt) wurden erst in römischer Zeit errichtet, um Platz für Ehrenlogen zu schaffen. Das Bühnengebäude zeigt noch fünf Türen, die zu den Schauspielerräumen führten, das Kellergeschoss diente, nach den niedrigen Öffnungen zu schließen, wohl als Zwinger für die wilden Tiere.

Vom Theater aus erreicht man ein Gebäude, von dem etwa 9 m hohe Mauern erhalten sind; aufgrund seiner Sitzreihen wird es für ein **Bouleuterion** 9, die Versammlungsstätte des Ältestenrates, gehalten. Auf seiner linken Seite stößt man auf die durcheinandergewürfelten Steinblöcke zweier **Artemis-Tempel** 10. Der kleinere wurde im 3. Jh. n. Chr. als Privatstiftung errichtet,

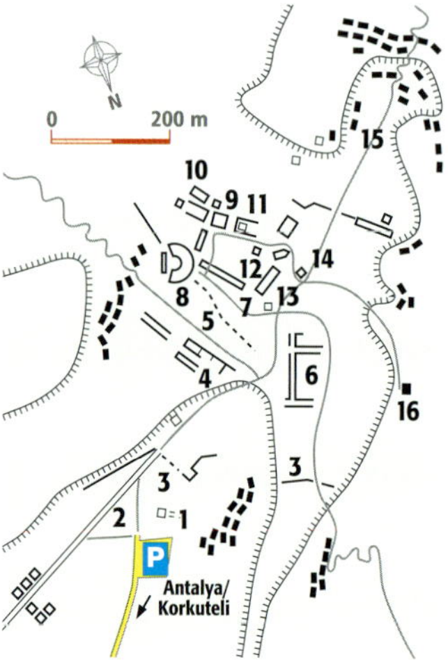

Plan von Termessos

1 Hadrianus-Propylon
2 Königsstraße
3 Untere Stadtmauer
4 Gymnasion
5 Obere Stadtmauer
6 Kolonnadenstraße
7 Stoa des Osbaros
8 Theater
9 Bouleuterion
10 Artemis-Tempel
11 Tempel des Zeus Solymos
12 Agora
13 Stoa des Attalos
14 Korinthischer Tempel
15 Südwest-Nekropole
16 Grab des Alketas

der stark überwachsene Haupttempel dahinter stammt noch aus hellenistischer Zeit. Ein weiterer **Tempel** [11] rechts neben dem Bouleuterion war dem Zeus Solymos, dem kriegerischen Hauptgott von Termessos, geweiht.

Nach rechts leitet die antike Straßenpflasterung zu einem aus dem Fels gehauenen **Heroon,** wohl die Grabstätte eines adeligen Kriegers; die drei Nischen unterhalb des Sarkophags dienten Opferungen an den Heros.

Hinter der Kultstätte öffnet sich die **Agora** [12], die so über einer Talsenke errichtet wurde, dass das Untergeschoss als Zisternenanlage dienen konnte. Im Nordwesten wird sie von der gänzlich überwachsenen **Stoa des Attalos** [13] begrenzt, im Nordosten von der schon erwähnten **Stoa des Osbaros** [7]**,** die ein reicher Stifter der Kaiserzeit bauen ließ.

Südlich der Agora, durch Bäume abgeschirmt, liegt das **Haus des Gründers,** ein prächtiges Privathaus mit einer 6 m hohen Eingangstür. Ein überwachsener **korinthischer Tempel** [14] liegt am Pfad, der zur **Südwest-Nekropole** [15] mit Hunderten von reliefverzierten Sarkophagen führt. Zu einer weiteren **Nekropole** mit prachtvollen, z. T. im lykischen Stil errichteten Felsgräbern westlich der Stadt biegt bald hinter dem Tempel ein unbeschilderter Weg ab. Er endet beim **Grab des Alketas** [16] vom Ende des 4. Jh., das mit dem Relief eines berittenen Kriegers geschmückt ist.

Alketas war ein Makedonier aus der Offiziersgarde Alexanders des Großen, der um 319 v. Chr. nach Termessos floh, um der Rache des Antigonos Monophthalmos zu entgehen, der das riesige Reich nach dem Tod Alexanders regierte. Als Antigonos seine Auslieferung verlangte, wurde Alketas von den jüngeren Offizieren der Armee von Termessos unterstützt. Doch um keinen Krieg zu riskieren, beschloss der Rat der Ältesten, ihn entgegen den Regeln der Gastfreundschaft auszuliefern. Darauf stürzte Alketas sich in sein Schwert, und vielleicht um die Schande zu tilgen, wurde dem Toten dann dieses aufwendige Grab errichtet.

Picknick im Theater

Das Theater von Termessos mit seiner tollen Bergaussicht kann man wirklich als einen der besten Picknickplätze der Welt bezeichnen. Da es keinen Kiosk hier oben in den Bergen gibt, nimmt man am besten Proviant mit – zumindest aber ausreichend Wasser.

Anreise: Zunächst Richtung Burdur, dann abzweigen nach Korkuteli. Nach 30 km ist der Eingang des Nationalparks erreicht (hier lässt man sich auch raussetzen, wenn man mit dem Korkuteli-Minibus fährt). Zum Parkplatz unterhalb von Termessos sind es jetzt noch 9 km Serpentinenstraße (Eintritt pro Pkw ca. 5 €), Taxis stehen meist bereit (teuer).

Yeşil Vadi: Kleines Hotel mit Restaurant beim Eingang zum Nationalpark, vermietet einfache Holzhäuser, das Essen ist gut und günstig. Tel. 0242/423 75 55, Fax 0242/423 75 16, www.yesil-vadi.com, DZ 15 €.

ABSTECHER NACH PAMUKKALE

Pamukkale liegt zwar weit im Hinterland, wird aber regelmäßig im Rahmen von Tagesausflügen besucht, so dass man dieses berühmteste Naturschauspiel der Türkei problemlos erreichen kann. Spannender ist aber die Fahrt auf eigene Faust mit einem Leihwagen, denn so kann man die wahre Türkei am Wegesrand entdecken.

Pamukkale, das Baumwollschloss

Es ist kein Schloss *(kale)*, und auch Baumwolle *(pamuk)* wächst dort nicht, doch ist das ›Baumwollschloss‹ nicht nur ein Phantasiegespinst: Hoch über dem breiten Mäandertal bei Denizli ist schon von weitem ein langes, weißes Gebilde zu sehen, das an ein Märchenschloss erinnert, sich beim Näherkommen dann aber als ein ganz weißer Bergabhang entpuppt. Hier haben die Kalkablagerungen 30 bis 50 °C heißer Thermalquellen eine einzigartige ›Badelandschaft‹ gebildet, mit tiefen Trögen und flachen Becken, über die das Wasser ins Tal rieselt. Im Sommer schimmert das Wasser in allen Türkisschattierungen, im Mai geben die blühenden Oleanderbüsche auf dem Plateau der Stätte etwas Paradiesisches, im Winter steigen dampfende Schwaden aus den Becken auf.

Doch kein irdisches Paradies ohne Schatten: Der Kalküberzug ist nicht so hart, dass er nicht brechen könnte – so drohten die vielen, vielen Touristen, die jeden Tag von der Küste hierher gefahren werden, diese einmalige Naturlandschaft mehr und mehr zu zerstören. Die Behörden haben inzwischen zu drastischen Mitteln gegriffen: Neben einer gezielten planmäßigen Bewässerung des Plateaus haben sie ein generelles Begehungsverbot verfügt, zugleich aber auch fast alle Hotels oben auf dem Plateau abreißen lassen.

Damit ist leider viel Flair verloren gegangen. Böse Zungen munkeln nun, der Abriss sei hauptsächlich den Schmiergeldzahlungen der Nobelhotels im nahen Thermalkurort Karahayit zu verdanken, die so lästige Konkurrenz losgeworden sind und nun mehr vom guten Thermalwasser bekommen können. Nachteilig betroffen sind aber auch die vielen privaten Tourismusbetriebe im Dorf unterhalb der Terrassen, die erst Anfang der 1990er Jahre entstanden sind – inzwischen bleiben die Individualtouristen mehr und mehr aus, Leerstände und Verzweiflung prägen das Bild. Insgesamt hat man hier ein Lehrstück über Licht und Schatten des Tourismus erleben können.

Wer dennoch die Fahrt nicht scheut, darf einmal die Terrassen anschauen, dann geht's zum Baden in den Pool des ehemaligen **Pamukkale Motels.**

Das Hotel ist geschlossen, doch im Poolbereich, der auf einer antiken Badeanlage basiert, geht es zu wie in einem Freibad an einem sonnigen Augusttag (tgl. 9–19 Uhr; Gebühr 5 € für Erwachsene, 2,5 € für Kinder). Da macht es wirklich mehr Freude, die antike Stadt Hierapolis zu besichtigen!

Hierapolis

Schon in der Antike wurden die Thermalquellen genutzt; zum hiesigen **Plutonium,** dem Heiligtum für Pluto, den Gott der Unterwelt, kamen Pilger und Kranke, die im Wasser und durch die Mysterien der Priester Heilung suchten. König Eumenes II. von Pergamon, Bruder von Attalos II., der Antalya gründete, begann im frühen 2. Jh. v. Chr. mit dem Bau einer Stadt, die er Hierapolis (›Heilige Stadt‹) nannte.

Die Ruinen dieses Kurorts, der in der römischen Kaiserzeit seine Blüte erlebte, erstrecken sich auf dem Plateau oberhalb der Kalkterrassen. Bei der Anfahrt über die Straße von Norden (5 km hinter dem Dorf) passiert man zuerst die große **Nekropole** mit Tausenden von Sarkophagen aus der Kaiserzeit und einigen runden Mausoleen aus hellenistischer Zeit.

Dahinter, noch vor dem eigentlichen Stadttor, folgen die großen Ruinen einer Bäderanlage (Thermen) aus dem 3. Jh. n. Chr., die im 5. Jh. in eine christliche Kirche umgewandelt wurde. Erst mit dem **Frontinus-Tor,** einem dreibogigen Bau aus der Zeit Kaiser Domitians, ist der Eingang zur Stadt erreicht. Hier begann die Mitte des 1 Jh. gestiftete Säulenstraße, die bis zum Tempelbezirk verlief. Das erste Teilstück bis zu dem drei Jahrhunderte später erbauten

Das Frontinus-Tor, Eingang zur antiken Badestadt Hierapolis bei Pamukkale

Wie in Watte gepackt: der mit Travertin bedeckte Hang von Pamukkale

byzantinischen Wehrtor ist inzwischen anschaulich rekonstruiert worden.

Das **Pamukkale-Museum,** untergebracht in einigen rekonstruierten Räumen der riesigen **Haupt-Thermen** von Hierapolis, enthält zahlreiche Skulpturen, Sarkophage und Statuen (tgl. 9–12 und 13.30–17 Uhr). Wie im Theater lässt die dekorative Gestaltung der Arbeiten häufig den Stil der Steinmetze aus Aphrodias erkennen.

Von dem antiken Kultbezirk sind Reste des monumentalen **Nymphäons** der Heiligen Quelle, eines **Apollon-Tempels** dahinter sowie die Felshöhle des **Plutoniums** erhalten, die im Bereich zwischen dem Thermenmuseum und dem Theater liegen. Auch in der Felshöhle des Pluto, die unterhalb des Apollon-Tempels liegt (Eingang verschlossen), floss das heilige Wasser; antike Chronisten berichten jedoch auch, dass ihr giftige Dämpfe entströmten und nur die Priester die Kultstätte betreten konnten. Wahrscheinlich handelte es sich um Kohlenmonoxid, das schwerer als Luft ist und sich am Boden konzentriert. Die Priester könnten die Bereiche gekannt haben, an denen die Gase nicht so stark verdichtet waren.

Das gut erhaltene **Theater** beeindruckt vor allem durch den herrlichen Skulpturenschmuck seines Bühnenhauses, der von italienischen Archäologen rekonstruiert wurde. Er wurde wahrscheinlich unter Kaiser Septimius Severus von Steinmetzen aus Aphrodisias gearbeitet und entspricht in seinem üppigen Rankenwerk den herrlichen Werken dieser Bildhauerstadt weiter unten im Mäandertal. Besonders sehenswert der Fries der Skene, der den Festzug des Dionysos zeigt.

Den anstrengenden Aufstieg zum **Martyrium des Philippus** unternimmt man im Sommer am besten abends. Nicht für den Jünger Jesu, sondern zu Ehren eines in den frühen Christenverfolgungen für seinen Glauben gestorbenen Diakons errichtete man im 5. Jh. die große Pilgeranlage auf der Anhöhe über dem Theater. Sie besteht aus einem 60 m langen viereckigen Bau, in dessen Innerem sich Pilgerunterkünfte um eine zentrale Kapelle gruppierten.

Tourist Information: Büro beim Thermenmuseum, tgl. 9.30–12, 13–19 Uhr.

Telefonvorwahl: 0258, s. S. 223

Sowohl vor dem Südeingang als auch beim Haupteingang im Norden wurden gigantische Parkplätze gebaut. Gebühr für einen Pkw: 6 €.

Unterkunft: Im Dorf direkt unterhalb der Terrassen viele Pensionen und einfache Mittelklassehotels.

Yörük Motel: An der Hauptgasse mitten im Dorf, preiswertes, doch recht komfortables Hotel mit Pool, Tel./Fax 0258/ 2722073, DZ mit HP ca. 25 €.

Mustafa Pansiyon: Am Anfang der Hauptgasse, direkt beim Dorfeingang, sehr günstiges, einfaches Haus, wo man von einer echten türkischen Mama versorgt wird, Tel. u. Fax 0258/ 2722830, DZ ca. 12 €.

Anreise: Die Stätte liegt nördlich von Denizli, von Antalya 230 km über Korkuteli; 260 km über Burdur und Yeşilova. Mit eigenem Pkw lohnt der Umweg über **Burdur** (mehrmals wöchentlich großer Markt; Ulu Cami von 1299, schöne restaurierte osmanische Häuser) und das Südufer des **Salda Gölü** mit einigen Strandrestaurants. Wer hier einen Stopp einlegen will, kann das am besten im recht guten **Hotel Şahman** direkt am See tun, Tel. 0248/6181763.

Die Riviera-Küste und Alanya

Perge, Blick durch das römische Tor auf die Stadt

Reiseatlas S. 236–237

BELEK UND DIE TÜRKISCHE RIVIERA

Der Küstensaum östlich von Antalya ist als ›türkische Riviera‹ bekannt geworden, und tatsächlich ziehen sich dort kilometerlange Sandstrände bis nach Alanya. Im Altertum wurde diese Landschaft Pamphylien genannt und war von Griechen besiedelt, die große Städte wie Perge, Aspendos und Side hinterließen. Heute stehen in Belek und Side die komfortabelsten Hotels der Türkei, man kann alle Arten von Wassersport genießen und auf Ausflügen die alpine Bergwelt des Taurus kennen lernen.

Die fruchtbare Ebene östlich von Antalya zählt zu den prosperierendsten Regionen der Türkei und steht daher unter hohem Modernisierungs- und Siedlungsdruck. Die schnell wachsenden Städtchen entlang der jetzt autobahnähnlich ausgebauten Nationalstraße fressen sich immer weiter in die Landschaft, die zudem auch agrarisch intensiv genutzt wird. Erst wenn die hügeligen Ausläufer des Taurus-Gebirges bei İncekum die Küste erreichen, wird die Landschaft reizvoller.

Perge

Atlas: S. 235, D2
Einst eine der mächtigsten Städte Pamphyliens, zählt Perge heute zu den meistbesuchten antiken Stätten der Südtürkei. Die Stadt mit einem großen Theater, einem nahezu unversehrten Stadion und einer prunkvollen Kolonnadenstraße ist auch für ihre reichen Statuenfunde berühmt, die heute im Museum von Antalya stehen.

Perge, nördlich bei der Kleinstadt Aksu gelegen, wurde im 11. Jh. v. Chr. durch griechische Siedler gegründet. Im 6. Jh. fiel die Stadt, die an dem damals schiffbaren Fluss *Kestros* (heute *Aksu Çayı)* auch einen Hafen besaß, an das persische Großreich. 333 v. Chr. machte Alexander der Große sie zu seinem Hauptquartier in Pamphylien. In der ersten Hälfte des 2. Jh. v. Chr. lebte dort der Mathematiker Apollonias, der in seiner Zeit geachteter als Archimedes war. Seine größte Bedeutung erhielt Perge jedoch als Kultstätte der Artemis Pergaia, in der die kleinasiatische Muttergöttin Kybele weiterlebte. Zwar soll Paulus 48 n. Chr. eine erste Christengemeinde gegründet haben, doch fiel auch die Blütezeit des Artemis-Kults in das 1. Jh. n. Chr., so dass das Christentum sich in der Stadt nicht durchsetzen konnte. Damals hatte Plancia Magna, die Tochter des römischen Proconsuls M. Plancius Varus, die Ämter der obersten Artemis-Priesterin und des Demiurgos, des höchsten städtischen Beamten, inne. Auf sie geht der Bau der prächtigen Agora und der Kolonnadenstraße zurück. Während die Stadt in byzantinischer Zeit als Bischofssitz mit drei großen Basiliken noch zu den größten Pamphyliens zählte, lebte dort im 15. Jh. nur mehr ein Turkmenenstamm mit etwa 70 Zelten.

Zuerst erreicht man das Theater und das Stadion, beide außerhalb der Stadtmauern gelegen und beide heute meist nicht zugänglich. In griechischer Manier wurde das **Theater** 1, das einst an die 14 000 Zuschauer fasste, an einem natürlichen Hang errichtet. Erst in römischer Zeit (frühes 2. Jh. n. Chr.) entstanden die umlaufende Arkadengalerie über den Sitzreihen sowie das relativ gut erhaltene Bühnengebäude, das mit Marmorfriesen verziert war (Darstellung der Artemis von Perge mit Flussgott Kestros oder Dionysos). Die äußere Mauer des Bühnengebäudes gestaltete man Ende des 2. Jh. zu einem 12 m hohen **Nymphaion** mit fünf Wasserbassins.

Das 234 m lange **Stadion** 2, eines der besterhaltenen Kleinasiens, bot etwa 12 000 Zuschauern Platz, die hier nicht nur zu Sportveranstaltungen, sondern auch zu blutigen Gladiatorenkämpfen zusammenströmten. Die Gewölbe unter den Sitzreihen dienten teils als Läden und teils wohl auch als Tierkäfige. Auf der ehemaligen Wettkampfbahn werden heute Marmorfriese aus der Nekropole im Nordwesten von Perge ausgestellt. Sehr häufig sieht man ›apotropäische‹ (Dämonen abwehrende) Gorgonen-Masken.

In Perge an der Kolonnadenstraße werden bäuerliche Souvenirs verkauft

Hinter dem Stadion kommt man zum Parkplatz vor dem eigentlichen Stadtareal, das noch fast vollständig von einer Mauer umgeben ist. Das **Haupttor** 3, das zu einem Vorplatz zurückspringt, entstand erst in römischer Zeit. Während sich die Fassade außen militärisch nüchtern präsentiert (s. Abb. S. 158), besaß es eine prachtvolle Innenausstattung – die Marmorgiebel liegen heute teilweise wieder zusammengefügt hinter dem Tor am Boden.

Der anschließende Prunkplatz war an beiden Seiten von repräsentativen Bauten umgeben. Im Westen (nach links) erreicht man die **Thermen** 4, eine große Bäderanlage, im Osten die **Agora** 5 mit Säulenumgängen, Ladenboxen und einem Tholos-Tempel in der Mitte, vermutlich der Schicksalsgöttin Tyche geweiht. Die gewiss heitere Atmosphäre, die auf diesem Platz, Zentrum des politischen Lebens der Stadt, geherrscht hat, wird an dem originalen Spieltisch in der rechten hinteren Ecke deutlich.

Der Hauptblickfang ist das ältere **hellenistische Stadttor** 6 mit zwei Rundtürmen. Sie flankieren einen hufeisenförmigen Hof, an dessen Seiten jeweils fünf Nischen mit Säulenbasen erhalten sind. Hier standen einst, wie die Inschriften ausweisen, die Statuen der mythischen ›Gründer‹ Mopsos und Kalchas (die die Griechen nach dem Troianischen Krieg hierher geführt haben sollen) und anderer mächtiger Herrscher, z. B. der Familie Plancius Varus, die auf den Consul der Provinz Asia (seit 71 n. Chr.) zurückging.

Von diesem Hof zieht sich eine ca. 20 m breite **Kolonnadenstraße** 7 zum Akropolis-Hügel hin. Diese nord-südlich verlaufende Hauptachse war beidseitig von Säulen gesäumt, hinter denen je ein gepflasterter Weg an Ge-

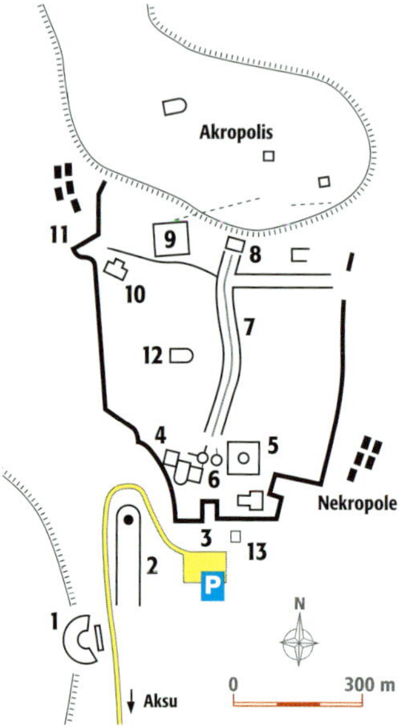

Plan von Perge
1 Theater
2 Stadion
3 Römisches Tor
4 Thermen
5 Agora
6 Hellenistisches Stadttor
7 Kolonnadenstraße
8 Nymphaion
9 Palästra
10 West-Therme
11 Westtor
12 Basilika
13 Grabmal der Plancia Magna

schäften und Amtsgebäuden entlang führte. An einigen Säulen lassen sich Reliefs der Hauptgottheiten von Perge erkennen, darunter die hoch verehrte Artemis Pergaia mit einem Jagdbogen in der Hand.

In der Mitte verlief ein Wasserkanal, der von einem mehrstöckigen Brunnengebäude am Ende der Straße gespeist wurde. Dieses **Nymphaion** 8 am Südrand der Akropolis war ein riesiger, mit Säulen und Statuen verzierter Bau mit zwei Seitenflügeln. Heute ist nur noch die Liegefigur des lokalen Flussgottes Kestros über dem Hauptbecken zu erkennen. Von der Anhöhe hat man einen guten Überblick über die Anlage der Stadt.

Kurz vor dem Brunnen wird die Hauptstraße von einer zweiten, dem ost-westlich verlaufenden *Cardo* gekreuzt, der noch nicht freigelegt wurde. Nach Westen gelangt man zu einer **Palästra** 9 (Ringerschule), die zu Ehren des Kaisers Claudius (41–54 n. Chr.) errichtet wurde und nach dem hellenistischen Tor das älteste Gebäude von Perge ist. Die Straße endet hinter einem **Thermenbau** 10 beim **Westtor** 11, das zur **Nekropole** von Perge führt. Im Innern der noch nicht vollständig erforschten Stadt lassen sich noch Reste einer **Basilika** 12 ausmachen.

Anreise: Die Busse zwischen Antalya und Side/Alanya halten mind. stündlich in der Kleinstadt Aksu. Dort zweigt die Straße zu den Ruinen von Perge ab (3 km), meist warten dort Taxis. Die Stätte ist tgl. 8–18 Uhr geöffnet. Da es sich um die First-Class-Sehenswürdigkeit der Riviera handelt, ist der recht hohe Eintrittspreis von 6 € eigentlich akzeptabel.

Kurşunlu-Wasserfall

Atlas: S. 235, D2
Wer jetzt noch Zeit und Muße hat, kann noch den nahe gelegenen **Kurşunlu Şelalesi** besuchen. Am Autobahnkreuz westlich vor Aksu biegt man nach Norden zum Picknickpark am Fluss Kurşunlu ab (8 km, Eintritt).

Dort plätschern zwei Wasserfälle in üppig bewachsenen Tälern, die an Wochenenden ein beliebtes Ausflugsziel der Einwohner von Antalya sind. Am Fluss entlang wandert man zu einem schönen Blickpunkt mit Aussicht über Perge und die weite Ebene.

Die Belek-Region

Atlas: S. 235, D3
Der Name des Weilers Belek steht für eine Neuausgabe des Kemer-Projekts: Vor einer langen Kiefernpflanzung, die im 19. Jh. zum Schutz der Landwirtschaft vor den Seewinden angelegt wurde, ist nun eine lange Kette hochkarätiger Hotelanlagen entstanden. Kleinere Teile des Schutzforstes am Beşgöz-Flüsschen wurden unter Naturschutz gestellt und bieten nun über 100 Vogelarten ein Rückzugsgebiet in der mittlerweile immer stärker landwirtschaftlich genutzten Ebene – der Rest schirmt nun den Tourismus vor dem türkischen Alltagsleben ab.

Da es vielen Gästen schon bald in all dem Luxus langweilig wird, sind die Städtchen Kadriye und Belek, einst einfache Bauernsiedlungen, auf dem besten Weg, ein Klein-Side zu werden. Beliebt ist auch die Flucht nach vorn:

GOLF IN BELEK

Mit der Belek-Region hat sich die Türkei als Top-Destination für Golfer im Winter profiliert: das Klima angenehm wie im mitteleuropäischen Frühling, die Hotels überaus luxuriös, die Greenfees regelrecht günstig. In nur 6 Jahren sind fünf Plätze entstanden, durchweg von namhaften Golfarchitekten gestaltet.

›Tat Golf‹ 1: 27-Loch-Platz direkt zwischen Strand und dem Beşgöz-Flüsschen gelegen; viele Bahnen nah an Seen, teils Dünen-Roughs am Meer, hier sorgt der Wind immer für Überraschungen. Besonders interessant: Es dürfen auch Spieler nur mit Platzreife spielen.

›National Golf Course‹ 2, gestaltet von David Faherty: Recht anspruchsvoll, enge Fairways durch den Pinienwald, erhöhte Greens. Für Anfänger gibt es noch einen 9-Loch-Acadamy-Kurs.

›Antalya‹ 3: Neueste Kreation, eng an Waldstücken entlanggeführt, teils auch Seeüberspielungen.

›Gloria‹ 4, gestaltet von Michel Gayon: Interessant aufgebaut mit schwierigen Fairway-Bunkern und vier Seeüberspielungen, dazu gibt es eine 3-Loch-Übungsanlage und eine überdachte Driving Range mit Floating-Bällen.

›Nobilis‹ 5, gestaltet von Dave Thomas: Verzwicktes Spielbahn-Design mit vielen optischen Tricks, auf die locker verstreuten Kiefern muss man aufpassen, die Seeüberspielungen sind aber nicht so schwierig wie im Gloria.

Buchung: Alle Plätze Par 72, Greenfee jeweils um 60 €. Der Veranstalter Öger Tours hat einen Spezial-Katalog und bietet günstige Pakete an.

1 Tat Golf
2 National Golf
3 Antalya Golf
4 Gloria Golf
5 Nobilis Golf
6 Aqua Park
7 Stones Disco
8 Belek Bazaar
9 Paintball Club
10 Halk Plaj

Vom Strand holen pfiffige Kleinstunternehmer gelangweilte Belek-Gäste zu improvisierten Strandbars außerhalb der ›Bannmeile‹ der verordneten Sterilität, z. B. am **Halk Plaj** 10, (deutsch ›Volksstrand‹), der v. a. von den Gästen der türkischen Ferienvillen im Hinterland besucht wird.

Für Golfer ist Belek die erste Adresse (s. Kasten), sind hier doch inzwischen fünf Plätze der europäischen Spitzenklasse zu finden. Einen guten Namen hat Belek auch in der Fußballwelt: Zahlreiche Spitzenclubs, darunter Schalke, fahren hier in der Winterpause ins Trainingscamp.

Info bei den zahlreichen privaten Reisebüros in Belek und Kadriye; wenn es um Touren geht, Preise vergleichen! Recht günstig z. B. ist **Tour Express,** Kadriye, Tel. 725 58 88.
Telefonvorwahl: 0242, gehört zur Provinz Antalya, s. S. 223.

Dadaş Bar: Sehr modern wie alle Lokale in Belek und Kadriye, der Besitzer hier ist wohl Mel Gibson-Fan. Es gibt gute Musik und wechselnde Tagesmenüs. Kadriye, Hauptstraße.

M & T Paint Ball Club 9: Gegenüber dem Belek Bazaar im Kadriye-Bereich; sehr schattig in dichtem Kiefernwald: Minimum 6 Personen à 30 € bei 50 Bällen, je weitere 50 Bälle 5 €, ab 10 Personen Gruppentarife. Man kann sich abholen lassen, Schutzkleidung und Maske werden gestellt, Tel. 725 53 60, Mob. 0532-327 32 12.

Wochenmarkt dienstags in Kadriye: nicht nur Souvenirs, sondern auch Bauernmarkt.

Meist stündl. **Minibus-Verkehr** von den Hotels nach Kadriye und Belek, von dort nach Aksu, Serik, Antalya. Viele **Taxis** vor den Hotels, im Türkeivergleich aber enorm teuer. Besser mietet man in Kadriye oder Belek ein Moped.

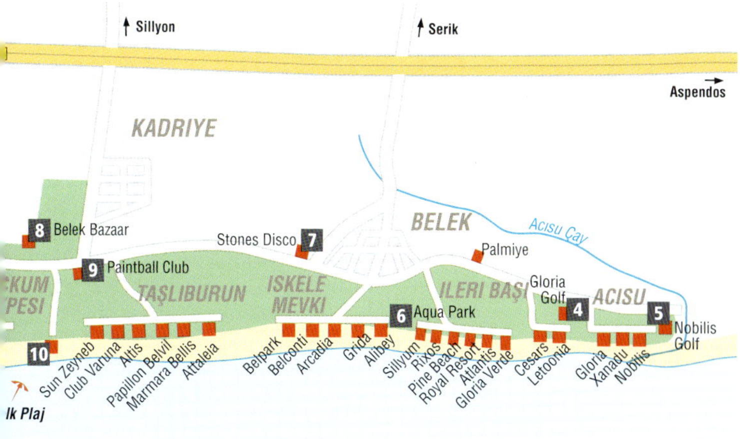

Sillyon

Atlas: S. 235, D2
Beim Belek-Abzweig geht es nach Norden zu den touristisch nicht erschlossenen Ruinen der pamphylischen Stadt Sillyon, die stets im Schatten von Perge und Aspendos stand. In spätantiker Zeit zunächst Bischofssitz, musste sie diese Würde an Perge abtreten, als sich dort das Christentum durchgesetzt hatte und der Pergaia-Kult verboten worden war. Nach der seldschukischen Eroberung siedelten Turkmenen auf dem befestigten Hügel, der auch als Militärposten diente.

Beim Anstieg auf den nach allen Seiten steil abstürzenden Stadtberg passiert man ein nur schwach erkennbares Stadion, dann das hellenistische Stadttor, ähnlich wie in Perge mit zwei Rundtürmen ausgestattet. Von dort führt eine Rampe zum Haupttor aus späterer Zeit empor (an der nordwestlichen Bergflanke). Dahinter folgt die vollständig erhaltene Moschee, eine seldschukische Kommandantur und ein hellenistischer Bau, dessen Südtür mit einer Inschrift in pamphylischem Dialekt verziert ist. Spektakulär ist das Theater an der südlichen Abbruchkante, dessen Orchestra bei einem Bergsturz in die Tiefe gerissen wurde. Die Aussicht von hier ist der Höhepunkt der Tour.

Serik

Atlas: S. 235, D2
Bislang verirren sich nur wenige Touristen nach Serik, eine lebhafte Mittelstadt mit knapp 35 000 Einwohnern. Das aber bedeutet: Es geht alles noch seinen gewohnten Gang. Hier kann man also türkisches Alltagsleben erfahren, günstig an Bankautomaten Geld ziehen und in einfachen Lokalen für geringes Geld besser essen als in ganz Belek. Mit dem Moped braucht man von Belek-Ost kaum 20 Min.

Aspendos

Atlas: S. 235, D2
Das antike Aspendos beim Weiler Belkıs war einst die nach Side bedeutendste Stadt Pamphyliens; heute ist es für das besterhaltene Amphitheater Kleinasiens berühmt.

Dieses Bauwerk lehnt sich zwar nach griechischer Manier an den Hang des etwa 50 m hohen Akropolis-Hügels, wurde in der jetzigen Form jedoch erst zur Zeit des römischen Kaiser Marcus Aurelius (161–180 n. Chr.) errichtet. Die Stadt dagegen wurde nach der mythischen Überlieferung schon um 1100 v. Chr. gegründet.

Am nahen Fluss Köprülü Çay, in der Antike *Eurymedon* genannt, fand 465 die letzte Schlacht des Krieges zwischen Athenern und Persern statt. Die Griechen siegten, doch Aspendos fiel noch vor dem Peloponnesischen Krieg wieder unter persischen Einfluss. Mit Alexander dem Großen schloss die Stadt 334 v. Chr. einen Tributvertrag, hielt diesen allerdings nicht ein, so dass der Makedone die Belagerung von Sillyon abbrechen musste, um das weit wichtigere Aspendos niederzuwerfen.

Unter den Römern wurde Aspendos zu einer der reichsten Handelsstädte

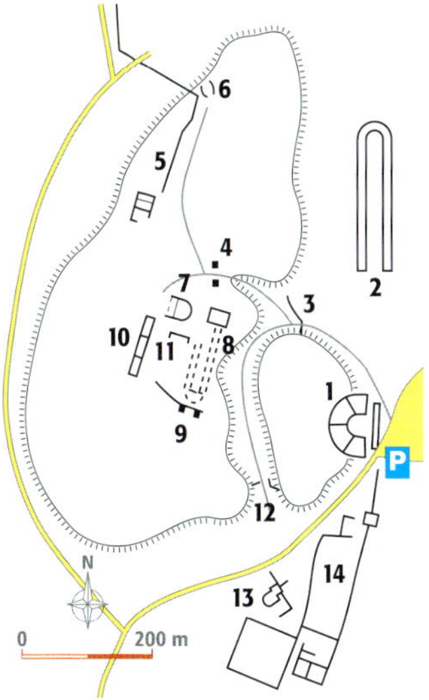

Plan von Aspendos

1 Theater
2 Stadion
3 Osttor
4 Agora-Tor
5 Aquädukt
6 Nordtor
7 Bouleuterion
8 Römische Markthalle
9 Exedra
10 Markthalle
11 Nymphaion
12 Südtor
13 Thermen
14 Gymnasion

an der Südküste und als solche ebenfalls ein Opfer des berüchtigten Quästors Verres, den Cicero in seiner berühmten Anklage auch des Kunstraubes in dieser Stadt beschuldigte.

Das Theater

Als Aspendos von den Seldschuken übernommen wurde, diente das **Theater** 1 als Karawanserei und Wehrpalast, ein Umstand, dem sich sein hervorragender Zustand nach immerhin 1800 Jahren verdankt. Von den Seldschuken, den ersten Türken in Kleinasien, stammen noch rote Rhombenmuster am rechten Bühnenturm. Die vollständig erhaltene **Skene** (Bühnenwand) war einst auf drei Ebenen mit korinthischen Säulen, Ziergiebeln und Statuen geschmückt, die sich zu einem monumentalen Gesamtbild zum Ruhm des Römischen Imperiums fügten. Die **Cavea** mit einem umlaufenden Arkadengang, der auf gleicher Höhe wie die Skene abschließt, fasste bis zu 20 000 Menschen. Erstaunlich auch die Akustik der Anlage: Das Klirren einer Münze auf der *Orchestra* schallt bis zur obersten Sitzreihe! Im kleinen Museum im Skenenbau sieht man Theatermasken und Billets aus römischer Zeit.

Die antike Stadt

Hinter dem Theater führt ein Pfad zur eigentlichen Stadt hinauf. Rechts sind im Flachland die Umrisse des **Stadions** 2 zu erkennen. Die **Akropolis** liegt auf einem Tafelberg, der vom Theaterhügel durch ein schmales Tal getrennt ist. Da der Hügel selbst recht steil war, musste er nur durch kurze Mauerstücke und drei Tore gesichert werden. Hinter dem **Osttor** 3 bald das schön skulptierte **Agora-Tor** 4.

Geradeaus gelangt man zur Abbruchkante des Hügels, von wo sich

TEPPICH UND KELIM

Teppichhändler Atilla Eçe ist ein schlauer Fuchs. »Kommen Sie aus Deutschland? Aus welcher Stadt? Trinken Sie doch einen Tee mit mir!« Wortgewandt begrüßt der ehemalige Gastarbeiter aus Köln die deutschen Touristen, die er auf den ersten Blick zu erkennen scheint. Nimmt man die Einladung an und tritt in den mit Teppichen vollgestopften Verkaufsraum ein, hat man sein Souvenirstück schon so gut wie im Gepäck. Nicht dass er ohne weiteres mit der Tür ins Haus fallen würde! Nein, da wird zuerst über Urlaubserlebnisse in der Türkei parliert, über den Beruf, die Kinder … Doch ganz unverfänglich kommt er immer zum Thema.

Er weist auf seine prächtigen Ausstellungsstücke, erzählt eher beiläufig, wie er seine Ware im Winter von den Halbnomaden Ostanatoliens einkauft und erläutert die seit ältester Zeit überlieferte Bedeutung der Muster und Farben. Denn der Teppich ist keineswegs ein profaner Gebrauchsgegenstand, sondern transportiert durch seine Zeichnung und besonders seine Farben einen magischen Schutz vor Unheil sowie Wünsche für die Zukunft. Rot bedeutet etwa Reichtum, Indigoblau Gesundheit, Schwarz bittet um Schutz vor übler Nachrede, Olivgrün um die Fruchtbarkeit der Felder.

»Schauen Sie, was für eine Farbe gefällt Ihnen denn am besten?« Hat man derart überrumpelt seine Vorliebe preisgegeben, schickt Atilla seine Gehilfen ins Halbdunkel des Lagerraums – bald wird Teppich auf Teppich ausgerollt. Der Arglose mag sich immer noch bei einer spannenden Lektion über das türkische Knüpfhandwerk wähnen: Der Teppich, so erklärt Atilla, wird geknüpft, und zwar bei guter Qualität mit 6 x 7 Knoten pro cm^2, also 42 000 Knoten pro Quadratmeter – typisch für den türkischen Teppich ist der symmetrische oder Görges-Knoten, wobei ein Wollfaden mit je einer Schlinge um zwei Spanngarne geknüpft wird. Das Ergebnis ist dann eine feste, hochflorige Ware mit deutlich gröberen Mustern als beim feineren persischen Sineh-Knoten. Je nach Bestimmungszweck unterscheidet man den Gebetsteppich mit einer Mihrab-Nische, und den meist größeren Bodenteppich mit geometrischem oder floralem Musterwerk. Ganz anders wiederum die flachen Kelims, z. B. die dichteren, ebenfalls geknüpften Sumak-Kelims und die gewebten Barak-Kelims. Sie dienten als Gebrauchsstücke und sind in ihrer Musterung nicht so festgelegt wie die kostbareren Teppiche.

Als Qualitätsmerkmale aller Teppiche gelten: die Verwendung der harmonischeren Pflanzenfarben (statt Anilinfarben), die Verwendung von Spanngarnen aus Wolle (statt aus Baumwolle), was die Haltbarkeit erhöht, und natürlich das Alter der Stücke – doch Vorsicht mit windigen Händlern, warnt Atilla: Teppiche, die älter als 100 Jahre sind, dürfen nicht mehr ins Ausland verkauft werden. Er selbst, versichert der ›Teppichmagnat‹ treuherzig, stehe mit seinem Wort für die Qualität der Stücke ein. Seine Ware besorgt er in der Osttürkei, aber auch in den Teppichdörfern des Westens, etwa aus dem Döşemealtı-Kreis nordöstlich von Antalya. Si-

cherlich ist es vielfach Auftragsarbeit, und so mancher Teppich wird inzwischen nach dem Geschmack der Touristen produziert, doch er, Atilla, bietet auch alte, traditionelle Stücke an. Diese Kostbarkeiten werden gereinigt, wenn es sein muss, auch ausgebessert; sie sind die ›Schätzchen‹ seines Lagers.

Irgendwann ist aber auch sein Magazin erschöpft, Dutzende von Teppichen liegen nun ausgebreitet zu Ihren Füßen. Wenn dann seine Frage »Welcher hat Ihnen denn am besten gefallen?« in die etwas unschlüssige Stille fällt, dann seien Sie sicher: Einer hat Ihnen garantiert gefallen! Damit beginnt jetzt das Handeln – ein Spiel, in dem es nicht nur um den Preis, sondern auch um die Ehre geht. So kann zur Preisgestaltung kaum eine Empfehlung gegeben werden. Die Hälfte der erstgenannten Summe wird man kaum herunterhandeln können – doch ein Drittel Nachlass sollte man schon schaffen. Der gewiefte Teppichkäufer lobt in diesen in der Regel stundenlangen Gesprächen mal die Ware, mal den Händler, zeigt jedoch immer ein gewisses Desinteresse und – nennt nie selbst einen Preis. Denn damit hätte er sich verpflichtet zu kaufen, führt er das Palaver hingegen ungerührt fort, ist der Verkäufer gezwungen, bessere Angebote zu machen.

Aber, wie gesagt, Atilla ist ein schlauer Fuchs. Ihm gelingt es (fast) immer, sein Opfer einzuwickeln. Da lässt er den Teppich zur Anlage für ein ganzes Leben werden, zu einer Erinnerung an eine schöne Urlaubszeit in der Türkei, einen Besitz, der mit Geld nicht aufzuwiegen sei. »Geld ist wie Wasser«, sagt er, »dem Geld werden Sie nicht nachtrauern.« Da flirtet er mit den Frauen, verbrüdert sich mit den Männern, bringt schließlich die Kinder ins Spiel, die das gute Stück einmal erben können. »Die Teppiche halten mindestens 150 Jahre«, erklärt Atilla voller Stolz. Nun, irgendwann bleibt nur die Kapitulation …

Das Theater von Aspendos

ein schöner Blick auf das zweieinhalbstöckige, teils in voller Höhe erhaltene **Aquädukt** [5] bietet (s. Abb. S. 53). Der Bau ist ein Paradebeispiel römischer Ingenieursleistungen. Um nicht die gesamte Talsenke mit einem hohen (und teuren) Aquädukt überspannen zu müssen, wandte man das Prinzip der kommunizierenden Röhren an. Das Wasser aus den Bergen wurde auf der notwendigen Höhe in einen ›Wasserturm‹ geleitet, von dem aus ein niedriges Aquädukt das Tal überspannte, um in einen ebenso hohen zweiten Turm zu münden. Der Druck presste dann das Wasser auf die ursprüngliche Höhe, so dass es bequem zur Akropolis geleitet werden konnte.

Links vom Agora-Tor schließt der halbrunde Bau des **Bouleuterions** [7] (Rathaus) an, hinter dem sich die von Monumentalbauten umstandene **Agora** öffnete. Beachtenswert vor allem die etwa 15 m hohen Mauern der **römischen Markthalle** [8]**,** die sich von hier über 80 m bis zum Ende der Agora erstreckte und bei einer **Exedra** [9] endete. Zur Rechten wird der Platz von einer zweiten **Markthalle** [10] begrenzt, von der noch Teile (Ladenboxen) aufrecht stehen. Davor verlief eine Säulen-Stoa. Beherrschender Blickpunkt war das prachtvolle **Nymphaion** [11] an der Nordseite. Östlich führt ein Pfad wieder hinab zum **Südtor** [12]**,** dem Hauptzugang der Stadt.

Nicht nur in Belkıs, sondern auch am Fluss hinter Aspendos gibt es hübsche Restaurants, deren Spezialität Forellen aus dem Köprülü Çay sind. Der Fluss (trk. ›Brücken-Fluss‹) erhielt seinen Namen übrigens von der seldschukischen Bogenbrücke nahe der Abfahrt von der Küstenschnellstraße.

Ada Restoran: 3 km hinter Aspendos, hübsch gelegen mit Forellenteich.
Venus: Im Dorf Belkıs, sehr gute Auswahl. Hier halten viele Reisebusse.
Kayıkçı: 500 m vor Belkıs am Fluss. Etwas abseits der Straße, doch kann man dort im Frühjahr sogar baden.

Aspendos Festival: Ende Mai bis Mitte Juni, Konzerte und Ballett im Theater; Karten in allen Reisebüros. Seit

neuestem gibt es auch im Oktober Klassikkonzerte.

Anreise: Die Busse der Strecke Antalya-Manavgat halten bei der Abzweigung 6 km östl. von Serik; dort warten meist Taxis.

Selge

Atlas: S. 235, D2

Der Ausflug zur antiken Stadt Selge in 1050 m Höhe führt etwa 52 km ins wilde Bergland des pamphylischen Taurus und zählt zu den reizvollsten Touren an der Südküste – leider sorgt das Geschäftsgebaren der Anwohner immer wieder für Ärger und Probleme.

Die abgeschirmte Lage in den Bergen gestattete der Stadt eine jahrhundertelange Unabhängigkeit. Nach dem Mythos war sie spartanische Kolonie, später wurde sie zur nichtgriechischen Landschaft Pisidien gezählt. Mit Alexander d. Gr. verbündete sich Selge beim erfolglosen Angriff auf Termessos (s. S. 150). In der Kaiserzeit erlebte die Stadt ihre Blüte, war aber noch in byzantinischer Zeit Sitz eines Bischofs.

Der Abzweig nach Selge liegt etwa 5 km östlich von Aspendos. Hinter Beşkonak liegt bald das **Kanyon Restau-**

rant am Weg, wo man schön über dem Fluss Köprülü Çay sitzen und gegrillte Forelle *(alabalık)* essen kann. Dort werden auch Kayaks vermietet und Rafting-Touren angeboten. Aber Achtung: Nie ohne Führer fahren, denn die Strömungen und Strudel können sehr gefährlich sein.

Meistens versuchen die Kinder des Dorfes schon hier hartnäckig, sich als Führer anzudienen; die verlangten ›Gebühren‹ erfüllen jedoch den Tatbestand der modernen Wegelagerei. Wenn man dann auch den Einfahrtszoll am Dorfeingang bezahlt hat, versuchen die Kinder noch Cola und Stickereien an den Mann zu bringen. Die Führung dagegen ist wenig hilfreich und geht nur zum Theater, nicht aber auf die Hügel.

Von der einst prächtigen Stadt Selge, die sich über drei Hügel erstreckte, ist heute nur wenig erhalten. Die Anwohner von Altınkaya haben die zumeist aus römischer Zeit stammenden Ruinen wie selbstverständlich in Besitz genommen. Das Theater dient als Steinbruch, das Stadion wurde in ein Terrassenfeld verwandelt, und an die Mauern der Unteren Agora schmiegen sich die Häuser des Dorfes.

Vom Parkplatz beim einstigen Haupttor der Stadt führt der Pfad zunächst zum **Theater,** das einst etwa 8500 Personen fasste. Dann geht es zur Nordkuppe empor, die von einer Basilika gekrönt wurde. Hier beginnt die große, 230 m lange **Kolonnadenstraße,** die entlang der Stadion-Thermen beim Haupttor zur **Oberen Agora** führt. Dieser Platz war von öffentlichen Gebäuden umgeben. Neben Markthalle und Stoa standen dort ein **Odeion,** das später in die erste Kirche der Stadt umgewandelt wurde, sowie ein **Tyche-Tempel.** Die Agora verlor nach dem Bau der heute nicht mehr sichtbaren Unteren Agora neben dem Theater im 2. Jh. n. Chr. ihre Handelsfunktion und wurde zur reinen Staatsagora, zum politischen Zentrum der Stadt.

Im Südosten wird der Platz vom **Klosterberg** mit den Grundmauern einer Klosteranlage überragt, im Westen von der **Kesbedion-Kuppe,** dem ältesten Siedlungsplatz der Stadt. Neben zwei stark zerstörten Tempeln und den Resten einer Säulenstraße beeindruckt vor allem die schöne Aussicht über die Gesamtanlage von Selge.

Anreise: Auf eigene Faust sollte man den Ausflug derzeit nicht unternehmen, denn die Belästigung der Touristen im Dorf ist wirklich dreist. Organisiert werden Jeep-Safaris (ab Side, Belek) angeboten; das ist auf den unbefestigten Pisten zwar ein staubiges ›Vergnügen‹, aber sicherer.

Teure Eintrittspreise

In der ganzen Türkei gelten seit 2002 sehr hohe Eintrittspreise für die berühmten Stätten. Für Aspendos oder Perge muss man pro Person bis 10 € rechnen. Zudem hat das Beispiel von Selge Schule gemacht, so dass heute vor vielen Ausflugszielen Anwohner einen ›Wegezoll‹ verlangen. Will man solche Abzockerei vermeiden, muss man das Hinterland mit organisierten Ausflugstouren besuchen.

SIDE UND DAS İNCEKUM-GEBIET

Side ist auch in der an historischen Stätten so reichen Türkei einzigartig: Zwischen dem riesenhaften Theater und dem Apollon-Tempel am Hafen drängen sich die belebten Gassen eines quirligen Urlaubsstädtchens mit einem ganz eigenen Flair. Die Strände rund um Side, ebenso die im İncekum-Gebiet weiter östlich, sind mit guten Strandhotels erschlossen und eine der beliebtesten Ferienregionen der Türkei.

Side

Atlas: S. 235, E3
Das antike Side, nach den Geographen des Altertums schon im 15. Jh. v. Chr. gegründet, wurde von Griechen während der großen Kolonisation im 7./6. Jh. erobert. Später erlangte die Stadt, auf einer weit ins Meer ragenden Halbinsel gelegen, als Handelshafen Bedeutung und war bis ins 1. Jh. n. Chr. als reiche Hafenstadt mit großem Sklavenmarkt bekannt. Zwischen 130 und 100 v. Chr. war Side zwar mit den kilikischen Seeräubern verbündet, doch nachdem Pompeius die Piraten besiegt hatte, erlebte die Stadt im 2./3. Jh. n. Chr. unter dem römischen Provinzregiment eine Blütezeit.

Mit dem Zusammenbruch des Fernhandels zwischen Ost und West im 4. Jh. setzte dann der Niedergang ein. Noch vor der Jahrtausendwende wurde die Stadt nach einer Feuersbrunst aufgegeben und blieb dann über 900 Jahre lang verlassen. Erst Ende des 19. Jh. siedelten sich hier türkische Fischer an, die aus Kreta fliehen mussten. Die Ausgrabungen begannen 1947, doch mit Rücksicht auf die Anwohner konnten schon damals viele Bauten nicht vollständig freigelegt werden.

Mit Beginn des Touristenbooms Mitte der 1980er Jahre endete die dörfliche Idylle: Zwar durften in Side selbst keine Großhotels gebaut werden (die liegen an den Sandstränden bei Kumköy im Westen und Titreyengöl im Osten), doch begann damals der Ausbau von Side (sprich ›ssidä‹) zu einem riesigen Einkaufszentrum. Da konnte Nepp nicht ausbleiben: Selten sind die Schlepper (s. S. 69) so aufdringlich wie hier, sind die Touristenpreise (s. doppelte Preise, S. 217) derart gepfeffert. Andererseits bedeutet das aber auch Vorteile: Überall kann man in Euro zahlen, überall kann man sich benehmen und anziehen wie zuhause.

Die Bauten des antiken Side

Wer Side in der Saison besucht, muss meist an der Busstation parken und von hier mit dem Traktorzug weiterfahren. Zur Besichtigung der Säulenstraßen geht man besser zu Fuß. Dabei passiert man rechts das große **Nymphaion** 1 vor der Stadtmauer, das durch einen ca. 30 km langen Aquädukt mit Wasser von den Quellen des *Melas* (heute Manavgat) versorgt wurde. Dieses monumentale Brunnenhaus aus römischer Zeit besaß eine 52 m lange dreistöckige Fassade mit einem durchgehenden Wasserbecken davor.

Die Säulenstraße

Gegenüber, wo man heute an der noch recht mächtigen Landmauer vorbeigeht, erhob sich einst das **Große Tor** 2, wie in Perge aus hellenistischer Zeit und mit einem hufeisenförmigen Hof angelegt; hier sind aber nur noch die Fundamente zu sehen.

Dahinter begannen zwei **Säulenstraßen:** Die linke nach Süden ist heute verschüttet. Geradeaus folgt die Zufahrtsstraße zum heutigen Side der zweiten Säulenstraße, die mehrmals abknickend längs über die Halbinsel zum Tempelviertel an ihrer Spitze verlief. Im vorderen Bereich ist seit 2000 der **Torplatz** freigelegt; gut zu erkennen die Läden, die sich an der Straße reihten, das Mosaikpflaster der überdachten Fußgängerwege und die Platten der Fahrbahn, in die Karren Spuren eingegraben haben.

Etwas weiter stadteinwärts wurden einige **Peristyl-Villen** 3 freigelegt, typische Häuser vornehmer Bürger der hellenistisch-römischen Zeit, deren Räume sich um offene Innenhöfe gruppierten.

Theater-Bezirk

Vorbei am **Archäologischen Museum** 4 (s. S. 178) erreicht man den Theater-Bezirk. Die kaiserzeitliche **Handelsagora** 5 links darf man für die Zeit der laufenden Restaurierungsarbeiten am Theater nicht mehr betreten. Man erkennt aber noch, dass das 65 m lange Bühnenhaus des Theaters eine ganze Seite einnahm, auf den drei anderen rahmten 7 m hohe Hallen mit je 25 Säulen den quadratischen Platz, in dessen Mitte ein der Schicksalsgöttin Tyche geweihter Tholos (Rundtempel) stand. Und in der Nordwestecke, beim Theater, blieb noch die **öffentliche Latrine** des einst größten Sklavenmarktes im römischen Osten erhalten!

In den unsicheren Zeiten der Spätantike zog man an der engsten Stelle der Halbinsel eine **Schutzmauer** 7 quer durch die Stadt, in die das Bühnengebäude des Theaters einbezogen wurde. Der seiner Marmorverkleidung beraubte Kern eines römischen Triumphbogens, dessen Durchgang mit Säulentrümmern und anderen wiederverwerteten Steinen verkleinert wurde, diente als **inneres Stadttor.** Gleich links von diesem Tor, durch das sich immer noch der gesamte Verkehr zum Dorf quälen muss, steht ein **Ehrenmonument für Kaiser Vespasian** – als Hintergrund fürs Erinnerungsfoto eines der beliebtesten Fotomotive. Hinter dem Tor markieren Säulenstümpfe den weiteren Verlauf der Kolonnadenstraße.

Das eindrucksvollste Bauwerk von Side, das aus römischer Zeit datierende **Theater** 6, wird derzeit restauriert, doch können die wenig schönen Stützgerüste wohl auch danach nicht entfernt werden. Als einziges Theater in Pamphylien weist es echte Substruktionsbauten mit Bogengalerien für Läden auf. Nur ein kleiner Teil der Cavea ruht wie üblich auf einem Hang: hier eines kleinen Hügels, an den wohl der hellenistische Vorgängerbau gelehnt war – der jetzige Bau entstand erst im 2. Jh. n. Chr. Die gut erhaltene Cavea fasste vermutlich 20 000 Zuschauer. Vom Bühnengebäude steht noch das Erdgeschoss; seine reiche Fassadendekoration liegt heute auf der benachbarten Handelsagora (s. o.). **Achtung:** Die jungen Herren, die sich hier als Führer andienen, verlangen am Ende enorme Summen. Lassen Sie sich besser nicht darauf ein!

Südlich der Handelsagora liegt die **Staatsagora** 8 (derzeit zu erreichen über den Pfad rechts am Theater entlang). Zertrümmerte Säulen zeugen

Side, der Apollon-Tempel am Hafen

SIDE
N
0
300 m
Mittelmeer
Defne
Cennet
Acanthus
Nerton
Side Beach
MOTELZONE
Sperre
Landmauer
Museum
Säulenstr.
Theater
Basilika
Landmauer
Bibliothek
Seemauer
Strandweg n. Sorgun
Tor
Kleopatra
Turgut Reis Cad.
Liman Cad.
Gül Sok.
Lighthouse Disco
Atatürk-Platz
Ausflugs-boote
Eski Cami
Basilika
Barbaros Cad.
Küçük Plaj
Panorama Plaj
Taxi
P
1
2
3
4
5
6
7
8
9
10
11
12
13
14
16
17
18
19
20
21
22
23
24

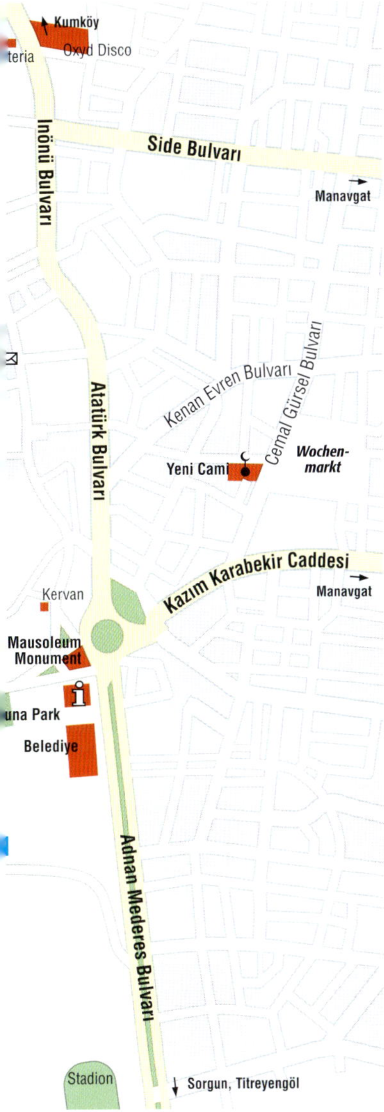

Sehenswürdigkeiten

1 Nymphaion
2 Großes Tor
3 Peristyl-Villen
4 Archäologisches Museum
5 Handelsagora
6 Theater
7 Spätantike Mauer
8 Staatsagora
9 Bibliothek
10 Apollon-Tempel
11 Hafenthermen
12 Große Thermen

Hotels

13 Beach House
14 Belen Motel
15 Cem (in Neu-Side)
16 Elit Köseoğlu
17 Gölcük Motel
18 Neptün

Restaurants

19 Deutsches Steakhouse
20 Deniz Fish House
21 Kangal
22 Nergiz
23 Soundwaves
24 Uğur Lokantası

von dem einst prächtigen Peristyl-Umgang; die stadtabgewandte Seite flankierte eine große **Bibliothek** 9 mit drei Sälen; vom mittleren, dem ›Kaisersaal‹, steht noch eine zweistöckige Wand mit Statuennischen. Hier hat man allein 20 der im Museum ausgestellten Plastiken gefunden.

Der anschließende **nordöstliche Stadtteil** mit Bischofspalast und Basilika ist ebenso wie die zugehörige Wehrmauer mit einem weiteren Tor fast ganz unter den Dünen des langen Oststrandes von Side begraben.

Das Archäologische Museum

Ein gegenüber der Handelsagora gelegener Thermenbau aus dem 5. Jh. n. Chr. wurde restauriert und beherbergt nun das **Archäologische Museum** 4 (tägl. 9–12, 13–17.30 Uhr). Dort ist eine überaus eindrucksvolle Sammlung römischer Statuen (zumeist 2. Jh.) und reliefverzierter Sarkophage ausgestellt, u. a. mit musizierenden Eroten und Taten des Herakles.

Beachtung verdient die große Statue der Siegesgöttin Nike im **Apodyterium,** dem Umkleideraum am Eingang. Eindrucksvoll wirkt auch der Herkules mit Knüppel und Löwenfell im **Caldarium,** dem Warmbad, während die Statuengruppe der Drei Grazien (der *Chariten,* der Nymphen der Anmut) durch die wohlgeformten Popos überzeugt. Mit der Plastik des Sandalenbinders von Lysippos und des Diskuswerfers von Myron besitzt das Museum zwei weitere römische Kopien berühmter klassischer Kunstwerke.

Dass der Bau in frühchristlicher Zeit auch als Grabhaus genutzt wurde, zeigen die aufgedeckten Skelette im nächsten Saal. Sehr schön ist zuletzt auch der Garten mit zahlreichen Sarkophagen und Skulpturwerken, darunter Weihinschriften und Gladiatordarstellungen.

Rundgang durch Side-Dorf

Im Dorf selbst, das die Hauptstraße **Liman Caddesi** auf gerader Linie bis zum Hafen durchquert, sind alle antiken Reste bis auf wenige Ausnahmen modern überbaut. Hier reiht sich ein Geschäft – Restaurant, Ledermodeladen, Juwelier oder ›Teppichdorf‹ – ans nächste; die Stimmung gleicht der in einer deutschen Fußgängerzone am Samstag. In den Querstraßen wird es etwas ruhiger, aber inzwischen hat sich der Rummel auch auf die Uferpromenaden und die ›Moschee-Straße‹ ausgebreitet. Wer nicht im Hauptgewühl am Hafenplatz bleiben will, kann leicht ausweichen: Am Küçük Plaj oder hinter dem Kleopatra Hotel kann man auch in Side noch ganz lauschige Plätzchen finden.

Ziel aller Touristen ist natürlich der Tempelkomplex auf der Spitze der Halbinsel: Wie in antiker Zeit bilden hier fünf wiedererrichtete Säulen des **Apollon-Tempels** 10 aus dem 2. Jh. n. Chr. mitsamt einem Teil des Medusengiebels ein stimmungsvolles Ensemble für das romantische Foto bei Sonnenuntergang. Parallel dazu lag der kleinere **Artemis-Tempel;** im 5. Jh. wurde der größere Tempel in eine frühchristliche **Basilikalkirche** einbezogen.

An der Barbaros Caddesi liegen auch noch die Trümmer eines halbrunden **Men-Tempels,** der einem kleinasiatischen Mondgott geweiht war (3. Jh. n. Chr.). In den **Hafenthermen** 11 an der Zambak Sokak logiert nun das Restaurant Kangal, und eine Erkundung der **Großen Thermen** 12 zeigt, wie still es auch mitten in Side noch sein kann. Unter mächtigen Mauern kann man die *Piscina* (das Schwimmbad) erkennen, dazu Reste der Marmorböden und eine Sitzbank mit dem knorrigen Kopf eines Delphins. Die Palästra, den Sporthof, bedeckt heute Buschwerk.

Strände

Im Stadtgebiet gibt es den kleinen **Küçük Plaj** unterhalb der Barbaros Caddesi und den langen **Büyük Plaj** hinter der Bibliothek; überall werden Sonnenliegen vermietet. Hübsch abgeschlossen ist das Fleckchen unterhalb des Panorama Restaurants. Besonders kinderfreundlich ist der **Weststrand** hinter dem Museum, der von zahlreichen Motels (u. a. Can Garden) gesäumt wird.

Die Riviera-Strände außerhalb sind sehr viel breiter, sandig im Westen bei **Çolaklı** und **Kumköy** (s. S. 183), feinkieselig im Osten bei **Sorgun** und **Titreyengöl** (s. S. 184). Überall gibt es Wassersportangebote, Restaurants säumen den Dünenrand, und etwas anderes als den Badeanzug schreibt der Dress Code nicht vor…

Tourist Information am Kreisel mit dem Mausoleum Monument vor der Stadt, Tel. 753 12 65. Bessere Information bietet aber das private Reisebüro **Şelale**

Side, das Shopping-Paradies

MIT PINSEL UND KLINGE

Gönnen Sie sich einen Besuch beim Barbier

Nun, meine Herren, ist Ihnen schon etwas aufgefallen? Die holde Weiblichkeit an Ihrer Seite hat es sicher bereits heimlich registriert. Erstklassig frisiert sind sie, die türkischen Männer. Sauber gestutzt auch der Schnurrbart, jenes uralte Männlichkeitssymbol, dessen einstiger politischer Bedeutungsgehalt inzwischen kaum noch eine Rolle spielt. Heute trägt man eine neutrale Version über der Oberlippe und gibt sich sonst glattrasiert – und wie glatt!

Wollen Sie wissen, wie das geht, sollten Sie sich einen Besuch beim Berber Salonu gönnen, wo man(n) sich um den Bart gehen lässt (der Kuaför, nebenbei, ist nur für die Damen zuständig). Kaum dass man mit etwas mulmigem Gefühl in den Sessel gesunken ist, läuft der Gehilfe schon einen Çay holen, der Meister deckt das Gesicht mit heißen Tüchern zu und schlägt den Schaum auf. Was er dann mit Pinsel und Klinge zaubert, ist schon eine Kunst für sich. Mit sorgfältigen Strichen wird dick eingeseift, zwischen Lippe und Nase sachte Schaum hingetupft. Sanft fährt das frisch geschärfte Messer über die Haut, die Problemstellen am Kinn erfahren mehrmalige Behandlung. Dann wieder das warme Tuch – alles glatt. Aber damit ist die Prozedur noch längst nicht beendet.

Der Berber greift in sein Utensilienwirrwarr, fingert ein Stäbchen heraus, umwickelt es mit Watte. Die wird mit Spiritus getränkt und angezündet. Jetzt möchte man wohl gerne gehen, doch dazu bleibt keine Chance. Mit blitzschnellen Schlägen sengt der Künstler nun die Härchen auf den Wangenknochen ab, blitzschnell tupft er nach. Man merkt es kaum, spürt nur leicht die Wärme. Dann wird noch ›poliert‹, mit einem dünnen Seidenfaden abgelöste Haut entfernt.

Zum Schluss trägt der Meister eine ordentliche Portion Kölnisch Wasser auf, die Einheitslösung aus der unerschöpflichen Literflasche. Alles fertig? Keinesfalls! Jetzt kommt noch die Massage: Energisch knetet, zerrt und schüttelt der Barbier Kopf, Nacken, Rücken, die Arme und schließlich Hände und Finger, bis der Patient ächzend, aber entspannt im Sessel hängt. Wenn man dann noch etwas benommen den Salon verlässt, wird zweierlei bleiben: das Bedauern, dass diese ›Kunst‹ zu Hause so sang- und klanglos verloren gegangen ist – und der nur schwer flüchtige Duft des türkischen Rasierwassers.

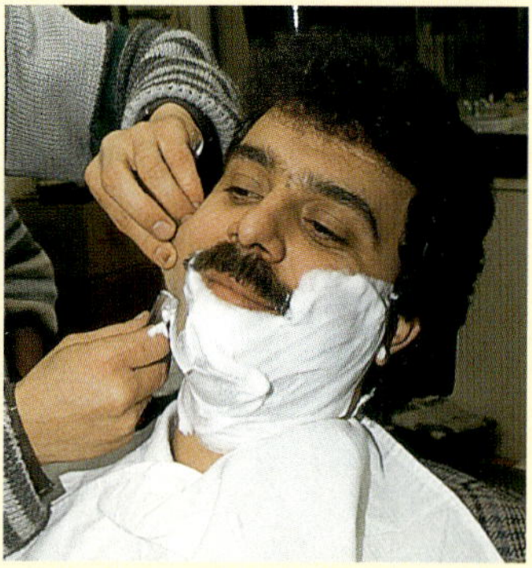

Tour, Liman Cad. 38, Altstadt, Tel. 753 10 66, Fax 753 29 98.
Internet: www.sideguide.net.
Telefonvorwahl Side: 0242 (s. S. 223).

Achtung: In den touristischen Urbanisationen an der Side-Küste bieten viele **Wechselbüros** den Service eines ›Bankautomaten‹. Hierfür zahlt man um die 15 % Gebühr. Echte Bankautomaten gibt es aber in Side-Dorf, in Titreyengöl an der Strand-Plaza und in Manavgat, dafür berechnet die eigene Bank 4 €.

Die **Luxushotels** außerhalb von Side bucht man besser pauschal. Die Unterkünfte im Ort bieten mehr Flair; dort trifft sich die Jugend der Welt:
Beach House 13**:** Gepflegte Mittelklassepension direkt am Oststrand. Im Garten gibt es eine »eigene« antike Thermenruine, und sogar Sartre und Beauvoir sollen hier schon mal gewohnt haben. An der Ostpromenade, Tel. 753 16 07, Fax 753 18 04, www.beachhouse-hotel.com, E-Mail: beach-house@superonline.com, DZ ca. 20–35 €.
Belen Motel 14**:** Familienpension am Ostrand mit holzverkleideten Zimmern, Garten, nette Atmosphäre, viele junge Leute. Sümbül Sokak, nahe Küçük Plaj, Tel. 753 10 43, Fax 753 27 40, DZ 25 €.
Cem Hotel 15**:** Angenehmes Motel in Neu-Side mit günstigen Pavillons und etwas teureren Zimmern im Neubau; mit Pool. Gut mit Pkw zu erreichen, man spricht Deutsch. Westl. Hotelzone, vor Oxyd Disco Richtung Hotel Nerton abbiegen, Tel. 753 23 23, Fax 753 27 00, www.cemhotel.com, DZ ca. 25–35 €.
Elit Köseoğlu Hotel 16**:** Ein Fast-Luxus-Hotel mitten in Side. Zimmer mit AC, Familienapartments, Pool, Dachrestaurant und sogar einen Idoor-Pool. Ostpromenade, Barbaros Cad., Tel. 753 33 64, Fax 753 33 63, DZ ca. 30–40 €, HP 7€/Person.
Gölcük Motel 17**:** Spitzenlage zu geringem Preis. Das Motel bietet recht große Zimmer mit Riesenbalkon direkt an der Hafenpromenade zum Tempel. Hier ist Side noch richtig türkisch! Tel. 753 49 29, Fax 753 41 46, DZ/F ca. 15–25 €.
Neptün Hotel 18**:** Hübsch grüne Anlage am Weststrand, teils Bungalows, teils ein moderner Mittelklassebau; zwar kein Pool, aber Strandrestaurant. An der Säulenstraße vor dem Museum, Tel. 753 10 46, Fax 753 27 31, www.neptun-hotel.com, DZ/F ca. 25–40 €.

Von Hamburgern bis zu deutscher oder russischer Küche bietet Side (fast) alles. Für Fisch wird generell zu viel Geld verlangt. Als Spezialität gilt das **Teşti Kebap:** mit Gemüse in einer Ton-Amphora geschmortes Kalbfleisch; der Tontopf wird erst am Tisch aufgeschlagen.
Deutsches Steakhouse 19**:** Deutsche Küche mit Leberknödeln, Sauerkraut und Rahmgeschnetzeltem – die Topadresse für Heimwehkranke. Am Weststrand hinter Kleopatra Hotel.
Deniz Fish House 20**:** Sehr romantisch mit Terrasse über dem Weststrand. Der Fisch sieht toll aus, man muss aber unbedingt handeln! Turgut Reis Cad., nahe Jandarma.
Kangal 21**:** Man sitzt romantisch, ruhig und in effektvoll illuminierten antiken Gemäuern. Das Teşti Kebap ist hier wirklich gut. Zambak Sok., neben und in den Hafenthermen, Tel. 753 57 27.
Nergiz 22**:** Kasim, der immer vorm Haus steht, lässt keinen vorbei – die meisten erliegen seinem Charme. Doch man kann auch Pech haben, vor allem bei der Fischplatte: die kann über 200 € kosten. Direkt am Hafen, Tel. 753 14 67.
Soundwaves 23**:** Das seit 1977 bekannte Restaurant jetzt unter türkisch-australischer Leitung und neu eingerichtet als wär's ein Segelboot. Gute türkische & in-

ternationale Küche. Barbaros Cad., Ostpromenade, Tel. 7531059.
Uğur Lokantası 24: Einfaches Lokanta mit türkischer Traditionsküche und freundlicher Bedienung. Köstlich z. B. das *Güveç,* geschmortes Lamm mit Gemüse. Orkide Sok.
... Manavgat: Ein Ausflug lohnt auch zum Essen am Abend, wenn dort kleinstädtische Türkei-Idylle herrscht (s. S. 185).

Großes Angebot an Goldschmuck, Teppichen, Lederwaren und Textilien; man muss nach Kräften handeln.
Baba Hasan's Silberhaus: Jandarma Caddesi. Sehr schöner Schmuck mit Halbedelsteinen und Perlen.
Side Tradition: Turgut Reis Cad. 1, neben der Jandarma-Station. Wer einen Teppich kaufen möchte, findet hier gute Beratung und große Auswahl.
Kirman Teppichknüpferei: An der Küstenschnellstraße nahe Ilıca (Höhe Kumköy), man kann beim Knüpfen zusehen. Hergestellt wird hier eine meist ins bräunlich spielende Ware, die an die Teppiche der Konya-Yörüken erinnert.
Migros: Moderner, klimatisierter Supermarkt in Manavgat, an der Hauptstraße Richtung Antalya, großes Sortiment an ›Westwaren‹ (u. a. auch Pampers etc.).
Wochenmarkt: Samstag ist Markt in Side/Neustadt, jeden Montag in Manavgat. Beide Märkte sind zwar ziemlich touristisch geworden, lohnen aber immer noch. Man muss knallhart handeln: halber Preis, sonst einfach weitergehen!

Der angesagte Tanzschuppen liegt außerhalb an der Kumköy-Straße:
Oxyd Disco: Im Stil einer afrikanischen Lehmmoschee; über der Tanzfläche ein ägyptisch angehauchter Sphingenkopf. Allerdings ist erst nach 24 Uhr richtig etwas los! Gegenüber Hotel Asteria, Do, Fr, Sa 22–4 Uhr, Eintritt 6 €.

Lighthouse Disco: Kleine Disco-Bar mit Open-air-Tanzfläche. Gespielt wird alles zwischen Techno und House; zwischen 21 und 23 Uhr Happy Hour. Rechts vom Hafen, Tel. 7533588.
Apollonik Bar: Kein Fernseher, keine laute Musik, netter Service ... seit Jahren eine beliebte Adresse am Abend - aber auch nachmittags sitzt man dort sehr gemütlich. Am Hafen, kurz vor dem Apollon-Tempel.
Pegasis Bar: Kleine ruhige Bar, abends mit traditioneller Livemusik bis 22 Uhr. Am Weststrand unterhalb vom Parkplatz beim Theater.
Internet Cafe: Ceylon Sok., nahe Hotel Köşeoğlu. 11–23 Uhr; 1/2 Std. 2 €.

Side Festival: Im September im Theater mit verschiedenen Kulturspektakeln. Im August und im Oktober Auftritte von Tanz-Theatern.
Aspendos Festival: Im Juli Oper & Ballett im Aspendos-Theater; dort auch im Oktober die **Aspendos-Nächte** mit Klassikkonzerten.

Tauchen: Kurse und tgl. Tagesfahrten (mit Equipment-Verleih) bei *Side Diving Center,* Liman Cad., Tel./Fax 753 6910.
Bootstouren: *Side Boot Tour,* die Fischervereinigung, bietet verschiedene Tagestouren (Manavgat-Fluss, Karaburun-Insel, per Yacht nach Alanya etc.), Mob. 0535-7285039.

Fernbusstation vor der Stadtmauer. In der Saison Verbindung nach Antalya und Alanya; sonst ab Manavgat. Alle 30 Min. **Minibusse** nach Manavgat, Richtung Kumköy/Çolaklı und Sorgun/Titreyengöl. Der **Parkplatz** beim Theater und die Einfahrt ins Dorf kosten Gebühr; im Sommer dürfen Touristen nicht weiter als bis zur Busstation fahren.

Die Badeorte bei Side

Kumköy & Çolaklı

Atlas: S. 235, E3

Das Hotelareal von Neu-Side und Kumköy (4–8 km westl.) wird stark von der verkehrsreichen Hauptstraße geprägt: Meerseitig reihen sich die Großhotels, gegenüber Apartmenthäuser, Einkaufszentren und Restaurants mit Großbildschirmfernsehern.

Wie überall in der Side-Region wird Deutsch gesprochen und in Euro gezahlt. Nicht alles hier ist wirklich hübsch, das meiste aber insgesamt doch sehr turbulent. Das alte Kumköy bei den Großhotels Cesar's und Miramare ca. 8 km westlich hat sich heute zu einem kleinen Bummelzentrum entwickelt.

Wesentlich ruhiger ist es in Çolaklı, dessen Hotels, teils noch recht einsam, bis zu 15 km von Side-Dorf entfernt liegen. Wie auch in Titreyengöl ist es empfehlenswert, sich eine Vespa zu leihen (in Side-Dorf ca. 15–20 €/Tag).

Atlantis Bar & Restaurant: Teuer bei Fisch, aber eine schöne Terrasse, wo man unter Sternenhimmel den Schlürschluck am Abend genießen kann und dabei den Dorfplatz überblickt. Kumköy, über der Dorfmoschee.

Yörükoğlu: Einfache, aber authentische Küche: Gäste sind meist Türken. Suppen, Lahmacun, verschiedene Pide und Pizza, leckere Schmorgerichte. Und das alles zu recht vertretbaren Preisen. Kumköy, Ilıca Yolu, Tel. 753 43 14.

Schluckspecht: Bei Deutschen beliebtes Restaurant mit großer Auswahl, speziel-

Eine Spezialität in Side ist handgerührtes Eis

len Kindergerichten und erstaunlichem Angebot an Cocktails. Der Renner ist das lange Fladenbrot frisch aus dem Ofen, das es zu jedem Essen gibt. Kumköy, gegenüber Ilıca Taxi, Tel. 753 43 16.

Apollo Bar & Restaurant: Beliebter Treffpunkt der Çolaklı-Zone, denn hier gibt es deutsches SAT-Fernsehen, und auch sonst kann man sich wie zu Hause fühlen. Nachmittags wird Kaffee und Kuchen serviert. Çolaklı, hinter dem Sidelya Hotel.

Entlang der gesamten Hauptstraße von Side-West reihen sich die Music-Bars, die aber meist gegen 24 Uhr schließen müssen. Dann geht man in die **Oxyd Disco** (Do, Fr, Sa, s. S. 182) oder in die **Corinth Disco** beim Hotel Cesar's in Kumköy, wo man, allerdings indoor, bis 4 Uhr weiterfeiern kann.

Wassersport: Vor allen größeren Hotels gibt es Wassersportzentren, die Tretboote, Jet-Skis und Parasailing anbieten; kassiert wird in Euro.

Sorgun & Titreyengöl

Atlas: S. 235, E3

Die beiden großzügigen Hotel-Urbanisationen verstecken sich hinter Pinienwäldchen und zählen nicht zuletzt deshalb zu den schönsten Ecken der Side-Region.

Besonders idyllisch ist Titreyengöl (ca. 10 km östlich) mit dem kleinen Binnensee. Hibiskus, Oleander, Clematis und Bananen säumen die schattigen Straßen, alles ist sehr grün, aufgeräumt und schick. Die nahezu mondäne Promenade zur Strand-Plaza erinnert ein wenig an Biarritz … das Ganze macht einen so noblen Eindruck, dass rasch Langeweile aufzukommen droht. Doch auf der anderen Seite ist das Sportangebot gewaltig, von Beach Volleyball bis Parasailing. Die Anbindung an Side-Dorf ist nicht so gut wie in Kumköy (nur stündlich ein Minibus); von Sorgun (4–6 km östlich von Side) benötigt man zu Fuß aber nur 20 Minuten, wenn man über den Strand geht.

Kervanseray Restaurant: Beliebtes Restaurant am öffentlichen *Halk Plaj* (›Volksstrand‹). Die Küche ist jedenfalls besser als die der Hotels, dazu bietet man hier auch einen kleinen Basar, einen 24-Std.-Filmentwicklungsservice und einen Friseur. Am Ostrand von Sorgun hinter Club Voyage.

Titanic Yakamoz Restaurant: Internationale Küche mit türkischen Standards und Euro-Preisen. Man sitzt draußen schön unter Kiefern, drinnen hübsch im weinüberrankten Holzbau, einen richtig großen Kinderspielplatz gibt es auch. Titreyengöl, kurz vor der Strand-Plaza.

… außerhalb:

Kazan Restaurant Cafe Bar: Sehr hübsch mit Terrasse am Manavgat-Fluss gelegen, einsam und idyllisch. Spezialität ist frische Forelle, es gibt aber auch viele gute türkische Gerichte. An der Hauptstraße von Titreyengöl nach Side (ca. 3 km außerhalb).

Treffpunkt der Abendszene ist die kreisrunde Strand-Plaza mit Bars und Tanzschuppen wie **Olimpiyat Dance Bar** oder **Teos Temple.**

Minigolf: Eine neue Anlage, öffentlich zugänglich, gibt es beim Golf Hotel zwischen Sorgun und Titreyengöl.

Paintball: Derzeit der neueste Schrei: *Side Paint Ball Club* an der Straße nach Sorgun; man spricht Deutsch und holt Interessenten ab, Tel. 0535/489 41 84.

Auf dem Markt in Manavgat

Reiten: *Sherif's Moonlight Farm,* Tel. 0532/411 82 33, und *Can Saddle Club,* beide zwischen Side und Sorgun; stundenweise Ausritte am Strand entlang.

Manavgat und Ausflugsziele im Inland

Atlas: S. 235, E3

Die Kreisstadt Manavgat, 7 km von Side, ist das Zentrum der Region mit inzwischen ebenfalls schon über 80 000 Einwohnern. Die Hauptattraktionen sind das große turbulente Geschäftsviertel und der große Montagsmarkt, zu dem die Bauern aus der ganzen Umgebung fahren (beide hinter der Brücke, östlich vom Fluss).

Am Ortseingang führt ein Abzweig zu den **Manavgat Şelalesi** (3 km), dem 50 m langen Wasserfall des Manavgat Çayı. Der schattige Picknickpark mit Lokalen und Souvenirständen wird am Wochenende gern von türkischen Familien besucht. Er ist ein schönes und gern besuchtes Ausflugsziel, wenn es an der Küste zu heiß ist – zumal man dort auch baden kann.

In der Stadt starten **Bootstouren** zum Wasserfall vom Ufer südlich der Brücke über den Manavgat-Fluss (was sich nicht lohnt, da man beim ersten Katarakt in Busse umsteigt) und zum **Manavgat Boğaz,** dem einsamen und idyllischen Nehrungsstrand an der Flussmündung. Das Gebiet am Flussufer wird nun auch vom Touristenfieber ergriffen: Restaurants säumen den Kai, es gibt sogar schon Hotels.

Im Basar ist das **Öz Kardeşler** ein beliebtes Restaurant, wo man auch Deutsch spricht. Lauschiger sitzt man aber am Flussufer, mit großer Auswahl z. B. im **Develi,** gleich an der Brücke, Kordon Cad., Tel. 746 19 77. Auch das **Sultan Sofrası,** etwas weiter nördlich, macht einen guten Eindruck, doch hält die Küche nicht immer, was sie verspricht. Außerhalb ist das **Seleuceia Restoran** kurz hinter dem Wasserfall einen Besuch Wert. Hier wird man freundlich ohne Nepp bewirtet und kann auch im Fluss baden.

Seleucia (Lyrbe)

Atlas: S. 235, E3
Etwa 13 km nordöstlich von Manavgat, oberhalb des Dorfs Bucak Şeyhler, liegen die Ruinen einer antiken Stadt, die meist als **Seleucia in Pamphylia** bezeichnet wird. Neuere Forschungen identifizieren sie jedoch als das antike **Lyrbe,** das in der Kaiserzeit die bedeutendste Siedlung im Hinterland von Side war. Bis Bucak Şeyhler wird die Straße schlechter, ist aber mit dem Pkw passierbar (wenn es nicht mehr weitergeht, ist man angekommen).

Von Süden besteigt man den flachen Hügel, der der Stadt, heute von stillen Pinienwäldern verborgen, einst Schutz bot. Oberhalb des Südtores erstreckt sich die **Agora,** die als die besterhaltene Kleinasiens gilt. Der künstlich eingeebnete Platz ruht im Westen auf Unterbauten, die als Lagerräume dienten. Stümpfe des Säulenumgangs zeugen von einer prächtigen Stoa dorischer Ordnung. Eine lang gestreckte, zweistöckige Markthalle und ein halbrundes Odeion begrenzen die Ostseite. Nördlich der Agora folgt ein kleiner **Podiumstempel,** dessen Cella bis auf das Dach unversehrt blieb. Auf dem Hang im Westen steht nahe einer ummauerten Quelle ein großes **Thermengebäude** mit fünf Räumen und einer wunderbaren Aussichtsexedra.

Oymapınar-Stausee

Atlas: S. 235, E2
Auf dem Rückweg lohnt ein Stopp im **Çağlayan Şelale Restoran** an einem kleineren Katarakt in einem schattigen Wäldchen (an der Hauptstraße nach Norden abbiegen). Von dort weitere 15 km nach Norden fahrend, erreicht man die Stauseen des Manavgat-Flusses, die **Oymapınar Barajı** oder die **Manavgat Barajı.** Am Ufer der smaragdgrünen Seen findet man weitere sehr lauschige Restaurants, die als Spezialität *Alabalık,* gegrillte Forelle, servieren. Am besten steuert man ein Lokal an, das auch Bootstouren bietet.

Das İncekum-Gebiet

Atlas: S. 235, F3
Die Küste zwischen Manavgat und Alanya rücken die Taurus-Ausläufer näher an die Küste heran; bald endet die pamphylische Ebene und damit die Strecke der antiken Griechenstädte. Auch die Vegetation wechselt: Die weiten Baumwollfelder werden ab Okurcalar vom Bananenanbau abgelöst, in den Dörfern lebt man noch hauptsächlich von der Landwirtschaft. Über fast 20 km erstreckt sich dort zwischen Sandstrand und Küstenstraße das Feriengebiet İncekum (›feiner Sand‹), das sich mit einer langen Reihe komfortabler Hotelanlagen zwischen Kızılot über Avsallar bis Konaklı hinzieht. Den Na-

men hat das Gebiet vom **İncekum Dinleme Parkı** bei Avsallar, einem hübschen Strandbad unterhalb eines Pinienwäldchens – eine beliebte Wochenend-Sommerfrische für die Einwohner aus Manavgat und Alanya. Aber auch die Strandareale von **Okurcalar** und **Karaburun** bieten all das, was man vom Badeurlaub erwartet.

Zwar stehen Wassersport und Dolce Vita in den durchaus sehr luxuriösen Anlagen im Vordergrund, doch sind vor den Hotels inzwischen größere Urbanisationen entstanden, die Gelegenheit zum Shoppen, Ausgehen und Bummeln bieten. Ansonsten machen die meisten Hotels durch Animation und Abend-Show den Mangel an Alternativen in der Einsamkeit wett.

Alara Han

Atlas: S. 235, F3

Etwas im Landesinneren, am Alara-Fluss, liegt eine Karawanserei der Seldschuken-Türken (trk. *Selcuk),* die im Jahr 1230 unter Sultan Alaeddin Keykubat errichtet wurde. Den Bauherrn rühmt die Inschrift über dem Portal: »Es befahl den Bau dieses gesegneten Han der erhabene Eigentümer der Nacken der Völker, Herr der Sultane über Gläubige und Ungläubige, der Ländereroberer der Welt, Sultan über Land und Meer, über Rûm, Syrien, Armenien und Franken, Alaeddin Keykubat«.

Damals hatte dieses erste türkische Reich auf kleinasiatischem Boden durch die Eroberung von Antalya und Alanya

Im Alara Han, heute ein Lokal, zeigt man den Lebensstil der Seldschuken

Alles unter Verschluss

Nach dem Umbau ist die ursprüngliche Baugestalt des **Alara Han** kaum noch zu erkennen. Am Eingang lagen ein Badehaus und ein Betraum; geradeaus folgte der Innenhof, an dem die Schlafkammern lagen. Zwischen Innenhof und Außenmauer waren die Tiere und die Waren untergebracht; durch schmale Schlitze konnten die Besitzer sie im Auge behalten. Diebstahl war im Han scheinbar nicht unbekannt, denn es ist überliefert, dass das große Tor morgens erst geöffnet wurde, wenn alle ihre Waren kontrolliert hatten.

seine größte Ausdehnung erreicht. Da viele Städte verlassen waren, ließ der Sultan entlang der Handelsstraßen befestigte Karawanen-Stationen (trk. *han)* errichten, die immer eine Tagesreise voneinander entfernt lagen, um den Händlern sichere Nachtunterkunft zu gewähren. Der **Alara Han** markiert den Abzweig der alten Pass-Straße zur Seldschuken-Hauptstadt Konya (die neue Straße biegt 10 km westlich von der Küste ab).

Schon unter den Byzantinern war auf dem Kegelfelsen über dem Alara-Fluss eine Burg errichtet worden. Die fast uneinnehmbare **Alara Kalesi** fiel den Seldschuken ebenso wie Alanya kampflos in die Hände, denn der Burgherr gab auf, als er vom Verrat in Alanya hörte (s. S. 190f.).

Seit 2001 wird der Han, von der Ankaraner Baufirma Pusat stilvoll renoviert, als Restaurant genutzt (die ›Türkischen Nächte‹ dort sind in allen Hotels der Umgebung zu buchen). Das Gebäude kann aber noch besichtigt werden, denn der Hof dient heute als Minimuseum mit Souvenirshop: Man kann sich sogar im Seldschuken-Kostüm ablichten lassen. Auch die Burg mit ihrer schneckenförmigen Wallmauer lässt sich besteigen (teils sehr mühsam durch einen fast zusammengebrochenen Tunnel, ein Weg ca. 40 Minuten, Taschenlampe & Wanderschuhe mitnehmen!), Tipps bekommt man im Han. In der Staustufe des Alara Çayı kann man übrigens auch baden!

Eine weitere Karawanserei aus dieser Zeit ist der **Serapsuhan** bei Güzelbağ, um 1240 unter Sultan G. Keyhüsrev gebaut. Er ist heute ebenfalls ein Restaurant mit Abend-Shows, kann aber nicht besichtigt werden.

Kurz vor dem Ulaş Beach, dem Ausflugsstrand von Alanya, biegt ein Weg Richtung Elikesik ab, dort kann man einen Führer zur **Sinek Kale,** der ›Fliegenburg‹, mit den Resten des antiken **Hamoxia** finden.

Avsallar

Atlas: S. 235, F3

Die größte Urbanisation des Gebiets, rund 34 km westl. von Side und 22 km östlich von Alanya, ist eine der modernsten Ecken der Türkei (allein die durchgehenden Bürgersteige sind bewundernswert). Am Strand reihen sich 4-Sterne-Hotels, den besten Abschnitt, nahe dem Fuğla-Fluss, nimmt das Justitiano Beach ein. Doch wer vom Hotel in die Stadt will, muss erst über eine Art Autobahn springen: Seit dem vierspurigen Ausbau fließt der Verkehr, aber die Anbindung hat doch gelitten. Wer es schafft, kann rund um die riesige neue Moschee eine ausgedehnte Einkaufsstadt erkunden, die auch abends einen Ausflug lohnt.

Alara: Haus der oberen Mittelklasse östlich von Yeşilköy, 32 km nach Alanya, auf einer Halbinsel über einer felsumrahmten Sandbucht; neben dem alten schönen Stammhaus inzwischen mehrere große Neubauten. Tel. 0242/527 41 66, Fax 527 47 40, DZ ca. 110 €.
Köşdere: 3*-Anlage in Türkler, 2 km von Avsallar, nach Alanya 20 km, 220 Zimmer auf weitem Gartenareal; großzügiger Pool, die flache Sandbucht ist schön zum Schnorcheln, Tel. 0242/517 19 50, Fax 517 12 58, DZ ca. 80 €.

Yat Pansiyon: Kleine Pension direkt am Strand beim Rubi Hotel und nahe der schönen Fuğla-Bucht, sehr stadtnah in Avsallar, Tel. 0242/565 10 99.
Pensionen: Einfache Unterkunft für ca. 25 €/DZ findet man auch in Kızılot oder in Yeşilköy.

Alarahan: Restaurant im Alara Han, Türkische Nächte 25 €/Pers. Çakallar Köyü, Tel. 0242/547 84 45, Fax 547 84 83.

Water Planet Aqua Park: Okurcalar. 2001 eröffnetes Spaßbad mit aufregenden Wasserrutschen (April bis Ende September), Eintritt ca. 14 €.

Häufiger **Bus- und Minibus-Verkehr** entlang der Küste; alle Minibusse halten auf Handzeig an und fahren sämtliche Großhotels ab. Die **Intercity-Busse** stoppen nur fahrplanmäßig in den Orten.

Der Ulaş Beach nahe bei Alanya ist ein idyllisches Plätzchen geblieben

ALANYA UND UMGEBUNG

Mit Alanya endet die Kette der Urlaubsorte an der Südküste. Was dem İncekum-Gebiet fehlt, hat die Stadt mit der grandiosen Seldschukenburg im Übermaß: ein quirliges, urbanes Flair. Auch zählt Alanya inzwischen zu den spannendsten Nightlife-Spots der türkischen Küsten. Die Yayla-Hochebenen bieten dagegen auch stillere Ausflugsziele.

Alanya

Atlas: S. 236, A3
Schon von weitem sichtbar, beherrscht der gedrungene, 250 m hohe Sattel des Burgfelsens von Alanya die Küste. Auf diesem uneinnehmbaren Vorgebirge wurde wohl im 4. Jh. v. Chr. das antike Korakesion gegründet, die Grenzstadt zwischen Pamphylien und dem wilden Kilikien im Osten.

Die Stadt trat allerdings erst ins Licht der Geschichte, als sie 197 v. Chr. als einzige an der Südküste dem Eroberungszug des Antiochos III. trotzte und zum Stützpunkt der berüchtigten kilikischen Piraten wurde. Besonders gefürchtet waren diese Piraten um 140 v. Chr. unter Führung eines gewissen Diodotos, den seine Leute Tryphon, den ›Wollüstigen‹, nannten. Erst der Feldzug des Pompeius (67 v. Chr.) setzte der Seeräuberei ein Ende: In der Seeschlacht bei Korakesion wurden sämtliche Schiffe der Piraten vernichtet, 10 000 sollen gefallen sein.

Marcus Antonius ›schenkte‹ die Burg später der ägyptischen Königin Kleopatra, die über den Hafen Holz für den Flottenbau nach Alexandria exportieren ließ. Aus byzantinischer Zeit ist nur bekannt, dass die Stadt Kalonoros, ›Schönberg‹, hieß und in den Wirren des ersten Türkeneinfalls von einem Fürsten des kleinarmenischen Reichs okkupiert wurde. 1221 übernahm der Seldschuken-Sultan Alaeddin Keykubat, an den nun ein Denkmal an der Stadteinfahrt von Westen erinnert, die

Sportstadt Alanya

Die Stadt organisiert zwei international bekannte Sport-Events: Einmal den **Alanya-Triathlon** Ende Oktober, der als Finalmeisterschaft des europäischen Triathlonverbandes ETU mit zahlreichen Kulturveranstaltungen ausgerichtet wird. Der **Alanya Beach Volleyball** Ende Mai, Anfang Juni, ist neueren Datums: Hier spielen internationale Topmannschaften auf dem Kleopatra-Strand.

strategisch wichtige Festung nach langer Belagerung kampflos: Der armenische Fürst Kyr Vart bekam einen Alterssitz bei Aksaray, der Sultan dessen Tochter Huand Mahperi als Frau. Jetzt erhielt die Stadt den Namen *Ala'iye* (die ›Edle‹, erst in den 1920er Jahren wurde daraus Alanya) und wurde zur Winterresidenz der Seldschuken, die sonst in Konya herrschten. Doch schon 1293 fiel *Ala'iye* an die Karamanen und schließlich 1471 an das Osmanische Reich.

Das moderne Alanya ist längst vom Burgberg herunter und weit in die fruchtbare Ebene am Fuße des Felsens gewachsen, denn schon in den 1970er Jahren begann der Ausbau des Städtchens für den Tourismus, allein seit 1997 hat sich die Bevölkerungszahl verdoppelt (130 000 Ew.). Seit dem Bau der Umgehungsstraße (Çevre Yolu) ist die alte Küstenschnellstraße zur Hauptachse der Stadt geworden, an ihr reihen sich die Strandhotels im Westen und Osten.

Das **Zentrum Alanyas** mit Discomeile, Touristenshops und den besten Restaurants liegt östlich der Festung am Hafen, der schöne **Kleopatra-Strand** westlich. Während auf dem Burgberg noch die für das alte Alanya

Blick vom roten Turm (Kızıl Kulesi) zum Burgberg von Alanya

Busstation, Side, Antalya
SARAY MAH
Yunus Emre Cad.
Kızlarpinari Sok.
Gülen Cad.
Fevziler Sok.
Atatürk Cad.
Sugözü Cad.
Şevket Tokuş Cad.
Tevfikiye Cad.
SEKERHANE MAH
Markt
Hacet Cad.
11
10
Güzelyalı Cad.
12
14
Atatürk Park
Kleopatra Strand
Alanya Museum
8
Damlataş Cad.
Atatürk Statue
Bostancipinari Cad
Müftüler Cad.
Yeni Cami
Hükümet Cad.
Rath
Bungee-Kra
Grotta di Damlataş
18
9
ÇARŞI MAH
21
16
Iskele Cad.
Kleopatra Pool
Ehmedek
17
Hafen
1
Kızıl Kule
3
5
7
13
4
2
Iç Kale
6
HISARIÇI
TOPHANE MAH
Phosphor Höhle
Piratenhöhle
ALANYA
Mittelmeer
0
300 m

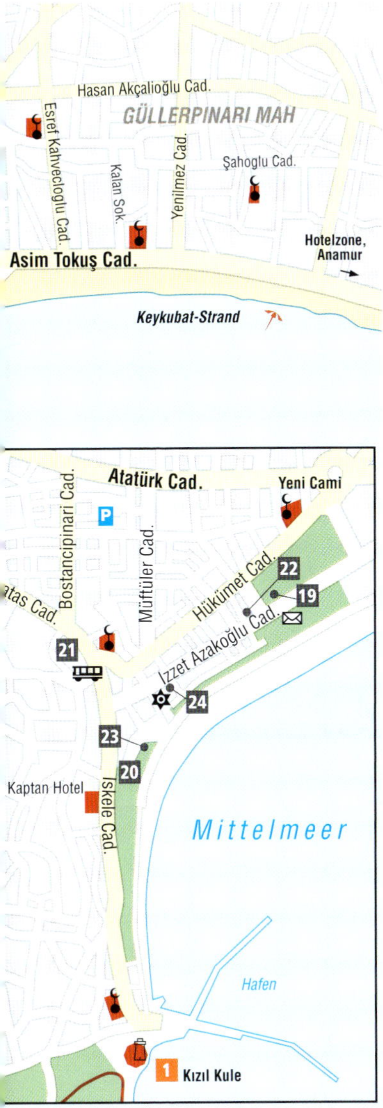

Sehenswürdigkeiten

1 Kızıl Kule
2 Tersane
3 Aşağı Kapı (Unteres Tor)
4 Andizli Camii
5 Kale Kapı (Haupttor)
6 İç Kale
7 Süleymaniye Cami
8 Alanya Museum
9 Damlataş-Höhle
10 Alanya-Häuser
11 Atatürk Museum

Hotels

12 Alin
13 Bedesten
14 Kleopatra
15 Marina Aparts
16 Park

Restaurants

17 Alaaddin Cafeteria
18 Damlataş
19 Gaziantep Başpınar
20 Güverte
21 Ottoman House
22 Ravza

Bars und Discos

23 Zapfhahn
24 Robin Hood

typischen Schindeldachhäuser mit steinernem Untergeschoss und einem Obergeschoss in Holzarchitektur und vorspringendem Balkon erhalten blieben, wird das Hafenviertel von Jahr zu Jahr schicker und moderner. Die neuesten Errungenschaften sind der chinesisch anmutende Stadtpark bei der Yeni Cami – und ein Kran fürs Bungee-Springen. Alanya überzeugt heute nicht nur durch reizvolle Landschaft oder schöne Strände, sondern mit städtischem Flair, guten Einkaufsmöglichkeiten und einem sehr quirligen Nachtleben.

Am Hafen

Markanter Blickfang am Hafen ist der **Kızıl Kule** 1, der ›Rote Turm‹. Das 33 m hohe Bollwerk wurde 1224–28 unter Alaeddin Keykubat zum Schutz des Hafens erbaut und bildet ein Oktogon um eine Zisterne als Mittelachse. Jedes der fünf Geschosse weist einen unterschiedlichen Bauplan auf – jeweils passend für die Funktion als Lagerstätte, als Wohnraum und als Verteidigungsposten. Ganz auf militärische Zwecke zugeschnitten waren die beiden obersten Stockwerke, wobei sich das vierte zu einer offenen Plattform öffnet, die von zinnenbewehrten Mauern überragt wird. Im Erdgeschoss ist heute ein **Ethnologisches Museum** untergebracht, das Kunsthandwerk und Teppiche zeigt (tgl. außer Mo 8–12, 13.30–17.30 Uhr). Eine sehenswerte Schmiedearbeit ist das große Schloss der Eingangspforte.

Unter demselben Sultan entstand auch eine Schiffswerft, die **Tersane** 2, mit fünf überwölbten, 40 m tief in den Felsen vorgetriebenen Galerien, wo die Seldschuken ihre Galeeren sicher unterbringen konnten. Vom Roten Turm kann man heute über die Seemauer dorthin gehen. Dahinter liegt der **Tophane,** eine Kanonenplattform zur Verteidigung der Werft. Vom Roten Turm führt ein Weg hinauf zum **Aşağı Kapı** 3, dem unteren Tor, und an den ältesten Häusern Alanyas vorbei zur **Andizli Camii** 4, einer 1277 von dem Seldschuken-Emir Bedreddin gestifteten Moschee mit niedrigem Ziegelstein-Minarett.

Auf dem Burgberg

Zur Burg hinauf fährt man am besten per Taxi und geht zu Fuß zurück. Auf halber Höhe sperrt die mächtigste Mauer der Befestigung den Hang ab –

Alanya-Seide

Die Seidenmanufaktur hatte seit dem 16. Jh. große Bedeutung in Alanya, sie lieferte den Rohstoff für die Kleiderkammer des Sultanshofs. Diese Tradition, die auf den Schmuggel von Seidenraupen aus China durch die Byzantiner zurückgeht, ist heute so gut wie abgerissen. Nur noch in wenigen Dörfern werden die weißen Kokons abgehaspelt und versponnen. Auf dem Burgberg sieht man aber manchmal noch selbst hergestellte Seidentücher, eine feste glänzende Ware mit Blockstreifen.

Souvenirlädchen im Hafenviertel von Alanya

hier lag die verwundbarste Stelle der Festung. Entsprechend aufwendig wurde das **Kale Kapı** 5 angelegt: drei rechtwinklig versetzte Torbogen, von Graben, Doppelmauer und Verteidigungsbastionen geschützt. Der heutige Durchbruch in den mit Zinnen bekrönten Bruchsteinmauern entstand erst beim Bau der Asphaltstraße.

Auf dem höchsten Plateau des Berges liegt die **İç Kale** 6**,** die Zitadelle. Neben der Ruine einer byzantinischen Kuppelkirche (Freskenreste) sind Zisternen *(sarniç)* sowie Kasematten mit rautenförmigen Mauerverzierungen erhalten. Sehenswert ist die legendäre Hinrichtungsstätte, **Adam Atacağı** genannt, wo Gefangene die Klippen hinuntergestürzt wurden. Vorher hatten sie aber noch eine Chance, sich zu retten: Erreichten sie mit einem Steinwurf das Meer, wurden sie ins Heer aufgenommen. Die meisten, die heute den Stein schleudern, hätten ihr Leben jedenfalls verwirkt. Auf dem weit ins Meer ragenden Felsrücken im Süden sind die Ruinen einer byzantinischen Einsiedelei erkennbar.

Vor der Zitadelle liegen die Ruinen eines Hamams aus der Seldschuken-Zeit; hier beginnt auch ein schmaler Fußpfad hinunter zur restaurierten **Akşebe Mescidi,** einer kleinen Grabmoschee mit stumpfem Ziegelstein-Minarett, die der erste seldschukische Kommandant 1230 erbauen ließ. Danach erreicht man das einstige Zentrum der Stadt: Die frühere **Karawanserei** ist heute zum **Hotel Bedesten** 13 umgebaut: Gut zu erkennen der Hof, um den die Ställe (heute die Zimmer) lagen. Vom **Bedesten,** der Markthalle,

Nachts wird Alanya bunt

zeugt hingegen nur noch ein Rechteck verfallener Gewölbebogen. Beide Gebäude stammen wohl ebenso wie die **Süleymaniye Cami** [7] weiter im Norden aus dem 16. Jh.

Hinter der Häusergruppe nördlich der Moschee liegt malerisch auf einem Felssporn die **Festung Ehmedek,** die Residenz der Kommandanten von Alanya. Schwer zu erreichen, aber mit ihren Türmen, einem verzierten Torportal und dem schwindelerregenden Blick zum Hafen und zum Kleopatra-Strand sehr beeindruckend.

Am Kleopatra-Strand

Das **Alanya Museum** [8] am Kleopatra-Strand präsentiert archäologische Funde aus phrygischer, hellenistischer und römischer Zeit (tgl. außer Mo 8–12, 13.30–17.30 Uhr): u. a. einen Münzschatz, eine bronzene Herakles-Statue, eine kaiserliche Inschrift aus Seydra und einen erst kürzlich entdeckten Grenzstein mit phönikischer Schrift, der beweist, dass die Phöniker hier im frühen 1. Jahrtausend Weinanbau betrieben haben. Dazu kommen osmanische Stücke (Teppiche, Kalligraphie), die Einrichtung eines vornehmen Gästezimmers mit bemalter Wandvertäfelung sowie antike Sarkophage und Großfunde im Garten.

Die **Damlataş Mağarası** [9], eine Tropfsteinhöhle im Fels direkt über dem Strand, wurde 1948 entdeckt und schon seit den frühen 1950er Jahren zur Linderung von Asthmaleiden genutzt – so begann einst der Tourismus in Alanya.

Weitere Höhlen auf der westlichen Seite des Burgfelsens sind nur mit dem Boot zugänglich (Anlegestelle beim Kızıl Kule). Neben der ›Piratenhöhle‹ **Korsanlar Mağarası** und der ›Höhle der Verliebten‹ **Asıklar Mağarası** beeindruckt vor allem die **Fosforlu Mağarası** (›Phosphor-Höhle‹) mit fluoreszierenden Lichteffekten. Am **Kleopatra**

Geiseln in Alanya

Zur Zeit des berüchtigten Piratenkönigs Diodotos Tryphon sollen nicht nur Gold und Beute in den Höhlen zu Füßen der Burg versteckt worden sein, sondern auch zahlreiche Gefangene, die hier ohne Aussicht auf Rettung ausharren mussten, bis das Lösegeld zusammengebracht war. Die Schiffer der Bootsfahrten haben viele weitere blutrünstige Geschichten über diesen Räuberkönig zu erzählen.

Pool, einer kleinen Bucht unterhalb der Steilwand, soll die ägyptische Herrscherin bei einem Besuch gebadet haben. Hier wird auch ein Stück des Tunnels gezeigt, durch den sie von der Burg hinunterstieg.

Die Neustadt

Entlang der von Palmen gesäumten **Atatürk Caddesi** pulsiert das Leben des modernen Alanya – Großstadtflair muss man mögen, wenn man sich hier wohl fühlen will. Unbestrittener Vorteil aber: Tourismus und normales Leben sind nicht so geschieden wie in den Kunstsiedlungen von Side etwa, sondern gehen hier Hand in Hand. Das vermindert die Nepp-Gefahr und erleichtert authentische Erfahrungen mit der echten Türkei.

Gegenüber dem Hafenviertel liegt ein weiteres Einkaufsviertel (v. a. Textilien mit gefälschten Markenlogos), das in das Wochenmarkt-Areal übergeht. Mittendrin sind mehrere alte **Alanya-Häuser** 10 restauriert worden, eins dient nun als Restaurant. Hinter dem Marktgelände ist ein Konak, ein altes herrschaftliches Anwesen, in dem 1935 Atatürk bei einem Besuch beherbergt wurde, als **Atatürk Museum** 11 hergerichtet: Zu sehen sind historische Dokumente und die Einrichtung dieser Zeit (Azaklar Sok., tgl. außer Mo 9–12, 13.30–17.30 Uhr).

Strände

Der feinkieselige **Kleopatra-Strand** westlich der Burg bietet trotz dichter Hotelbebauung sauberes Wasser und ist sogar mit einer Blauen Flagge der EU ausgezeichnet. Wegen gröberer Kiesel im Wasser sind Badeschuhe aber zu empfehlen. Östlich der Burg erstreckt sich der **Keykubat-Strand** (Sand mit Kieseln), hier verläuft jedoch die Schnellstraße unmittelbar zwischen Strand und den Hotels. Schön ist der **Ulaş Plaj** 4 km westlich mit einem überschaubaren Sandstrand vor befestigter Steilküste (s. Abb. S. 189). Auch die Kiesbuchten kurz vor der antiken Siedlung Iotape östlich von Alanya sind ein schönes Badeausflugsziel (s. auch Ausflüge). Übrigens hat nun auch Alanya einen **Aqua Park** (Su Cenneti, ›Wasserparadies‹): am Oststrand kurz vor dem Hotel Alantur.

Ausflüge von Alanya

Von Alanya aus lohnen unbedingt Ausflüge zu den großen antiken Stätten **Side** (s. S. 173), **Aspendos** (s. S. 166) oder **Perge** (s. S. 160).

Inzwischen sehr beliebt sind Ausflüge zum **Dimçay-Fluss** in einem Pinietal im Taurus-Gebirge (5 km östlich von Alanya bei Obaköy abzweigen). Direkt am Flusslauf bis hoch zur neuen Staumauer gibt es zahlreiche Forellenrestaurants, die zugleich mit Badepools, Sprinkleranlagen und Wasserrutschen Gäste locken. Aber auch wer nicht baden will, kann dort sehr lauschig bei plätscherndem Wasser auf osmanischen Kissen die Zeit vertrödeln. Im **Alraft Club** kann man nicht nur Reit- oder Raftingtouren buchen, sondern auch einfache Unterkunft finden (in Biçakçı Köy, 13,5 km von der Küste, Tel. 512 39 66). In dem Tal liegt auch die **Dim Mağarası,** die zweitgrößte für Besucher geöffnete Tropfsteinhöhle der Türkei (360 m Länge).

Bei Mahmutlar, östlich von Alanya, liegen die Ruinen der antiken Stadt **Laertes,** bei Kargıcak die der römischen Siedlung **Syedra:** Beide lohnen nur bei größerem Interesse an Archäologie und Naturlandschaft. Die Funde sind im Alanya Museum dokumentiert.

Weiter an der Küste entlang kommt man zu den Ruinen der römischen Hafenstadt **Iotape** (35 km, trk. *Aytap),* die von der Küstenstraße direkt durchquert werden. Kurz vorher lohnen mehrere Kies-Buchten einen Badestopp, und auch der natürliche Hafen, der durch eine kleine Festung auf den Felsen geschützt wurde, bietet Gelegenheit zum Bad. Neben dem Speicherbau am Ufer blieben im Inland einige Reste von Thermen, Kirchen sowie Grabbauten der Nekropole erhalten.

Tourist Information: Am Atatürk Parkı, gegenüber vom Museum, Tel. 513 12 40, Fax 513 54 36..
Internet: www.alanyaguide.org, www.altid.org.
Telefonvorwahl Alanya: 0242 (s. S. 223).

Alin 12**:** 2001 renoviertes Hotel stadtnah am Kleopatra Beach mit kleinem Pool und neu eingerichteten Zimmern. Netter Service und gute, stadtnahe Lage. Hacıhamdioğlu Sok. 5, Tel. 513 76 29, Fax 513 76 30, www.alinhotel.com, DZ/F ca. 35 €.
Bedesten 13**:** Die außergewöhnlichste Adresse in Alanya: oben auf dem Burgberg in einer umgebauten Karawanserei; etwas abseits, aber sehr stilvolle Zimmer, mit Pool. İçkale, Tel. 512 12 34, Fax 513 79 34, DZ ca. 50–75 €.
Kleopatra 14**:** Gut ausgestattetes Haus der oberen Mittelklasse in Spitzenlage am Kleopatra-Strand: kaum Straßenlärm, 3 Min. zum Meer. Hacıhamdioğlu Sok. 11, Tel. 513 27 81, Fax 513 04 65, www.askahotels.com, DZ ca. 50 €.
Marina Aparts 15**:** Blau-weißer Bau über dem Hafen ganz in dänisch/schwedischer Hand. Lockere, nette Atmosphäre und moderne Studios (Apartments). İskele

Restaurant am Dim-Fluss oberhalb von Alanya

Cad. 80, Tel. 5134321, Fax 5139611, DZ (Studio) ca. 25–35 €.
Park 16: Zentral gelegenes Einfachhotel mittendrin. Geräumige Zimmer mit Balkon, kleiner Pool. Hürriyet Meydanı, gegenüber Kuyularönü Camii, Tel. 5131675, Fax 5132589, DZ ca. 30 €.

Alaaddin Cafeteria 17: Romantisches Lokal in den Burgmauern mit Grillsnacks; abends sitzt man sehr lauschig an einem Wasserfall, toller Ausblick. An der Burgstraße, kurz vor Kale Kapesi.
Damlataş 18: Restaurant mit Blick auf den Kleopatra-Strand, gleich neben der Damlataş-Höhle. Türkische Küche, in der Saison jeden Abend ab ca. 19/20 Uhr Live-Musik (meist Varieté und Belly Dance).
Gaziantep Başpınar 19: Gute türkische Küche in modernem Rahmen; hier gehen auch die Basarhändler gern hin. İ. Azakoğlu Cad., Tel. 5135664.
Güverte 20: Nobles Fischrestaurant in ruhiger Lage, abends mit schönem Blick auf die erleuchtete Disco-Meile am Hafen. Hauptgerichte 7–14 €, Vorspeisen 5–7 €, Wein ab 10 €. İskele Cad., Tel. 5134900.
Ottoman House 21: Ein alter osmanischer Konak (Herrenhaus) gibt die Fassade für dieses schöne Gartenrestaurant unter riesigen Bäumen (sogar ein kleiner Kinderspielplatz ist vorhanden). Türkische Traditionsküche mit guter Fischauswahl. Fisch ca. 16 €/kg, Osmanische Pfanne 6 €, Vorspeisen 3 €. Damlataş Cad. 31, Tel. 511 14 21.

Ravza 22: Eines der letzten Basar-Lokale, die den Umbau des Viertels überlebt haben. Sehr gute Auswahl aus der türkischen Küche, man tafelt in langer Reihe auf der Gasse. Zwischen Hükümet und İ. Azakoğlu Cad., Iskender Kebab 5 €, Vorspeisen 2 €, Bier 0,5 l 1,30 €.

... außerhalb:

Dimçay Pikniks: Am Dimçay-Fluss (s.S. 198) gibt es viele Ausflugsrestaurants. Es lohnt, ganz bis zur Staumauer hochzufahren (7,5 km von der Küstenstraße), da liegen die schönsten Lokale. Solange der geplante Stausee aber noch nicht voll gelaufen ist, wird das Wasser jedoch nicht mehr so üppig fließen.

Snowdrop: Restaurant mit tollem Panoramablick auf Alanya, wird gern für Hochzeitsfeiern genutzt. Yayla Yolu, 5 km nördl. vom Zentrum.

Souvenirs: Im alten Basarviertel gibt's Teppiche, Schmuck, Lederkleidung; auf dem Burgberg bieten die Frauen Seidentücher und Stickereien an. Am Anfang der Damlataş Cad. gibt es ein sehr gut sortiertes Geschäft für Musikinstrumente.

Musik: Meridyen Müzik, İ. Azakoğlu Caddesi, hat riesige CD-Auswahl, teils auch Sampler mit den Urlaubshits.

Supermarkt: Ein moderner Migros-Markt liegt an der Atatürk Caddesi; eine neue Shopping Mall am Oststrand beim Plaza-Hotel.

Wochenmarkt: Jeden Freitag zwischen Atatürk Cad. und der Minibus-Station.

Rihtim Internet Café: İskele Cad. 56, nur abends ab 18 Uhr geöffnet.

Zapfhahn 23: Music-Bar und Open-air-Disco am Hafen mit ›fliegenden‹ Autos unter halb geöffnetem Wellblechdach. **James Dean** und **Bellman,** die anderen Disco Bars hier, sind aber auch nicht schlechter.

Robin Hood Club 24: Die In-Disco von Alanya mit britischen DJs, im Obergeschoss tanzt man mit toller Aussicht. İ. Azakoğlu Cad., am Hafen.

Ora Panorama/Canlı Müzik: Der frühere Club 13 ist jetzt geteilt: unten die Eski Bar, darüber ein Restaurant, dann ein Saal, wo türkische Sänger live (trk. *canlı)* auftreten. İskele Cad., am Hafen kurz hinter Zapfhahn.

Casino: Auch ein Spielkasino gibt es inzwischen in Alanya, im Hotel Grand Kaptan, Obaköy Mahallesi, Tel. 514 01 01.

Tauchen: Kurse und Tauchgänge für Profis bei **Active Divers,** İskele Cad., Tel. 512 88 11, www.activedivers.com und **Dolphin Dive,** İskele Cad. 23, Tel. 512 30 30; dort kann man auch günstig US-Markenequipment kaufen.

Rafting: Fahrten auf dem Dim Çayı über **Alraft Club,** Tel. 512 39 66, azakhotels @aidata.net.tr; Station im Dorf Bıçakçı.

Bootstouren: Tagesfahrten nach İncekum und selbst nach Manavgat ab Hafen, z. B. über *Sunny Travel,* Tel. 512 44 18.

Intercity-Busstation etwa 2 km westlich vom Zentrum an der Umgehungsstraße. Stündlich Verbindung mit Antalya und Side, mehrmals tgl. mit Anamur (125 km) und Adana. **Minibus-Station** hinter dem Marktgelände, von dort häufig **Dolmuş-Busse** zur östlichen Hotelzone (Obaköy, Mahmutlar).

Leihwagen: *Race,* Atatürk Cad. 49/A, Tel. 512 15 01, Fax 512 52 24. Pkw, Jeeps und Esel-Touren auf die Yayla-Hochebenen.

Motorräder: *Road Runner,* İskele Cad. 86, Tel. 512 20 02.

Zypern-Fähre: In der Saison dreimal wöchentlich per Hydrofoil-Schnellboot nach Girne (3 Std. Fahrt, Retour-Ticket 50 US-$ bei Famtour). Man kann auch Tages-Trips mit Übernachtung inkl. Führung buchen (Tel. 512 22 10).

INS ›RAUE‹ KILIKIEN

Im Osten von Alanya, im antiken Kilikien, durchquert man einsame Berghöhen, der Tourismus ist nur eine Randerscheinung. Doch lohnen die Mamure-Burg bei Anamur und Kızkalesi mit seinem schönen Strand und der geheimnisvollen ›Mädchenburg‹ einen Abstecher, für den man zwei Tage kalkulieren muss.

Von Alanya nach Anamur

Hinter Iotape (s. S. 198) erreicht man bald **Gazipaşa** (24 000 Ew.), eine noch recht traditionelle Kreisstadt, die aber durch den Bau eines neuen Flughafens bald rasanten Aufschwung nehmen dürfte.

In der Küstenebene hier identifizierten die Archäologen die Ruinen des antiken **Selinus,** wo Kaiser Trajan am 8. August 117 n. Chr. auf der Rückfahrt von seinem gescheiterten Feldzug gegen die Parther starb. Beim Abstecher zu dem bislang noch wenig erschlossenen weiten Sandstrand (Restaurants) quert man ein gutes Stück des Aquädukts; weitere Reste spätantiker Gebäude sind auf dem Hügel im Nordwesten aufzuspüren. Die Anhöhe gegenüber krönt eine armenische Festung des 12. Jh.

Etwa 20 km hinter Gazipaşa (Abzweig zum Dorf Güney, dann über eine passable Piste den Hügel empor) erreichen archäologisch Interessierte die Stadt **Antiochia ad Cragum,** wie Iotape eine Gründung des Kommagene-Herrschers Antiochos IV. Nach anstrengendem Aufstieg zu der armenischen Zitadelle auf dem westlichen Hügel, im Volksmund **Antonius Kalesi** genannt, öffnet sich eine schöne Aussicht auf das hoch über dem Meer gelegene Stadtgebiet (*ad Cragum* = an der Klip-

Bananen frisch vom Strauch

Wie bei Okurcalar im Westen von Alanya findet man auch im Osten viele Bananenplantagen. Bananen bilden hier das Hauptprodukt und werden in alle Landesteile exportiert. Angebaut werden die sehr süßen Zwergbananen vom kanarischen Typ, die zwischen Oktober und Mai zur Ernte anstehen. Wenn sie am Straßenrand zum Kauf angeboten werden, sollte man unbedingt mal probieren: So schmeckt die Banane, wenn Sie nicht wie Chiquita & Co. durch Begasung künstlich gereift wurde.

pe). Östlich vom Akropolis-Berg erschließt eine Piste die Ruinen des Stadtzentrums mit Stadttor, Kolonnadenstraße und einem Tempelbau.

Anamur

Atlas: S. 236, C4
Anamur (42 000 Ew.) bietet nicht den großen Touristenrummel, ist aber mit den Hotels des Ortsteils **İskele Mahallesi** an der Küste ein akzeptables Standquartier. Das **Archäologische Museum** in İskele zeigt Keramik und Glaswaren aus dem antiken Anemourion sowie Münzen aus mittelalterlicher und osmanischer Zeit (9–17 außer Mo).

In der 500 m² großen Tropfsteinhöhle **Koşekbükü Mağarası** 19 km nördlich von Anamur kann man auf drei Ebenen riesige Stalagmiten und Stalaktiten bewundern.

Information: Atatürk Bul. 64, hinter der Busstation; Tel. 814 35 29.
Telefonvorwahl: 0324, s. S. 223.

Beim Hafen Iskele ist das **Hotel Beluga** akzeptabel, ein einfacher Mittelklassebau, klimatisierte Zimmer, DZ/F ca. 25 €, Tel. 814 73 27.
Schöner ist das **Karan Motel** bei der Tankstelle hinter der Mamure Kalesi, jetzt ebenfalls mit Klimaanlage, direkt am Strand, abgeschirmt von der Straße, DZ /F 30 €,Tel. 827 10 27.

In Anamur gibt es einfache, typisch türkische **Lokanta** nahe der Busstation. Modern und gut z.B. das Güleryüz. An der Promenade in İskele zahlreiche **Strandrestaurants** . Ein schöner Ausflug führt ins Inland zum **Sevgi Piknik,** wo man an einem Gebirgsbach gut Forelle essen kann, Tel. 832 57 52 (12 km Richtung Ermenek, dann links).

Ein noch sehr ländlicher **Wochenmarkt** findet mittwochs im östlichen Stadtteil, samstags bei der Moschee an der Atatürk Cad. statt.

Verkehr: Die Küstenstraße Alanya–Silifke ist zwar gut ausgebaut, doch extrem kurvig, so dass die Auto-Fahrt in jede Richtung ca. 3 Std. dauert. Etwa alle 2 Std. ein Bus Richtung Antalya/Alanya bzw. Tarsus/Silifke. Busstation an der Küstenstraße.

Anemourion

Die Ruinen von Anemourion liegen an einem Strand auf dem südlichsten Zipfel der türkischen Küste, 8 km westlich von Anamur. Die Stadt hatte ihre größte Bedeutung in der Spätantike, nach der Eroberung Zyperns durch die Araber wurde sie verlassen. Im 12. Jh. bauten kleinarmenische Fürsten die Zitadelle aus. Unter den Osmanen verödete die Stadt dann.

Gleich über der Zufahrtsstraße liegt die **Nekropole** mit hut erhaltenen, teils zweistöckigen Grabbauten, im Süden ragt die **armenische Festung** auf dem Felskap empor. Das weitläufige Stadtgebiet in der Küstenebene ist durch die 382 n. Chr. gegen Überfälle isaurischer Bergstämme errichtete **spätantike Stadtmauer** gegliedert. Eindrucksvoll sind vor allem die großen **Thermen** (3. Jh. n. Chr.) und die anschließende **Palästra,** deren Mosaikpflaster allerdings zum Schutz mit Sand abgedeckt wurde. Rechts der Straße ist die Rundung der Cavea des gänzlich abgetragenen

Mamure Kalesi, die Kreuzritterburg bei Anamur

römischen **Theaters** zu erkennen. In den **Thermen** daneben ist noch die Hypokaustenanlage zu sehen.

Mamure Kalesi

Die 6 km östlich von Anamur unmittelbar an der Küste gelegene Mamure Kalesi ist eine der schönsten Burgen der Türkei. Die gut erhaltenene Wehranlage erinnert stark an europäische Festungen aus dem Mittelalter – tatsächlich wurde sie erst im 12. Jh. von Armeniern erbaut, wahrscheinlich sogar durch fränkische Baumeister der Kreuzfahrerreiche. Anfang des 14. Jh. fiel sie an die Karamanen, die Teile der Mauern nach einem fränkischen Angriff 1373 erneuerten. 1469 ging die Festung an die Osmanen über, die sie im 19. Jh. noch einmal renovierten.

Zwischen dem landseitigen Donjon und einem 14-eckigen Wachtturm an der anderen Uferecke spannt sich eine Mauer mit 36 Bastionen, deren umlaufender Wehrgang bestiegen werden kann. Besonders reizvoll wirkt der Kontrast von Ritterromantik und der kleinen Moschee, die direkt nach der Eroberung von Karamanoğlu Mahmut Bey errichtet wurde. Das einstige Haupttor zur Landseite trägt noch eine karamanische Bauinschrift (tgl. außer Mo 9–17 Uhr; Anfahrt per Dolmuş oder mit den Bussen nach Bozyazı).

Silifke und Umgebung

Die Küstenstraße windet sich nun über oft schwindelerregende Steilabfälle zum Meer, immer wieder passiert man schmale Küstenebenen mit weiten Sandstränden vor türkisfarbenem Meer. Auch hier wuchern heute die Ferienhauskomplexe, die sich und den Strand hinter Zäunen und Schlagbäumen verschanzen. Doch in den Dörfern wie Tekmen, Yenikaş, Sipahili oder Büyükeceli (früher Qvacık) geht das Leben noch seinen ganz ursprünglichen Gang. Man sieht noch Frauen mit Kindern auf dem Rücken, kleine, hoch bepackte Esel an der Straße, Männer in Pluderhosen auf Maultieren ...

Aydincık

Atlas: S. 237, D4
Kurz vor dem Zentrum von **Aydıncık** lohnt das *Arsinoe Restoran* einen Stopp. In einem Oleanderhain gelegen, ist es das schönste Restaurant an der Strecke. Nahebei markiert die Ruine eines Ziegelsteinbaus (Thermen?) am kleinen Hafen die Lage des antiken **Kelendris**. Diese Stadt wurde um 452 v. Chr. in den Tributlisten des delisch-attischen Seebunds geführt – und war damit der östlichste Stützpunkt der athenischen Machtsphäre.

Silifke

Atlas: S. 237, F3/4
Silifke (70 000 Ew.) und die flache Mündungsebene des Göksu Nehri, des antiken *Kalykadnos,* sind noch stark landwirtschaftlich geprägt. Die Stadt, das antike *Seleukia ad Kalykadnos,* wurde von Seleukos I. Nikator, einem Feldherrn Alexanders und erstem König des Seleukiden-Reichs (312–281 v. Chr.), gegründet. Unter den Römern Provinzhauptstadt, unter den Byzantinern als Sterbeort der hl. Thekla ein sehr beliebtes Wallfahrtsziel, fiel es Ende des 12. Jh. an die Armenier. Um 1210 übernahmen die Johanniter von Rhodos die Stadt als Lehen; Baumeister des Ordens vollendeten auch die Burg, die die Ebene beherrscht.

Beim spätantiken Wallfahrtsort **Meryemlik** (= Marienort) oder **Ayatekla** an der Anamur-Straße wurde die hl. Thekla, die noch vom Apostel Paulus selbst bekehrt worden sein soll, verehrt; noch heute pilgern Muslime zu dieser Stätte. Schon im 2. Jh. baute man die Wohngrotte der Einsiedlerin zu einer Höhlenkirche aus; sie kann in Begleitung des *Bekçi* besichtigt werden. Im 4. Jh. entstand ein regelrechtes ›Martyrion‹, zu dem Christen aus ganz Europa pilgerten. Zu dieser Zeit wurde die 80 m lange, dreischiffige Thekla-Basilika errichtet, von der heute nur noch eine gewaltige Apsis steht. Hinter einer großen **Zisterne** erstrecken sich die Fundamente der von Kaiser Zenon im 5. Jh. gestifteten **Kuppelkirche,** die als frühester Bau dieses Typus gilt.

Im Zentrum dient eine letzte Säule des antiken **Jupiter-Tempels** (İnönü Cad.) einem der vielen Störche der Stadt als Nistplatz. Auch die schmale **Taşköprü** über den lehmgelben Göksu Çayı im Zentrum ist im Kern römischen Ursprungs. Hier findet heute auf dem linken Ufer ein Fischmarkt statt, die Gassen ringsum sind das belebte Zentrum dieser Stadt mit malerischen Teehäusern, Werkstätten und Läden.

Im **Silifke Museum** (9–17 Uhr, außer Mo) an der Umgehungsstraße verdienen neben der ethnologischen Samm-

Silifke ist noch ein sehr traditionelles Städtchen

lung (Webwaren, Trachten) und Kleinskulpturen aus der Antike vor allem einige exemplarische Stücke des Schatzes von Gülnar Beachtung. Die Goldmünzen und Silbergegenstände stammen aus der Zeit Alexanders und der Diadochen. Ihre Entdeckung im Jahr 1980 löste einen fatalen Schatzsucherwahn aus, dem etliche antike Stätten zum Opfer gefallen sind: Sie wurden einfach gesprengt.

Zur **Zitadelle** gelangt man über die Ausfallstraße Richtung Konya, vorbei an Felsgräbern und Sarkophagen der antiken Nekropole. Die wehrhafte Hügelfestung erlebte übrigens ein echt mittelalterliches Drama: 1226 flüchtete sich nämlich Prinzessin Zabel, Erbtochter des kleinarmenischen Königs Leon I., zur Johanniterburg, um der Heirat mit dem Adligen Hethum zu entgehen, der neuer König werden sollte. Doch als die Armenier mit Krieg drohten, zogen die Ordensritter ab und überließen Zabel ihrem Schicksal.

Entlang dem **Göksu Kanyon** erreicht man weiter Richtung Konya nach 7 km einen Parkplatz, wo eine Gedenktafel an den Tod des Kaisers Friedrich I. Barbarossa am 10. Juni 1190 während des 3. Kreuzzuges in den Stromschnellen im Tal erinnert.

Tourist Information: Veli Bozbey Cad. 6, Tel. 7141151
Telefonvorwahl: Tel. 0324, Provinz İçel/Mersin, s. S. 223.

Lades Motel: Recht gut geführt, mit Terrasse zum Meer und Pool, beim Fährenanleger, im Hafenvorort Taşucu, Tel. 7414008, Fax 741 42 58, DZ ca. 20 €. Wer nicht nur ein Durchreisequartier sucht, weicht besser in den Küstenort Kızkalesi (30 km) aus (s. S. 208).

TOD EINES KAISERS

Friedrich Barbarossa und der dritte Kreuzzug

Am 10. Juni 1190 war es schon früh morgens recht heiß geworden. Friedrich I. aus dem Haus der Staufer, deutscher König und römischer Kaiser, wegen seines rötlichen Vollbarts später Barbarossa (Rotbart) genannt, hatte sich mit seinem Gefolge von der Hauptsäule des Kreuzfahrerheeres getrennt. Über eine Abkürzung erreichte er am Vormittag den Taldurchbruch des Saleph, des heutigen Göksu Nehri. Nach beschwerlichen Gewaltmärschen durch die anatolischen Berge trennten ihn jetzt nur noch acht Kilometer von der armenischen Küstenstadt Seleukia, dem heutigen Silifke. In der drückenden Sommerhitze beschloss Friedrich, noch einmal im Fluss zu baden. Ob den 67-jährigen dann durch die Abkühlung ein Hitzschlag traf oder ob ihn ein treibender Ast betäubte, wissen wir nicht. Vor den Augen seiner fassungslosen Begleiter sank er jedenfalls plötzlich unter Wasser. Nur mit Mühen gelang es, den Kaiser ans Ufer zu bergen – doch zu spät. Friedrich Barbarossa war tot.

Die Expedition, die zum unglücklichen Ende des Stauferkaisers auf dem Zenit seiner Macht führte, hatte fast genau 13 Monate früher begonnen. Am 11. Mai 1189 war das Heer der deutschen Kreuzfahrer, etwa 15 000 Mann, darunter 3000 voll bewaffnete Ritter, in Regensburg aufgebrochen – das Ziel: Jerusalem, die Heilige Stadt. Im Jahr 1099 hatte der erste Kreuzzug das »Grab unseres Heilands Jesus Christus« den Muslimen entrissen, wie ein unbekannter Chronist schrieb, in einem Gemetzel, »dass der ganze Tempel (Salomons) von ihrem Blut triefte«. Knapp 100 Jahre später zerbrach das fränkische Königreich Jerusalem jedoch wieder. Der kurdische Aijubiden-Sultan Saladin schlug die Christen 1187 bei Hattin vernichtend. Wenig später musste Jerusalem kapitulieren – und die Christen wunderten sich, dass die Glaubenskämpfer kein Blutbad anrichteten.

Schon 1184 hatte eine Gesandtschaft des Patriarchen der Heiligen Stadt das Abendland auf die drohende Gefahr aufmerksam gemacht. Doch die Christenheit war zerstritten. Papst und Kaiser lagen im Streit um das Recht der Bischofsinvestitur, die deutschen Stammesherzöge opponierten gegen Friedrich, und im Westen deutete sich im Konflikt zwischen Philippe Augustus von Frankreich und Henry II. von England schon der Hundertjährige Krieg an.

Erst der Fall von Jerusalem löste wieder die alte Kreuzzugsbegeisterung aus. Engländer und Franzosen organisierten eigene Züge über See. Friedrich Barbarossa hingegen setzte sich selbst an die Spitze eines Landheeres, das über Kleinasien ins Heilige Land vorstoßen sollte. Nicht weniger als ein Jahr nahmen die diplomatischen Vorbereitungen in Anspruch. Wie es das ritterliche Ehrideal verlangte, entbot der Staufer-Kaiser dem Sultan in Damaskus förmlich die Fehde. Sodann bemühte man sich bei allen Durchreiseländern um eine Passiererlaubnis. Mit dem

Königreich Ungarn und dem serbischen Zarenreich einigte sich der Kaiser rasch; Unterhändler setzten die Marschroute und die Preise für die Versorgungsgüter fest. Auch der Seldschuken-Sultan Kılıç Arslan II., an seiner Südostflanke von Saladin bedrängt und daher ein natürlicher Verbündeter des Kaisers, versprach den kaiserlichen Diplomaten, das Heer dürfe unbehelligt passieren. Auf dem Nürnberger Reichstag Anfang 1189 sorgte dann die Gesandtschaft des Hofes von Konya in ihrem orientalischen Aufzug für einiges Aufsehen. Schließlich gewann man auch das kleinarmenische Lehensreich südlich des Taurus als Verbündeten.

Schwieriger gestalteten sich schon die Verhandlungen mit dem oströmischen Kaiser Isaak II. Angelos. Das Verhältnis des ›Byzantinischen‹ Reichs zum Abendland war durch den blutigen Überfall der Normannen auf Thessaloniki (1185) schwer belastet. Nicht zuletzt war der byzantinische Kaiser ein Bündnis mit Saladin gegen die Seldschuken eingegangen – eine offene Provokation für die lateinischen Christen. So wurde den Kreuzfahrern zunächst jegliche Unterstützung verweigert. Erst als Friedrich schon den Sturm auf Konstantinopel plante, lenkte Isaak Angelos ein und stellte Schiffe für die Überfahrt über den Bosporus zur Verfügung. Das Verhältnis zu den Griechen blieb jedoch gespannt, und manch eine Stadt, die sich weigerte, ihren Markt zu öffnen, wurde kurzerhand niedergebrannt.

Als das Heer im Mai 1190 den Machtbereich der Seldschuken erreichte, wurde klar, dass sich auch dort die machtpolitischen Verhältnisse fundamental verändert hatten. Der greise Kılıç Arslan hatte das Reich unter seine neun Söhne aufgeteilt und war in der Folge entmachtet worden. Die neue Politik richtete sich nun gegen den Kaiser, erstmals stellten sich ihm regelrechte Heere entgegen. Die wuchtige Ritter-Phalanx der ›Franken‹ blieb jedoch siegreich, zuletzt in der Schlacht um Konya, bei der die Hauptstadt der Seldschuken genommen und nahezu die gesamte Einwohnerschaft abgeschlachtet wurde. Dann musste das Taurus-Gebirge überwunden werden. Am 7. Juni erreichten die Pilger-Krieger schließlich die Grenze des kleinarmenischen Reichs.

Drei Tage später, während die Schlagkraft des deutschen Heeres in der islamischen Welt Furcht und Schrecken auslöst, während der kleinarmenische Herrscher Leon I. bereits die Offensive gegen Saladin startet, stirbt der Kaiser. Das ist das Ende des Dritten Kreuzzugs. Viele Ritter treten entmutigt die Heimreise an, der Rest zieht unter Herzog Friedrich von Schwaben, dem Sohn Barbarossas, weiter nach Tarsus. Dort werden die Eingeweide des Kaisers beigesetzt, sein Fleisch, durch Kochen vom Skelett gelöst, bestattet man in Antiochia (Antakya) – die Gebeine schließlich sollen in Jerusalem in eine Gruft gebettet werden. Doch dazu kommt es nicht. In Antiochia grassiert die Ruhr und dezimiert das Heer fürchterlich. Im Oktober treffen gerade noch 1000 Mann des deutschen Kreuzzuges in Akko ein. Dort brechen erneut Epidemien aus, und als die englischen und französischen Kontingente das Heilige Land erreichen, ist auch Friedrich von Schwaben gestorben, das Heer aufgelöst. Niemand bleibt, der sagen könnte, wo der große Stauferkaiser zur letzten Ruhe gebettet wurde.

Einfache Lokantalar im Fischerviertel an der Menderes Cad. (nahe Post), z. B. **Gözde,** und an der Busstation, z. B. **Babaoğlu**. Schöne Aussicht bietet das **Kale Restoran** oben bei der Burg.

Wochenmarkt montags an der Busstation und freitags am Cumhuriyet Meydanı bei der Taşköprü-Brücke.

Verkehr: In Silifke halten täglich etwa alle 2 Std. Busse der Linie Antalya-Adana, etwa 4 x tgl. auch ein Bus Richtung Mut und Konya (256 km). **Busstation** an der İnönü Cad. Richtung Anamur, kurz vor dem Kreisverkehr.

Feste: Folklore-Festival im Mai mit Aufführungen der traditionellen Löffeltänze *(Kaşık Oyunları)*.

Diokaisarea (Uzuncaburç)

Atlas: S. 237, F3
Die antike Tempelstadt Diokaisarea liegt nördlich von Silifke auf 1100 m Höhe in reizvoller Gebirgslandschaft. Hier wurde seit dem 3. Jh. v. Chr. der Zeus Olbios verehrt, dessen Kult unter Kontrolle der Priesterdynastie der Teukriden stand, die große Teile des kilikischen Berglands beherrschten.

Beim Parkplatz bei der nach Süden geöffneten **Theater-Cavea,** die ca. 3000 Zuschauer fasste, markiert ein Portikus aus fünf korinthischen Säulen den Beginn der Hauptkolonnadenstraße. Sie führt zum **Tempel des Zeus Olbios** aus dem 2. Jh. v. Chr. Nicht nur die Mauern des Temenos, auch 30 Säulen stehen unversehrt aufrecht.

In der christlichen Spätantike wurde der Bau in eine Kirche umgewandelt, von der noch das Eingangsportal und die Apsis erkennbar sind. Anschließend kreuzt man eine von Säulenbasen flankierte Straße und kommt zum **Tyche-Tempel** mit fünf Monolithsäulen und fast unversehrter Cella. Die Querstraße nach Norden endet bei einem dreibogigen **Stadttor.** Am nördlichen Ortsrand (der antiken Stadtmauer folgen!) liegt ein gut 20 m hoher **Wehrturm.**

Kızkalesi/Korykos

Atlas: S. 237, F3
Die Küstenstraße Richtung Mersin passiert nun ein Gebiet, wo zahlreiche antike Stadtruinen von alter Besiedlung zeugen, das in den letzten Jahren aber für den türkischen Tourismus mit zahlreichen über 10stöckigen Apartmenthäusern zugebaut wurde. Noch relativ beschaulich und hübsch ist aber das Hoteldorf Kızkalesi (sprich ›keskalessi‹), das sich am Sandstrand beim antiken Korykos entwickelt hat.

Schon in byzantinischer Zeit war **Korykos** ein Stützpunkt des Zypernhandels. Anfang des 12. Jh. ließ der byzantinische Feldherr Eustathios die Landburg an der Küste ausbauen und vor dem Hafen eine zweite Festung anlegen. Unter Hethum I. (1226– 69) fiel das Bollwerk an das kleinarmenische Königreich; nach dem Niedergang der Armenier konnten die fränkischen Könige von Zypern die Festung bis 1448 als letzte abendländische Basis im südlichen Kleinasien halten.

Die **Meerburg** wird *Kızkalesi* (›Mädchenburg‹) genannt, weil hier eine Königstochter zu ihrer Sicherheit gehütet worden sei, bis ihr der so sehr besorgte Vater einen Obstkorb sandte, in dem sich unbemerkt eine giftige Schlange verbarg ... Dass der mächtige Mauerring ein schauriges Geheimnis hütete, stellte sich bei Renovierungsarbeiten 2001 heraus: Über ein Dutzend Skelette wurden entdeckt, die aus einem wohl über 50 Jahre alten Massengrab geborgen wurden – vielleicht Zeugnis einer Bluttat der Armenier-Pogrome. Sehenswert sind auch die **Nekropole** entlang der antiken Pflasterstraße am Hang gegenüber der Landburg und die Felsreliefs **Adamkayarlar** im *Şeytan Deresi* (Teufelstal, 9 km im Inland).

Info: Auf Kızkalesi-Tourismus spezialisiert ist die Reiseagentur **Olcartur,** Avcılar Cad. 30, Tel./Fax 523 21 28, in D: Tel. 07422/547 99; www.kizkalesi.de (das Gästebuch dort ist eine Art Forum von Kızkalesi-Fans, sehr informativ!).
Telefonvorwahl: Tel. 0324, Provinz İçel/Mersin, s. S. 223.

Baytan: Einfaches Mittelklassehotel direkt am schönsten Strandabschnitt, Zimmer mit Klimaanlage, Tel. 523 20 95, Fax 523 20 04, E-Mail: baytanotel @yahoo.com, DZ ca. 35 €.
Ercan Aparts: Gute Apartments mit und ohne Küche, nahe Baytan Hotel, 30–50 €, Tel. 523 20 15, Mob. 0532 650 42 79.
Başar Motel: Von außen wenig ansprechend, doch eine sehr nette Herberge mit Tauch-Service und Speed-Boot-Verleih (vor Club Barbarossa; Zufahrt bei Hotel Holland, Tel. 523 20 35, DZ ca. 20–30 €).

Restaurants & Bars: Besonders beliebt ist das **Paşa Restoran** (nahe Atatürk-Statue), man spricht deutsch. Gute Salate, Kuchen und Filterkaffee gibt es im **Cafe Nur** der Agentur Olcatur (neben Baytan Hotel). Den späteren Abend verbringt man sehr romantisch in den **Cafe-Bars** gegenüber der Seeburg mit Lagerfeuer am Strand. Zu den Fischrestaurants in **Narlıkuyu** lohnt ein Ausflug.

Umgebung von Kızkalesi

Bei **Narlıkuyu,** 5 km Richtung Silifke, kann man beim Besuch der hübschen Fischrestaurants in der kleinen Bucht ein kleines Mosaikenfragment mit den ›Drei Grazien‹ besichtigen. Das Badebecken gehörte zu einer antiken Thermenanlage, die durch das unterirdisch von den Korykischen Grotten herabfließende Wasser gespeist wurde.

Die berühmten **Korykischen Grotten,** zwei eingestürzte Karstdolinen, werden heute **Cennet ve Cehennem** (›Himmel und Hölle‹) genannt. Die unzugängliche Cehennem galt als Sitz des schlangenköpfigen Gottes Typhon, des Vaters des Höllenhundes Kerberos. Die Mauerreste links neben dem Besucherpavillon gehören zu einem antiken Tempel, in dem Zeus Korykos als Sieger über Typhon verehrt wurde. In die Paradies-Senke führt ein bequemer Treppenweg von 452 Stufen. Zahlreiche Stoff-Fetzen an den Ästen zeigen, dass die Bevölkerung hier immer noch dämonische Mächte vermutet und mit einem *adak* um Beistand bittet.

Östlich von Kızkalesi durchquert die Küstenstraße das Ruinenareal von **Elaiussa Sebaste,** das seine Blüte wie Korykos in der Spätantike erlebte, nach den Araberkriegen jedoch nicht wieder aufgebaut wurde. Knapp 4 km weiter zweigt man nach **Kanlıdivane,** dem antiken Kanytelis, ab, das sich rund um einen tiefen Karst-Einbruch erstreckt.

REISEINFOS VON A–Z

Alle wichtigen Informationen rund ums Reisen auf einen Blick – von A wie Anreise bis Z wie Zeitunterschied

Extra: Ein Sprachführer mit Hinweisen zur Aussprache und nützlichen Redewendungen

Blick auf die ›Mädchenburg‹ bei Kızkalesi

REISEINFOS VON A BIS Z

Türkische Adressen

In Großstädten wird neben Straße und Hausnummer immer auch Stadtviertel *(XY Mahalle)*, oft auch das Gebäude oder das Stockwerk angegeben. In kleineren Orten gibt es meist gar keine Straßenangaben, da schreibt man z. B. einfach *PTT yanı* = nahe der Post oder *XY Yolu* = Straße nach XY. Übliche Abkürzungen sind *Bulv.* = Bulvarı (Boulevard); *Cad.* = Caddesi (Avenue); *Sok.* = Sokak (Straße); *Mah.* = Mahalle (Stadtviertel), *Bld.* = Building (Gebäude), *Apt.* = Apartment, *Kat.* = Stockwerk.

Anreise

… mit dem Flugzeug

Die Reiseveranstalter bieten ganzjährig Flugpauschalarrangements zu den südtürkischen Flughäfen Dalaman (Region Fethiye) und Antalya (Riviera, Alanya) an. Günstige Angebote offerieren türkische Veranstalter, die SunExpress, eine türkische Condor-Tochter, auch mit Lufthansa-Sicherheitsstandards. Bei türkischen Reisebüros gibt es im Sommer auch Direktverbindungen nach Adana. Ganzjährig kann man auch ›Campingflüge‹ buchen und auf eigene Faust eine Unterkunft suchen. Das empfiehlt sich vor allem für den, der viel sehen und an der Küste entlang reisen will.

Im Linienverkehr fliegt dieTurkish Airlines *(Türk Hava Yolları)* von mitteleuropäischen Flughäfen mehrmals wöchentlich Antalya oder Dalaman an (jedoch stets via Istanbul). Info: www.turkishairlines.com

Der **Flughafen Antalya** liegt etwa 15 km östlich vom Zentrum am Stadtrand. Individualtouristen müssen mit dem Taxi ins Zentrum (ca. 15 €) oder zur Intercity-Busstation fahren (ca. 20 €); einen Bus-Shuttle gibt es nicht. Pauschaltouristen werden direkt am Ausgang abgeholt. Ein Wechselschalter ist geöffnet, Mietwagenagenturen findet man im alten Terminal *(Iç Hatları)*, 500 m entfernt.

Der **Flughafen Dalaman** ist etwa 70 km von Fethiye entfernt, auch hier sind Busverbindungen (ab Dalaman) nur mit dem Taxi (ca. 5 €) erreichbar. Wechselschalter und Mietwagenagenturen sind in der Ankunfthalle zu finden. **Gepäckwagen** kosten eine Gebühr von 1 €, sind für die kurzen Strecken aber kaum erforderlich!

… mit dem Auto

Die Strecke Frankfurt–Antalya ist rund 3400 km lang. Bei dem großen, günstigen Angebot an Mietwagen (s. S. 214) spricht an sich wenig für die Anreise mit dem eigenen Fahrzeug. Wer die viertägige Tortur trotzdem nicht scheut, hat zwei Routen zunächst nach Istanbul zur Auswahl.

Die ›jugoslawische‹ Route von München über Belgrad ist seit dem Balkankrieg wenig empfehlenswert, da man mehrere Visa braucht und mit langen Wartezeiten an den Grenzen rechnen muss. Die Route über Budapest, Bukarest und Edirne ist hingegen noch länger. Aktuelle Info zu den Transitbestimmungen für Ungarn, Serbien & Montenegro, Rumänien und Bulgarien erhält man bei seinem Verkehrsclub. Von Istanbul geht es über Bursa, Afyon und Isparta nach Antalya.

Ab Villach (Österreich) geht auch ein Autoreisezug nach Edirne: Juni–Okt., Pkw ca. 220 €, Pers. ab ca. 100–320 € (2004); über Optima Tours, München, Tel. 089/548 80 11).

Grenzdokumente sind für den Pkw nicht vorgeschrieben, das Fahrzeug wird jedoch in den Pass eingetragen (Achtung: bei Diebstahl oder Totalverlust Eintragung löschen lassen). Benötigt werden der nationale **Führerschein,** der **Kfz-Schein** sowie die internationale **›Grüne Versicherungskarte‹,** die auch für den asiatischen Teil der Türkei gültig sein muss. Da türkische Haftpflichtversicherungen zumeist nur unzureichende Entschädigungen leisten, ist der Abschluss einer Kurzzeitvollkaskoversicherung ratsam.

... mit dem Schiff
Sicherer und wohl auch erholsamer als die Anreise über Land ist die Pkw-Anreise per Schiff über Italien. Fährverbindungen der *Turkish Maritime Lines* bestehen zwischen Venedig oder Brindisi nach İzmir oder Çeşme, jedoch nur in den Saisonmonaten Mai–Okt. (z. B. Abfahrt Venedig Sa 21 Uhr, Ankunft İzmir Di 12 Uhr, www.tdi.com.tr). Auskünfte über Reisebüros oder die Generalagentur RECA, Neckarstr. 37, 71065 Sindelfingen, Tel. 07031/86 60 10-19, Fax 87 65 68.

Über die Einreise mit dem eigenen Segel- oder Motorboot informiert das Türkische Fremdenverkehrsamt (s. S. 221) in einer ausführlichen Broschüre.

Apotheken

Apotheken *(eczane,* sprich ›ädschsanä‹) sind zu den üblichen Geschäftszeiten geöffnet (ca. 8.30–21 Uhr); sie führen neben Arzneien auch Drogerieartikel. Da in der Türkei die wenigsten Medikamente rezeptpflichtig sind, nimmt der Apotheker auch beratende Aufgaben wahr – bei kleineren Problemen kann man sich den Gang zum Arzt daher sparen. In den Touristenzentren sprechen die Apotheker oft Englisch oder sogar Deutsch. Meist sind die Medikamente unter anderen Namen im Handel, spezielle Mittel sollte man daher mitnehmen. Dagegen sind Allerweltspräparate (z. B. Aspirin, Canesten, Viagra) viel günstiger zu bekommen.

Autofahren

Mittlerweile sind alle wichtigen Straßen an der Südküste zu sehr gutem Standard ausgebaut worden; die Staatsstraße Antalya–Alanya ist nun weitgehend vierspurig befahrbar. In Bergregionen jedoch muss man mit kurvigen, schmalen und an Steilabstürzen völlig ungesicherten Pisten rechnen.

Die Türken selbst fahren zwar unkonventionell, aber im Prinzip eher defensiv (bis auf Bus- und Lkw-Fahrer). Zur Rush-Hour ist in den Städten mit chaotischen Verhältnissen zu rechnen – an Fahrbahnmarkierungen hält sich dann keiner mehr und eine Dreispurstraße wird zu einer fünfspurigen.

Mietwagen:
In allen Städten und touristischen Orten werden Mietwagen angeboten. Internationale Agenturen wie Avis sind in der Regel teurer als die lokalen, bieten

Hinweisschilder

Dikkat	Achtung
Dur	Stopp
Yavaş	Langsam
Inşaat	Baustelle
Tehlikeli Viraj	Gefährliche Kurve
Bozuk Satıh	Schlechte Straße
Taşit Giremez	Gesperrt
Sollamayın	Überholverbot
Tek Yön	Einbahnstraße
Park Yapılmaz	Parkverbot
Şehir Merkezi	Stadtzentrum

jedoch besseren Notfallservice.

Die Tagespreise (ohne Abrechnung nach Kilometern) liegen zwischen 25 € für einen Kleinwagen und 55 € für einen Jeep. Bei längerer Mietdauer werden Rabatte eingeräumt; in der Nebensaison kann man den Preis auch noch herunterhandeln. Man muss Führerschein und Reisepass vorlegen; das Mindestalter beträgt 21 Jahre. Gezahlt wird im Voraus, wobei stets eine Kaution *(deposit)* über die **Kreditkarte** verlangt wird. Versichern Sie sich, dass Kaskoversicherung und Steuer im Preis eingeschlossen sind. Überprüfen Sie vor Fahrtantritt das Reserverad und den Wagenheber!

Verkehrsregeln:
Innerorts darf nicht schneller als 50 km/h gefahren werden, auf den Staatsstraßen nur bis 90 km/h, auf den (mautpflichtigen) Autobahnen bis 120 km/h. Radarkontrollen gibt es nur selten, zumeist an den Ausfallstraßen der großen Städte, oft aber Polizeikontrollen (Pass nie vergessen!). Es besteht Gurtpflicht sowie für Privatfahrer ein Alkohollimit von 0,5 Promille (s. auch Unfälle). Die Verkehrsschilder entsprechen den europäischen Normen.

Tankstellen
haben auch sonntags geöffnet, an den Überlandstraßen viele auch durchgehend 24 Std. lang. Das Benzin ist etwa so teuer wie in Deutschland. Bleifrei heißt in der Türkei *kurşunsuz* (›kurschunssus‹), Diesel *mazot* (›masott‹).

Praxistipps für Autofahrer:
Türkische Autofahrer hupen gern. Lassen Sie sich davon nicht irritieren. Man will nur auf sich aufmerksam machen, beispielsweise bei einem **Überholmanöver.** Üblicherweise gestattet man das Überholen dann sofort. Auch auf den Dreispurstraßen gilt die Regel, dass man jeden, der überholen will, auch vorbeilässt!

Bei Fahrten in abgelegenen Bergregionen muss man sich z. T. auf sehr schlechte Schotterpisten mit Schlaglöchern und nicht selten mehr als 10 % Gefälle einstellen (Motorbremse!), bei stark holprigem Gelände sollte man zur ›Schonung‹ der Ölwanne mit den Reifen *über* die hohen Steine fahren. In ländlichen Regionen blockieren häufig frei laufende Ziegenherden die Straße.

Unfälle:
Bei jedem Unfallschaden, der über die Haftpflichtversicherung zu regulieren ist, muss ein Polizeibericht aufgenommen werden, der *immer* einen (zeitraubenden) Alkoholtest einschließt – andernfalls zahlt die türkische Versicherung nicht. Bei größeren Unfällen oder Personenschäden lassen Sie sich am besten einen Deutsch sprechenden Anwalt durch die Botschaft oder die Konsulate vermitteln (s. S. 217).

Notrufnummern:
s. vordere Umschlagklappe

Hilfe bei Unfall oder Panne:
Türkischer Automobilclub
(Türkiye Turing ve Otomobil Kurumu – TTOK)
Antalya: Milli Egemenlik Cad. 9,
Tel./Fax 0242/247 06 99
Mersin: Mücahitler Caddesi 55,
Tel. 0324/232 04 92, Fax 232 12 47

Bettler

Sehr häufig wird man erleben, dass gerade die Türken, die selbst nicht allzu viel besitzen, Bettlern etwas Geld zustecken. In der Regel handelt es sich um alte oder verkrüppelte Menschen, die ohne staatliche Unterstützung und in bitterster Armut leben. Der Islam zählt das Almosengeben zu den heiligen Pflichten, und das Christentum hat wohl auch nichts dagegen. Keinesfalls sollten Sie allerdings bettelnden Kindern Geld geben, die dadurch leicht ein größeres Monatseinkommen als ihre Väter erreichen können – anstatt zur Schule zu gehen. Das Einkommensniveau sollte man auch beim *Bahşiş* (›Bakschisch‹) für kleinere Gefälligkeiten beachten (umgerechnet 50 Cent sollten es aber schon sein).

Busse

Das landesweit wichtigste öffentliche Verkehrsmittel ist der Bus, die Eisenbahn spielt so gut wie keine Rolle. Fernbuslinien *(Intercity* genannt) verbinden alle Städte an der Küstenstraße, der zum Teil dreispurig ausgebauten Staatsstraße 400, fast im Stundentakt. Die Preise sind recht günstig, z. B. Antalya – Fethiye ca. 12 €, Antalya – Alanya ca. 8 €. Nach jeweils 2 bis 3 Std. werden längere Pausen eingelegt. Ein Fahrtbegleiter verstaut das Gepäck, bietet regelmäßig Eau de Cologne zur Erfrischung an oder verteilt kleine Wasserflaschen.

Der Intercity-Busverkehr wird von mehreren privaten Gesellschaften organisiert. Die Gesellschaften *Varan* oder *Koc* haben in puncto Komfort und Sicherheit den besten Ruf. Die Fahrkarten werden in den Büros der Unternehmen auf den Busstationen verkauft und gelten auch als Platzkarten.

Tipp: Da die Busse selten ausverkauft sind, sucht man einfach einen Bus zum gewünschten Ziel, der schon teilweise besetzt ist. Das ist zumeist der, der als nächster startet; man kann ohne Probleme während der Fahrt zahlen. In den Hauptreisezeiten, vor allem vor und während der religiösen Feiertage *Şeker Bayramı* und *Kurban Bayramı,* empfiehlt es sich jedoch, im Voraus zu buchen (s. S. 218).

Die Intercity-Busstationen *(Otogar)* der größeren Städte liegen meist etwas außerhalb; zum Stadtzentrum *(Şehir Merkezi,* sprich ›schähir märkäsi‹) fährt man per Taxi oder Minibus. Taxifahrer versuchen übrigens dabei oft, den Touristen gleichzeitig eine Pension zu vermitteln, um dafür eine Provision zu kassieren. Meist sind diese Häuser nicht sehr ansprechend, aber billig.

In kleineren Orten oder bei historischen Sehenswürdigkeiten hält der Bus auf Zuruf an; in der Regel kann man die Busse auch auf freier Strecke per Handzeichen stoppen.

Minibusse

Der Busverkehr auf den Nebenstrecken zu den abgelegenen Orten wird von Minibussen, traditionell *dolmuş* (›dolmusch‹) genannt, übernommen. Die Fahrzeuge werden meist privat betrieben, doch sind die Preise staatlich festgelegt und wesentlich billiger als die der Taxis. Meist halten Minibusse auf Zuruf oder Handzeichen an. Die

Fahrtziele werden auf einem Schild an der Windschutzscheibe angezeigt.

Camping & Motels

An der Südküste gibt es nur noch wenige Campingplätze, viele Areale sind inzwischen zu Hotelanlagen umgebaut. Eine Broschüre des Fremdenverkehrsamtes listet alle lizenzierten Plätze auf.

Diebstahl & Betrug

Schwere Eigentumsdelikte sind in der Türkei eher selten. Allerdings gilt auch hier, dass man sich auf dem Land sicherer fühlen kann als in den Städten. Ärgerlich sind hingegen die **doppelten Preise** für Touristen: Im Basar, bei Taxifahrten oder beim Bäcker, stets muss man mehr bezahlen als ein Türke. Meist merkt man erst viel später, wie niedrig der übliche Preis gewesen wäre. Doch handelt es sich in der Regel um eher geringe Beträge, die zu verschmerzen sind. In der Türkei gilt Betrug übrigens als Kavaliersdelikt: Wer nicht aufpasst, ist selbst schuld. Vorsicht aber bei größeren Ausgaben, z. B. für Lederwaren und Teppiche: Kaufen Sie nichts ohne Sachkenntnis und zähes Handeln (s. S. 221).

Diplomatische Vertretungen

... von Deutschland
Botschaft
Atatürk Bulvarı 114, Ankara
Tel. 0312/455 51 00, Fax 426 69 59
İzmir – Generalkonsulat
Atatürk Cad. 260
Tel. 0232/488 88 88, Fax 463 79 90
Antalya – Außenstelle des GK İzmir
Yeşilbahçe Mah.,
Paşakavakları Cad., 1447 Sok.
Tel. 0242/322 94 66, Fax 321 69 14

... von Österreich
Botschaft
Atatürk Bulvarı 189, Ankara
Tel. 0312/419 04 31, Fax 418 94 54
Honorarkonsulat Antalya
Namık Kemal Bulvarı 64
Tel./Fax 0242/345 18 00

... der Schweiz
Botschaft
Atatürk Bulvarı 247, Ankara
Tel. 0312/467 55 55, Fax 467 11 99
Honorarkonsulat Antalya
c/o Pamfilya Tourism,
İşiklar Cad. 57
Tel. 0242/243 15 00, Fax 242 14 00

... der Türkischen Republik
... in Deutschland
10179 Berlin, Rungestr. 9
Tel. 030/27 58 50, Fax 275 90 915
turk.em.berlin@t-online.de
... in Österreich
1040 Wien, Prinz-Eugen-Str. 40,
Tel. 01/505 73 38-0, Fax 503 36 60
tuerkische-botschaft@chello.at
... in der Schweiz
3006 Bern, Lombachweg 33,
Tel. 031/350 70 70, Fax 352 88 19
turkembs@bluewin.ch

Drogen

In der Türkei gelten überaus harte Strafen für den Besitz und den Schmuggel von Drogen. Sie sollten diesbezügliche Angebote grundsätzlich ablehnen und auch keinerlei Pakete mit unbekanntem Inhalt zum Transport annehmen – in 2001 sind zwei junge Deutsche zu langjährigen Haftstrafen (über 10 Jahre) verurteilt worden.

Einreisebestimmungen

Deutsche oder Schweizer können für einen Aufenthalt unter drei Monaten mit einem Reisepass oder Personalausweis einreisen. Österreicher benötigen einen Pass und müssen an der Grenze ein Visum erwerben. Bei längerem Aufenthalt muss man bei der Ortspolizei eine Aufenthaltsgenehmigung beantragen.

Zoll: Wertvolle Gegenstände wie Laptops oder Antiquitäten (s. S. 223) sollten bei der Einreise angemeldet werden. Zigaretten sind übrigens in der Türkei billiger als im Duty-Free-Shop oder im Flugzeug.

Zoll bei der Rückreise: Teppiche dürfen nur bei Vorlage einer Quittung mit Angabe des Alters ausgeführt werden, Antiquitäten (s. S. 223) überhaupt nicht. **Achtung:** Wer Fundstücke von Ausgrabungsstätten oder auch fossile Steine im Gepäck hat, muss mit Gefängnis rechnen und kann die Türkei nur gegen Zahlung einer hohen Kaution wieder verlassen.

Beachten Sie auch die Einfuhrbestimmungen des einheimischen Zolls (steuerfrei pro Person über 17 Jahre bis zu 200 Zigaretten, 1 l Spirituosen über 22 % Vol. etc., insgesamt Waren in einem Wert bis 180 €).

Elektrizität

Die Netzspannung beträgt 220 Volt. Für Schuko-Stecker braucht man einen Adapter.

Feiertage

Nationale Feiertage:

1. Januar: Neujahr; in der Türkei wird Weihnachten zwar nicht, Silvester hingegen schon gefeiert.

23. April: Tag der nationalen Souveränität und der Kinder *(Ulusal Egemenlik ve Çocuk Bayramı);* erinnert an die Einberufung der Nationalversammlung 1920. Aufführungen von Kindergruppen.

19. Mai: Atatürk-Gedenktag und Tag der Jugend und des Sports *(Gençlik ve Spor Bayramı);* erinnert an die Ankunft Atatürks in Samsun 1919 und gilt als Gründungstag der Unabhängigkeitsbewegung. Aufführungen von Jugendgruppen und Sportvereinen.

30. August: Tag des Sieges *(Zafer Bayramı);* erinnert an den entscheidenden Sieg Atatürks im Krieg gegen die Griechen 1922, wird mit Aufmärschen und Paraden gefeiert.

29. Oktober: Tag der Republik *(Cumhuriyet Bayramı);* erinnert an die Republikgründung 1923.

Religiöse Feste (s. S. 45):

Ramadan: 2005 ab 4. Oktober, 2006 ab 24. September

Şeker Bayramı: dreitägiges Zuckerfest, 2005 ab 3. November, 2006 ab 24. Oktober

Kurban Bayramı: fünftägiges Opferfest, 2006 ab 10. Januar

FKK

Strände zum Nacktbaden gibt es in der Türkei nicht. ›Oben ohne‹ ist an den Urlaubsstränden aber üblich und begeistert türkische Spanner. An einsamen Stränden ist beides tendenziell gefährlich, da es den Zorn der Landbevölkerung provozieren kann.

Frauen allein unterwegs

Im ›Touristen-Ghetto‹ haben allein reisende Frauen nicht mehr und nicht weniger Probleme als woanders auch. In der lästig häufigen ›Anmache‹, die man in den Großhotels erdulden muss, sehen sich die türkischen Kellner und Sportbetreuer durch zahlreiche ›Erfolge‹ bestärkt. Abseits der Touristenorte sind die Männer zurückhaltender, aber auch hier ist man vor unliebsamen Überraschungen nicht geschützt.

Im Fall eines Falles erreicht man die besten Erfolge, wenn man sich laut schimpfend zur Wehr setzt (rufen Sie: ›Ayıp!‹ = Schande) und die Öffentlichkeit einbezieht. Gute Erfahrungen scheinen Frauen mit einem Verhalten zu machen, das sie den Türkinnen abschauen: Belästigungen bleiben immer dann aus, wenn Mann sich nicht aufgefordert fühlen kann, z. B. durch einen erwiderten Blickkontakt oder freizügige Kleidung. Ein offener Flirt hingegen gibt dem Mann den richterlich bestätigten Freibrief zur Vergewaltigung.

In Bussen haben Frauen traditionell ein Recht darauf, nicht neben einem Mann sitzen zu müssen; will man sich als Mann neben eine Frau setzen, sollte man daher stets erst um Erlaubnis fragen. In reisepraktischen Fragen wendet man sich als Frau am besten an eine Türkin – die überaus herzliche Hilfe ist allein schon ein ganz überraschendes Erlebnis.

Foto & Video

Gängiges Fotomaterial ist recht günstig in den Urlaubszentren erhältlich, auch die Schnellentwicklung ist meist gut und preiswert. Dia- und Video-Filme sollte man besser mitnehmen.

Militärisch relevante Objekte (Brücken, Kasernen, Armeeposten) dürfen nicht fotografiert werden. Entsprechende Verbote sollten strikt beachtet werden. In Museen ist Fotografieren nur ohne Stativ erlaubt.

Bevor Sie Personen fotografieren, sollten Sie durch eine Geste um Einverständnis bitten. Sehr häufig wird man dann im Gegenzug gebeten, einen Abzug zu schicken. Auf keinen Fall sollten Sie Geld geben – auch wenn Kinder mitunter darum betteln.

Geld & Geldwechsel

Die **Türkische Lira** war lange starker Inflation unterworfen, daher wurden Anfang 2005 durch eine Währungsreform sechs Nullen gestrichen. 1 Neue Lira (Yeni Lira, YTL)) entspricht jetzt 1 Mio. alten Lira. Ende 2004 stand der Wechselkurs 1 € zu ca. 1,9 Mio. alten Lira (Angaben zum aktuellen Kurs auf Videotextseite 502 bei TRT-Int).

Die Yeni Lira gibt es jetzt in Münzen zu 1, 5, 10, 25 und 50 Kuruş sowie 1 Lira und Scheinen zu 1, 5, 10, 20, 50 und 100 Lira. Die alten Scheine sind aber noch ein Jahr lang gültiges Zahlungsmittel.

In den Urlaubsregionen des Westens (bis Alanya) hat sich mittlerweile der **Euro** als Zweitwährung etabliert. Euro kann man sich bei den Wechselstuben mit EC/Maestro-Karte auszahlen lassen: Für diese ›Bankautomaten‹ werden jedoch 15 % Gebühr berechnet. An echten Bankautomaten, die es in allen größeren Orten gibt, erhält man zu reellen Konditionen türkische Lira.

Bargeld und Traveller-Cheques kann man bei Banken und Postämtern wechseln, ebenso bei Reisebüros und Hotels, dort allerdings zu einem ungünstigeren Kurs.

Bewahren Sie Umtauschquittungen auf, um bei der Ausreise Probleme mit dem Zoll zu vermeiden (s. S. 218, 223).

Gesundheitsvorsorge

Offiziell sind keine **Impfungen** erforderlich, jedoch sollte der Impfschutz gegen Polio, Diphtherie und Tetanus überprüft werden.

Unfall- und Notfallpatienten werden in staatlichen **Krankenhäusern** (Devlet Hastanesi) kostenlos versorgt, man muss nur Material und Medikamente zahlen. Auch bei anderen Erkrankungen wird man dort preiswerter behandelt als bei Privatärzten. Mit kleineren Problemen kann man auch direkt zum Apotheker gehen (s. S. 214). Die meisten Ärzte sprechen Englisch. Alle selbst gezahlten Rechnungen kann man nach Rückkehr bei der Krankenkasse einreichen und bekommt die Kosten in Höhe der vergleichbaren deutschen Kassensätze erstattet. Eine **Auslandskrankenversicherung** lohnt sich vor allem zur Vorsorge gegen hohe Risiken. Achten Sie darauf, dass keine Selbstbeteiligung vereinbart ist!

In den Touristenregionen sind in den letzten Jahren viele **private Kliniken** entstanden, die sich darauf spezialisiert haben, kleinere Verletzungen mit großem (= teurem) Aufwand zu behandeln: Bleiben Sie skeptisch und gehen Sie lieber in ein öffentliches Krankenhaus!

Häufige Krankheiten:
Die häufigsten Erkrankungen sind schwere **Sonnenbrände.** Gegen die intensivere UV-Einstrahlung verwenden Sie am besten eine Creme mit hohem Schutzfaktor.

Häufiger treten auch leichte Darmverstimmungen mit **Durchfall** auf. Empfindlichen Personen sei geraten, Eis und kalte Getränke zu meiden. Zur Auswahl von Fisch s. S. 59. Auch empfehlen sich hygienische Maßnahmen wie z. B. häufiges Händewaschen. **Leitungswasser** ist in den Städten trinkbar (weil gechlort), auf dem Land sollte man besser nur abgefülltes Wasser aus Flaschen benutzen.

Bei leichteren Beschwerden hilft eine **Diät** aus ungesüßtem Tee, lauwarmer Cola und Salzgebäck. Halten die Beschwerden länger an, erhält man in der Apotheke rezeptfreie Medikamente. Tritt Fieber hinzu, sollte man jedoch sofort einen Arzt aufsuchen.

Mit AIDS ist nicht zu spaßen: Kondome heißen *prezervatif* (volkstümlich *kapot)* und sind in den Apotheken (s. S. 214) erhältlich.

Hamam

Ein Hamam, ein **Türkisches Bad** (s. S. 74), findet man in allen Urlaubszentren, teils in historischen Gebäuden, teils als Neubau. Nach der Tradition gibt es entweder Doppel-Hamams *(çifte hamamı)* für Frauen und Männer, sonst baden Frauen meist vormittags an einzelnen Wochentagen. In touristischen Hamams dürfen heute auch Gruppen baden, dann allerdings in Badekleidung; die Gebühren dort sind jedoch recht teuer.

Alle nötigen Utensilien werden gestellt, die Massage kostet zusätzliche Gebühr. Unter Türken ist es stets (auch beim Waschen) üblich, ein Handtuch um die Hüften zu tragen – jedenfalls bei den Männern. Andernfalls kann es durchaus zu ernsthaften Missverständnissen kommen …

Handeln

Während Massengüter und Kaufhausware zu festgelegten Preisen verkauft werden, sollte man auf **Märkten** oder in **Souvenirgeschäften** nach Kräften feilschen, denn dort werden Urlaubern meist heillos überteuerte Preise abverlangt.

Beim Handeln sind ein gewisses ›Know-how‹ und auch Humor hilfreich. Einige taktische **Tipps:** Nennen Sie nur dann ein Preisangebot, wenn Sie auch wirklich kaufen möchten, zeigen Sie Ihr Interesse aber nicht zu offensichtlich. Ein eigenes Angebot könnte z. B. bei der Hälfte des geforderten Preises liegen. Dann kann man sich nach einigem Hin und Her bei etwa einem Drittel Abschlag einigen. Reagiert der Händler ablehnend, gehen Sie einfach weiter, dann fällt der Preis ganz schnell. Bei Teppichen zu handeln ist schwierig; dafür muss man an mehreren Tagen wiederkommen und ein längeres Palaver durchstehen.

Informationsstellen

Türkische Fremdenverkehrsämter
Man erhält Prospekte sowie Informationshefte mit wichtigen Adressen.
… in Deutschland
60329 Frankfurt/M., Baseler Str. 35–37,
Tel. 069/23 30 81, Fax 069/23 27 51
www.reiseland-tuerkei-info.de
… in Österreich
1010 Wien, Singerstr. 2/VIII,
Tel. 01/512 21 28, Fax 01/513 83 26
office@turkinfo.at
… in der Schweiz
8001 Zürich, Talstr. 82,
Tel. 01 221 08 10, Fax 01 212 17 49
turkeiinfo@bluemail.ch

Tourist Information in der Türkei
Info-Büros für Touristen *(Turizm Danişma Bürosu)* gibt es in fast allen Urlaubsorten. Die Broschüren dieser Büros bekommt man jedoch auch bei den Fremdenverkehrsämtern zu Hause.

Große Anzeigetafeln mit einem **Stadtplan** findet man oft an zentralen Kreuzungen in den größeren Orten. Nützliche Tipps und Hinweise geben zumeist auch die privaten **Reisebüros.**

Infos im Internet

www.turizm.gov.tr Site der türkischen Fremdenverkehrsämter (auch deutsch)
www.mymerhaba.com sehr viele Infos, mit aktuellem Event-Kalender
www.exploreturkey.com allgemeine Infos und Reisetipps
www.biggtravel.com gut ausgewählte Tourismusinfos, viele Tipps
www.tcberlinbe.de Site der Türkischen Botschaft Berlin

www.turkishnews.com Artikel aus türkischen Zeitungen
www.antalya-ws.com touristische Informationen, Kultur, Werbung

Literaturempfehlungen

Hennamond. Mein Leben zwischen zwei Welten, Fatma B., Ullstein 2001. Selbstanalyse einer Deutschtürkin.
Gebrauchsanweisung für die Türkei, Iris Alanyali, Piper 2004.
Die Türkei. Politik, Geschichte, Kultur, Günter Seufert,Christopher Kubaseck, Beck 2004.
Türkei. Schwellenland der Gegensätze. Volker Höhfeld, J. Perthes Verlag, Gotha 1995.
Allahs Schatten über Atatürk, Peter Scholl-Latour, Goldmann 2001.
Mehmet mein Falke, Yaşar Kemal, Unionsverlag, Zürich 1990: Berühmte Darstellung des Lebens der Çukurova-Region in den 1930er Jahren.

Moscheebesuch

In der Türkei ist das Betreten einer Moschee *(cami,* sprich ›dschami‹) auch Nicht-Muslimen gestattet. Während der Gebetszeiten und am Freitag, dem heiligen Tag des Islam, sollte man von einem Besuch jedoch absehen. Am Eingang müssen stets die Schuhe abgelegt werden, angemessene Kleidung ist erforderlich: keine Shorts, die Arme müssen bedeckt sein, Frauen müssen ein Tuch um die Haare legen.

Notruf

s. Umschlaginnenklappe vorn

Öffnungszeiten

s. Umschlaginnenklappe vorn

Post

Ein Postbüro *(Postahane* oder auch noch *PTT)* findet sich in fast jeder Ortschaft. Hauptpostämter größerer Städte sind in der Regel wochentags bis 22 Uhr geöffnet, So bis 19 Uhr.

Briefmarken *(pul)* erhält man am Schalter. Die Gebühren für Postkarten *(kartpostal)* oder Briefe *(mektup)* liegen um etwa 0,50 €. Per **Luftpost** sind Briefe etwa 5 Tage unterwegs. Auf der Post werden auch **Reiseschecks** eingelöst und Bargeld gewechselt.

Reisekasse

Devisen dürfen unbeschränkt eingeführt werden, sind aber ab einem Wert von 5000 US-$ zu deklarieren. Türkische Lira sollte man vor der Reise nicht wechseln, denn der Kurs ist sehr ungünstig. Auf allen Flughäfen steht ein Wechsel-Service zur Verfügung. Türkische Banken wechseln Traveller-Cheques; an zahlreichen Bankautomaten kann man mit EC/Maestro-Karte oder mit Kreditkarte Bargeld erhalten.

Das **Preisniveau** in der Türkei ist deutlich niedriger als in Westeuropa, allerdings gelten für Touristen oft höhere Preise (s. S. 217), die aber immer noch günstig sind.

Souvenirs

Textilien machen den größten Teil des Angebots auf den Touristenmärkten aus. Es handelt sich jedoch in der Regel um Markenfälschungen; die Qualität ist nicht immer befriedigend. Auch Lederkleidung wird viel angeboten, wobei auch die Möglichkeit besteht, Maßanfertigungen machen zu lassen. Darüber hinaus findet man osmanisch-orientalischen Nippes: handgetriebene Messing- und Kupferwaren (Tabletts, Kannen), mit islamischen Motiven bemalte Keramik und v. a.

Handwerklich sind die einfachen Souvenirprodukte nicht immer gut, das meiste ist Fabrikware. Goldschmuck ist in den Touristenläden oft nur 333er Ware (und dann Kaufhausware aus dem Katalog!) – wenn überhaupt, sollten Sie nur 585er Gold kaufen. Bei Teppichen oder Kelims sollte man lange und zäh handeln (s. S. 221, 168). Achtung bei alten Teppichen und Antiquitäten – siehe Kasten unten.

Handwerksprodukte zu günstigen Preisen sind darüber hinaus Strickwaren mit Nomadenmustern, Gegenstände aus Onyx oder Alabaster, Pfeifen aus dem bei Eskişehir gewonnenen Meerschaum sowie Gewürze, Honig und Konfitüren. Auf Märkten kann man ›à la turca‹ gemusterte Stoffe kaufen, in Alanya gibt's auch noch die traditionellen türkischen Fischerhosen.

Achtung: Ausfuhr von Antiquitäten

Die Ausfuhr von Antiquitäten, auch wenn Sie frei erwerbbar sind, steht unter strenger Strafe (9000 € Kaution, 5 Jahre Haft). Beachten sie daher folgende Regeln: Für **Teppiche** muss eine Quittung mit Angabe des Alters vorliegen. Für jedwede Art von **alten Gegenständen** muss eine Freigabe von der Direktion eines Museums vorliegen. **Wertgegenstände** müssen im Reisepass eingetragen sein oder es muss die Quittung eines offiziellen Geldwechsels in entsprechender Höhe vorliegen. Sämtliche **Steine** oder **Mineralien** dürfen nur mit einer Erlaubnis des MTA (Institut für Bodenschätze) ausgeführt werden.

Taxis

Die gelben Taxis sind im Vergleich mit *Dolmuş* teurer, aber immer noch recht billig. Offiziell muss jedes Taxi nach Taxameter abrechnen. In den Hotelzonen hat es sich aber eingebürgert, nach (überteuerten) Festpreisen zu fahren. Da lohnt es sich oft, im nächsten richtigen Ort ein Moped für den ganzen Urlaub zu mieten.

Telefonieren

s. auch Umschlagklappe vorn.

Das türkische Telefonsystem arbeitet mit **Vorwahlnummern,** die für eine ganze Provinz gelten: für die Provinz Antalya (von Kalkan bis Alanya) etwa 0242, für die Provinz Muğla (Fethiye, Köyceğiz) 0252. Beim Anruf von Side nach Antalya ist daher keine Vorwahl erforderlich. Die jeweilige Vorwahl wird bei den Orten unter dem Pikto ›Information‹ genannt. Bei Anrufen vom Ausland entfällt die 0 der Provinzvorwahl.

Toiletten

Die traditionellen türkischen Steh- oder besser Hocktoiletten findet man an der touristischen Südküste nur noch selten. Pensionen und Hotels sind mit modernen Sitz-WCs ausgestattet; dort wirft man das Papier aber nicht in die Spülung, sondern wegen der Verstopfungsgefahr in einen Abfalleimer. In jedem Ort findet man meist bei der Moschee eine öffentliche Toilette (*Bay* = Herren; *Bayan* = Damen).

TV & Radio

Alle Luxusanlagen bieten ihren Gästen **Sat-Fernsehen** mit den wichtigen deutschen Programmen. Auch in vielen Kneipen läuft vielfach deutsches (oder englisches) Fernsehen, v.a. mit Fußballübertragungen.

Das 2. TV-Programm des Türkischen Staatssenders TRT bringt nach den 22-Uhr-Nachrichten einen Nachrichtenüberblick in englischer Sprache.

Auch mit seinem Tourismus-Radio ›Voice of Turkey‹ auf 100,6 MHz (Station Antalya) bringt TRT Nachrichten, sogar in Englisch und Deutsch. Das Sendeprogramm der Deutschen Welle erfährt man unter www.dw-world.de.

Unterkunft

An den türkischen Küsten sind seit 1985 riesige Hotelsiedlungen mit Unterkünften aller Kategorien entstanden. Der Vorteil ist, dass man auf eigene Faust immer etwas findet und in der Mittelklasse auch (wg. des Überangebots) zu günstigen Preisen.

Nachteil jedoch ist, dass die meisten neuen Häuser sehr weit außerhalb liegen, zentral gelegene Anlagen hingegen älter sind und teils auch schon etwas heruntergekommen. Aus diesem Grund tauchen sie dann in den Katalogen deutscher Reiseveranstalter nicht mehr auf – dort findet man fast nur noch höchst luxuriöse, meist aber in der Einsamkeit gelegene Hotels.

In den Hotelhinweisen dieses Buchs finden sich bevorzugt zentrumsnahe Adressen, die man problemlos vor Ort buchen kann, – oder auch im Internet, doch das ist meist nicht günstig, weil man dann nicht handeln kann. Bei Pensionen (immer Zi. mit Dusche/WC) muss man mit ca. 15 € (Nebensaison) – 35 € (Hochsaison) für zwei Personen im Doppelzimmer rechnen, in 2–3-Sterne-Hotels mit 25–60 €, für Apartments (2 E/2 Ki) 20–60 €. Luxus- oder 5-Sterne-Hotels kosten im Straßenpreis ab 130 € pro Person.

Zeitungen

In den Touristenzentren sind deutschsprachige und internationale Zeitungen ein Tag nach Erscheinen zu bekommen. Die *Daily News*, eine türkische Tageszeitung in Englisch, bringt touristische Informationen und übersetzte Artikel aus türkischen Zeitungen.

Zeitunterschied

Die Türkei liegt in der osteuropäischen Zeitzone (OEZ). Aus Mitteleuropa kommend, stellt man die Uhr eine Stunde vor, auch in der Sommerzeit, auf die die Türkei gleichzeitig mit der EU wechselt.

SPRACHFÜHRER

An der westlichen Südküste kommt man auch ohne türkische Sprachkenntnisse gut zurecht. Fast alle, die professionell mit den Touristen zu tun haben, sprechen recht gut Deutsch oder Englisch. Dennoch ist es durchaus nützlich, einige Brocken Türkisch zu können.

Anders als in indoeuropäischen Sprachen werden im Türkischen alle Formen durch Anhängen bestimmter Endungspartikel (Suffixe) an den Wortstamm gebildet. Wesentlich kompliziert wird die Bildung der Formen dadurch, dass die Suffixe mal mit, mal ohne Konsonant auftreten, z. B.:
*XY Cami**i*** = Moschee *(cami)* + besitzanzeigende Nachsilbe
*XY Cadde**si*** = Straße *(cadde)* + besitzanzeigende Nachsilbe

Aussprache
Meist wird auf der ersten Silbe betont, also Meydanı statt Meydanı. Auch werden viele Buchstaben ganz anders gesprochen:

c – wie in **Dsch**ungel
cami (Moschee) – *dschami*

ç – wie in deu**tsch**
kaç (wie viel) – *katsch*

e – wie kurzes **ä**
evet (ja) – *äwät*

ğ – als **Längung** nach a, ı, o, u
dağ (Berg) – *daa*
– wie **j** nach e, i, ö, ü
değil (nicht) – *dejil*

h – wie in **H**ans vor Vokal
postahane (Postamt) – *postahane*
– wie in Ma**ch**t hinter dunklem Vokal oder am Wortende
bahçe (Garten) – *bachtsche*
– wie in i**ch** hinter hellem Vokal
salih (fromm) – *salich*

ı – wie das dumpfe **e** in waren
halı (Teppich) – *hale*

j – stimmhaftes sch wie in **G**enie
plaj (Strand) – *plaash*

s – stimmloses s wie in Wa**ss**er
su (Wasser) – *ßu*

ş – wie in **sch**nell
şelale (Wasserfall) – *schelale*

v – wie in **W**ut
ve (und) – *we*
– hinter a wie **au**
pilav (Reis) – *pilau*

y – wie in **j**agen
yol (Weg) – *jol*

z – stimmhaftes s wie in **S**onne
güzel (schön) – *güsel*

Gruß, Abschied, Höflichkeit

Hallo — Merhaba
Guten Tag — İyi günler
Guten Morgen
Günaydın *(günaiden)*
Guten Abend
İyi akşamlar *(iyi akschamlar)*
Wie geht es Ihnen?
Nasılsınız? *(nasselssenes)*
Es geht mir gut! Iyiyim!
Willkommen! (sagt der Gastgeber)
Hoş geldiniz *(hosch geldinis)*
Antwort des Gastes:
Hoş bulduk *(hosch bulduk)*
Auf Wiedersehen
Allah ısmarladık *(allah esmarladek)*
(wörtl. ›Gott schütze dich!‹)
Tschüss

Güle, güle *(gülä, gülä)*
(wörtl. ›Lächle [obwohl du gehst]!‹)

Ich liebe dich!	Seni seviyorum!
Einverstanden!	Tamam!
Bitte!	Lütfen!
Wie bitte?	Efendim?
Entschuldigung!	Pardon!

Danke
Teşekür ederim! *(täschekür ederim!)*
Ich verstehe nicht.
Anlamıyorum.
Bitte helfen Sie mir!
Lütfen bana yardım edin!

Deutschland	alamanya
Österreich	avusturya
Schweiz	isviçre

Wichtige Ausdrücke

ja	evet *(äwät)*
nein	hayır *(hayer)*
Gibt es (Bier)?	(Bira) var mı?
Es gibt (Bier).	(Bira) var.
(...) gibt es nicht.	(...) yok.
Ich möchte Tee!	Çay istiyorum!
Guten Appetit!	Afiyet olsun!
Zum Wohl!	Şerefe! *(Schäräfä!)*

Die Rechnung bitte!
Hesap lütfen!

Wichtige Worte

Freund	arkadaş *(arkadasch)*
Fest	bayram(ı)
Eintrittskarte	billet
Boulevard	bulvar(ı)
Avenue, Straße	cadde *(dschadde)*
Markthalle	çarşı *(tscharsche)*
Moschee	cami *(dschami)*
Tee (auch Fluss)	çay *(tschai)*
kl. Moschee	mescit *(mes'dschid)*
Schatten	gölge
Sonne	güneş *(günesch)*
Tür, Tor	kapı *(kape)*
Bad	hamam
Karawanserei	han
Vorbeter	imam
Burg	kale
Herrenhaus	konak
Uferpromenade	kordon
Gaststätte	lokanta
Stadtviertel	mahalle
(Koran-)Schule	medrese
Platz	meydan(ı)
Predigtkanzel	minbar
Gebetsrufer	müezzin
Markt	pazar *(basar)*
Strand	plaj *(plaasch)*
Stadt	şehir *(schähir)*
Straße, Gasse	Sokak
Grabbau	türbe
Alm	yayla *(yaila)*

Adjektive

oben	yukarı *(yukare)*
unten	aşağı *(aschaje)*
klein	küçük *(kütschük)*
mittel	orta
groß	büyük
viel	çok *(tschok)*
gut	iyi
sehr gut	çok iyi *(tschok iyi)*
schön	güzel *(güsel)*
schlecht	kötü

Unterwegs

Bus/Kleinbus	otobüs / minibüs
Taxi	taksi
Busstation	otogar oder garaj *(garash)*
Flugzeug	uçak *(utschak)*
Flughafen	havalimanı
Schiff / Hafen	gemi / liman
Auto	araba
Normal/Super/ Bleifrei	normal/süper/ kurşunsuz *(kurschunssus)*
Diesel	mazot *(masott)*
Reifen	lastik
rechts	sağda *(sahda)*

links	solda
geradeaus	dosdoğru *(dosdohru)*
zurück	geri
diese Richtung	bu yönde
Weg	yol
Straße (Gasse)	sokak
Avenue	cadde *(dschadde)*

Ist das die Straße nach …?
Bu …e (-a) giden yol mu?
Wo ist die nächste Tankstelle?
En yakin benzin istasyonu nerede?
Volltanken bitte!
Depoyu doldurun lütfen!
Ich habe eine Panne.
Arabamda bir arıza var.
Holen Sie bitte die Polizei/den Arzt!
Polis/doktor getirin lütfen!
Wo ist die nächste Apotheke?
En yakın eczane nerede?
– der nächste Taxistand?
En yakın taksi durağı nerede?

Unterkunft und Restaurant

Wo ist das Hotel/die Pension …?
En yakin … oteli/pansiyonu?
Kann ich ein Zimmer haben?
Bir oda alabilir miyim?
Zeigen Sie mir das Zimmer.
Bana odanın gösterir misiniz.

Dusche	duş *(dusch)*
Toilette	tuvalet
Handtuch	havlu
Seife	sabun *(ssabun)*
Kissen	yastik
Schlüssel	anahtar *(anachtar)*
Eis (-würfel)	buz *(bus)*
Flasche	şişe *(schischä)*
Gabel	çatal *(tschatal)*
Glas	bardak
Löffel	kaşik *(kaschik)*
Messer	bicak *(bidschak)*
Milch	süt *(ssüt)*
Pfeffer	biber
Salz	tuz *(tus)*
Käse	peynir
Serviette	peçete *(pätschätä)*
Tasse	fincan *(findschan)*
Teller	tabak
Wein	şarap *(scharab)*
Kellner	garson *(garsson)*

Einkaufen

Was kostet das? Bu ne kadar?
auch: Kaç para? *(katsch para)*

Geld	para
Das ist teuer!	Çok pahalı!
Das ist zu viel!	Çok fazla!
Das ist zu wenig!	Çok az!
Ich möchte …!	… istiyorum!
2 Kilo	iki kilo
1/2 Kilo	yarım kilo
1 Liter	bir litre
2 Dosen	iki kutular
3 Flaschen	üç şişler
genug	yeter

Zahlen

0	sıfır
1, 2, 3, 4	bir, iki, üç, dört
5, 6, 7	beş, altı, yedi
8, 9, 10	sekiz, dokuz, on
11, 12 etc.	on bir, on iki etc.
20	yirmi
21, 22 etc.	yirmi bir, yirmi iki etc.
30, 40, 50	otuz, kırk, elli
60, 70	altmış, yetmiş
80, 90	seksen, doksan
100	yüz
200, 300	iki yüz, üç yüz
1000	bin
10 000	on bin
25 000	yirmi beş bin
100 000	yüz bin
250 000	iki yüz elli bin
500 000	beş yüz bin
1 000 000	bir milyon
37 000 000	otuz yedi milyon

REGISTER

REISEATLAS

TÜRKEI – SÜDKÜSTE

LEGENDE

1 : 1.000.000

0 — 50 km

O-32 Autobahn mit Nummer	Flughafen
E 87 Schnellstraße mit Europanummer	Sehenswürdigkeit
550 Fernstraße mit Nummer	Archäologische Stätte
Straße, geteert	Burg, Schloss
Straße, ungeteert	Ruine
Straße in Bau/Planung	Kloster
Piste (nur Jeep)	Kirche, Kapelle
Eisenbahn	Höhle
Fähre	Badestrand
Staatsgrenze	Berggipfel
Naturschutzgrenze	Pass, Joch

A
B
C
1
2
3
4
Tuzburgu
Sarıkemer
Yeşilköy
Sayrakçı
Çavdar
Kızılcabölük
Menteşe Dağları
Alinda
Karpuzlu
Abak
Hacılebbeleni
Cine
Karpuzlu Brj.
Bölüntü
Gerga
Alabayır
Menteşe Dağları
Haydere
Örmepınar
Milet
Balat
Dalyan
Kapıkırı
Bafa Gölü
Herakleia
Akköy
Tekke Dağı
1332 m
Hatipkışla
Akçaova
Eskiçine
Güre
Gökbel Dağ
1412 m
Söğütçük
Salkım
Memişler
İlbir Dağı
Pınarcık
Çamiçi
Hacıimamlar
Labranda
Ortaköy
Denizköy
Didyma
Yenihisar
Akbük
Kazıklı
Aksivri T.
1083 m
Selimiye
Kızılağaç
Euromos
Dibekdere
Aksivri T.
1376 m
Turgut
Yeşilbağcılar
Yatağan
Stratonikeia
Gök T.
1892 m
Yumaklı
Kozağaç
Altınkum
Kazıklıbucak
Bozrük
Akbük Limanı
Kazıklı Limanı
Kıyıkışlacık
Iasos
Hamzabey Ovası
Milas
Kozağaç
Eskihisar
Bozarmut
Bozhüyük
Beçin Kale
Kalınağılköyü
Bahçeyaka
Muğla
Güllük Körfezi
Kara Br.
Güllük Limanı
Güllük
Ağaçlıhüyük
Çamköy
Akdağ
1206 m
Hamzabey D.
Çukurözü
Karaca
Çiftlikköy
Yeşilyurt
Kuzyaka
Çiftlikköy
Kavak Dağı
Şekköy
Bağyaka
Yerkesik
Gülağzı
Bahçe
Türkbükü
Yalıkavak
Pazar Dağı
Ortakent
Torba
Güvercinlik
Karaova
Yaran Dağı
Pınarköy
Gümüşlük
Bodrum
Bitez
Gümbet
Kızılağaç
Çiftlikköy
Gürceğiz
Kalemköy
Sarnıçköy
Kıranköy
Akyaka
Turgutreis
Kargı
Akyarlar
Yalıçiftlik
Maziköy
Ören
Keramos
Akbük
Turnalı
Koca Br.
Kara Ad.
Orak Ad.
Cücen Br.
Akbük Br.
Sedir Adası
Kedreai
Gelibolu
Taşbükü
Akr. Skandari
Kos
Akr. Psalidi
Platani
Zipari
Akr. Ag. Fokas
Gökova Körfezi
Tuztutan Br.
Koyun Br.
Okluk Limanı
Karaca
Geçitbeli Geç.
550 m
Büyükkara
Kos
Aşağıbörtlek
Değirmenyanı
Marmaris
İçmeler
Yumrukaya Br.
Körmen
Emecik
Alayar
Hisarönü
Adaköy
Görmen Br.
Karaköy
Reşadiye
Yarımadası
Hemithea-Tempel
Amos
Iskandil Br.
Knidos
Feşmeköy
Döşeme
Datça
Kargı
Kalemlik Br.
Bozağan Br.
Hisarönü Körfezi
Orhaniye
Turgut
Turunç
Kumlubük
Osmaniye
Kumlubük
Kardırga Br.
Mesudiye
Arslanlı Br.
Palamutbükü
Divan Br.
İnce Br.
Nimos
Ağıl Br.
Bozburun
Selimiye
Bayır
Akyar Br.
Çiftlik
Cumhuriyet
Söğüt
Sömbeki Körfezi
Emborio
Symi
Kızıl Br.
Nissyros
Symi
Loryma
Taşlıca
Orta Br.
Gökçe Br.
Panormitis
Kara Br.
Kale Br.
Sesklio
Akr. Orfos
Megalo Chorio
Tilos
Ag. Pandeleimonas
Livadia
Akr. Zonari
Akr. Trachilos
Antitilos
Kremasti
Ixia
Rhodos
Akr. Vodi
Maritsa
Pastida
GRIECHEN-LAND
Akr. Minas
Kamiros
Psinthos
Ródos (Rhodos)
Akr. Ladiko
Salakos
Alimia
Akr. Kopria
Kastellos
Apollona
Archipoli
Kolimbia
Akr. Vagia
Chalki
Embonas
Moní Tsambika
Chalki
Malonas
Moní Kamirou
Archangelos
Akr. Armenistis
Ag. Isidoros
Akr. Archangelos
Laerma
200 m
500 m
1000 m
2000 m
Monolithos
Akr. Fourni
Profilia
Moní Ipsenis
Lardos
Akr. Aemilianos
09-55
09-30
525
330
48-81
48-78
550
400

1 cm = 10 km
1 : 1.000.000
0
30 km
D
E
F
1
2
3
4
S. 234
Denizli
Pamukkale
20 km
Aphrodisias
Yeşilköy
Avdan D.
1444 m
Çukurköy
Honaz D.
2571 m
Kazikbeli Geç.
1200 m
Akseki
Kayapınar
Kızılcabölük
Yukarıkaraçay
Bayındır
Yolüstü
Karahisar
Serinhisar
Yüreğil
Karahüyük D.
1873 m
Doğanbaba
Akkaya
Sofular
Tavas
Yeşilyuva
Karahüyükafşar
Salda Gölü
Karaköy
Ebecik
Tilkili
Aydoğmuş
Karahüyük
Salda
Kurbağalık
Medet
Kızılsihar T.
2241 m
Güney
Yeşilova
Çamoluk
Pınarlar
Alaattin
Uçarı
Niyazcar
Kale
Ulukent
Acıpayam
Göktepe
Yeniköy
Konak
Akkaya T.
2243 m
Olukbaşı
Altı Çeni D.
1442 m
Yukarıboğaz
Yumrutaş
Akyer
Yelkenli D.
1625 m
Akalan
Değirmenalanı
Çubukçular
Kumaafşarı
Sazak
Dedebağı
Tefenni
Eren T.
2420 m
Yemişendere
Kozlar
Kelekçi
Karcı D.
1532 m
Beyköy
Kurdubaşı T.
1612 m
Güney
Karacaören
Yusufça
Büyükalan
Hisar
Yaylasöğüt
Yalnızca
2030 m
Çavdır
Öküzler
Kalınkoz
Gölhisar
Yamadı
Çiçekbaba T.
2205 m
Uylupınar
Derin D.
Kolak
Karacaova
Çameli
Kargalı
Karaböğürtlen
Otmarlar
Ağla
İbecik
Kozağaç
Cavdır Brj.
Manastır
Buban
Altınyayla
Döğüşbelen
Yangı
Akpınar
Yapraklı Brj.
Karahasantaşı
Hamit
Köyceğiz
Demirli
Balboura
Çobanisa
Köyceğiz Gölü
Karabüvet
Akkaya
Boncuk D.
2265 m
Küçükkaraağaç
Kavakarası
Sarılar
Gök T.
2418 m
Ballık
Akçakavak
Çoğmen
Çal Dağ
2185 m
Horozlar
Dalyan
Ortaca
Kızılkaya
Yukarıdereköy
Ekincik
Çandır
Kaunos
Arpacık
Boğazağzı
Göcek Geç.
345 m
Oıneonda
Seki
Dalaman
Daedala
Araxsa
Fevziye
Boz Br.
Eşek Br.
Göcek
Üzümlü
Ören
Ambarkaya
Sarıgerme
Ortaköy
Cadyanda
Yuva
Dişibilmez Br.
Göcek Ad.
Kargı
Kara Br.
Katrancı Ad.
Çalış
Karaçulha
Girdev G.
Sarıgerme Plajı
Tersane Ad.
Telmessos
Kemer
Söğüt
Kurbağalık
Güngörmez Br.
Fethiye
Bozburun T.
2354 m
Kınalı
Girmeler
Yumru D.
2741 m
Akçay
Kurtoğlu Br.
Kızılkuyruk Br.
Kayaköy
Tlos
Gömbe
Hisarköy
Karabucak
Alconda
Uyluk T.
3024 m
Belceğiz
İblis Br.
Ölüdeniz
Pınara
Camurköy
Çayboğazı Brj.
Arsaköy
Minare
Yağlı
Ak Br.
Saklıkent
Eşen
Çamlıköy
Karaovabeli Geç.
1552 m
Doğa
Sütlegen
Aklar
Sidyma
Gey
Dumanlı T.
1956 m
Gedikbaşı
Yedi Br.
Kötü Br.
Xanthos
Yediburun
Kınık
Belpınar Geç.
1800 m
Çavdır
Letoon
Sinneli
Gâvurağılı
Köybaşı
Tümtün
Kasaba
Alacaşık
d e n i z
Patara
Bölüceağaç
Gelemiş
Patara Plajı
Kalkan
Kyar
Gökçeören
Phellos
Çamucak
Kaputaş Plajı
Yılan Ad.
Kaş
Antiphellos
Kılınçı
Belenli
Kadirler
Megisti
t t e l m e e r
Kastelorizo
330
585
400
350
20-25
20-26
15-55
E 87
48-27
48-31
07-55
07-53
07-52

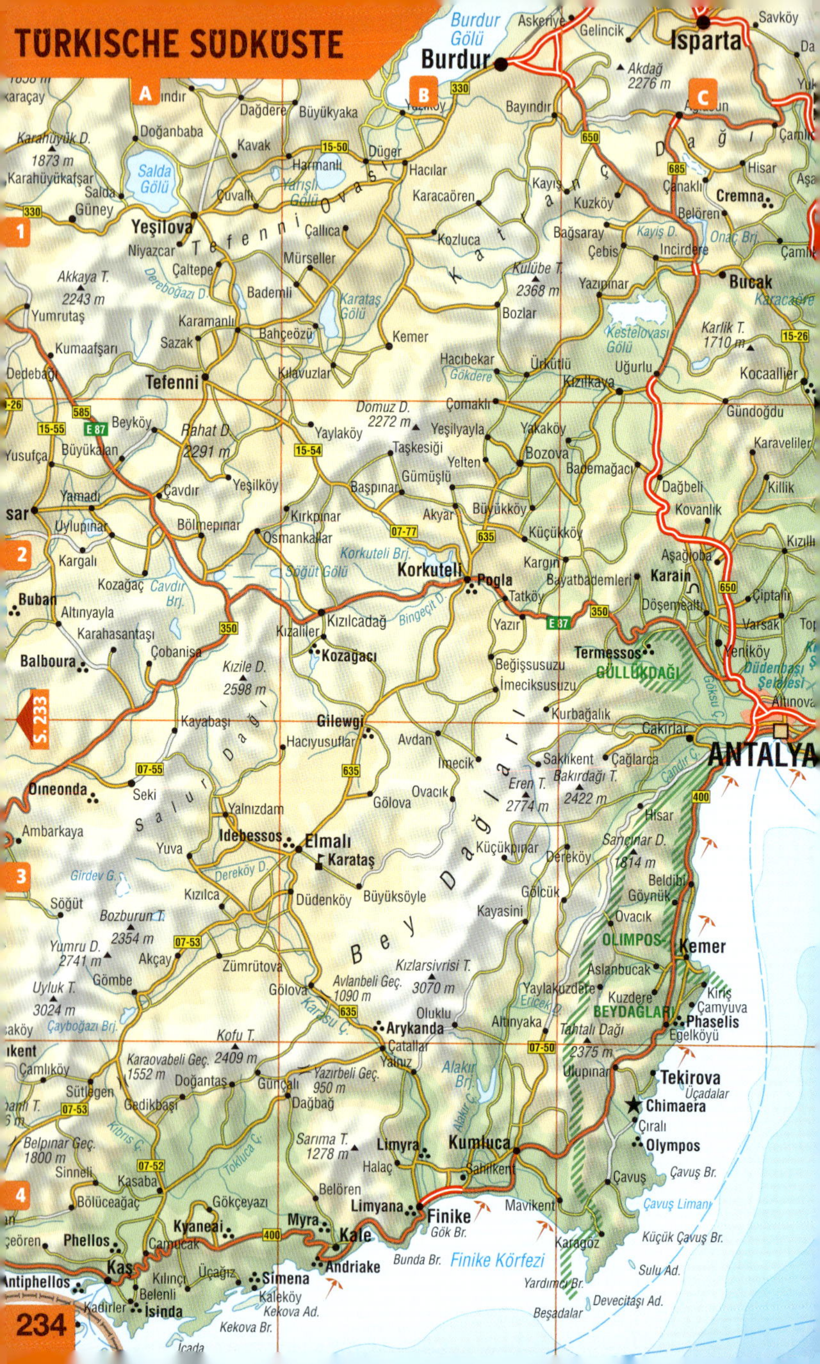

Burdur Gölü
Burdur
Askeriye
Gelincik
Isparta
Savköy
Akdağ 2276 m
A
B
C
Karaçay
Dağdere
Büyükyaka
Yazıköy
Bayındır
Doğanbaba
Karahüyük D. 1873 m
Salda Gölü
Kavak
Harmanlı
Düger
Hacılar
Karahüyükafşar
Salda
Güney
Yarışlı Gölü
Çuvallı
Karacaören
Kayış
Kuzköy
Çanaklı
Hisar
Cremna
Yeşilova
Niyazcar
Tefenni Ovası
Çallıca
Kozluca
Katran Dağı
Bağsaray
Kayış D.
Onaç Brj.
Belören
Çebis
Incirdere
Çamlık
Çaltepe
Mürseller
Akkaya T. 2243 m
Dereboğazı D.
Bademli
Karataş Gölü
Kulübe T. 2368 m
Yazıpınar
Bucak
Karacaöre
Yumrutaş
Karamanlı
Bozlar
Kestelovası Gölü
Karlık T. 1710 m
Kumaafşarı
Sazak
Bahçeözü
Kemer
Dedebağı
Tefenni
Kılavuzlar
Hacıbekar
Gökdere
Ürkütlü
Kızılkaya
Uğurlu
Kocaallier
Domuz D. 2272 m
Çomaklı
Gündoğdu
Beyköy
Rahat D. 2291 m
Yaylaköy
Yeşilyayla
Yakaköy
Karaveliler
Yusufça
Büyükalan
E 87
Taşkesiği
Yelten
Bozova
Bademağacı
Yamadı
Yeşilköy
Çavdır
Başpınar
Gümüşlü
Dağbeli
Killik
Kırkpınar
Akyar
Büyükköy
Kovanlık
Uylupınar
Bölmepınar
Osmankallar
Küçükköy
Kargalı
Korkuteli Brj.
Kargın
Aşağıoba
Kızıllı
Kozağaç
Cavdır Brj.
Söğüt Gölü
Korkuteli
Pogla
Bayatbademleri
Karain
Buban
Bingeçit D.
Tatköy
Döşemealtı
Çiptalır
Altınyayla
Kızılcadağ
Yazır
Varsak
Karahasantaşı
Kızılaliler
Kozağacı
Termessos
Yeniköy
Balboura
Çobanisa
Beğişsusuzu
Güllükdağı
Düdenbaşı Şelalesi
Kızıle D. 2598 m
İmeciksusuzu
Göksu Ç.
Altınova
S. 233
Kayabaşı
Gilewgi
Kurbağalık
Çakırlar
Hacıyusuflar
Avdan
Saklıkent
Çağlarca
ANTALYA
İmecik
Bakırdağı T. 2422 m
Oineonda
Seki
Salur Dağı
Ovacık
Eren T. 2774 m
Gölova
Hisar
Yalnızdam
Ambarkaya
Idebessos
Elmalı
Yuva
Karataş
Küçükpınar
Sarıçınar D. 1814 m
Dereköy
Girdev G.
Dereköy D.
Beldibi
Göynük
Kızılca
Düdenköy
Büyüksöyle
Gölcük
Söğüt
Bozburun T. 2354 m
Kayasini
Ovacık
Olimpos
Yumru D. 2741 m
Akçay
Bey Dağları
Kemer
Zümrütova
Kızlarsivrisi T. 3070 m
Aslanbucak
Gömbe
Avlanbeli Geç. 1090 m
Yaylakuzdere
Uyluk T. 3024 m
Gölova
Kuzdere
Kiriş
Çaybogazı Brj.
Karasu Ç.
Ericek D.
Beydağları
Çamyuva
Oluklu
Altınyaka
Phaselis
Arykanda
Tahtalı Dağı 2375 m
Egelköyü
Kofu T. 2409 m
Çatallar
Çamlıköy
Karaovabeli Geç. 1552 m
Yalnız
Alakır Brj.
Ulupınar
Tekirova
Yazırbeli Geç. 950 m
Üçadalar
Doğantaş
Gunçalı
Chimaera
Sütlegen
Dağbağ
Gedikbaşı
Alakır Ç.
Çıralı
Kibris Ç.
Olympos
Belpınar Geç. 1800 m
Sarıma T. 1278 m
Limyra
Kumluca
Halaç
Sahilkent
Çavuş
Çavuş Br.
Sinneli
Tokluca Ç.
Kasaba
Belören
Bölüceağaç
Çavuş Limanı
Gökçeyazı
Limyana
Finike
Mavikent
Kyaneai
Myra
Kale
Gök Br.
Küçük Çavuş Br.
Phellos
Çamucak
Karagöz
Andriake
Bunda Br.
Finike Körfezi
Kaş
Kılınçlı
Üçağız
Simena
Sulu Ad.
Antiphellos
Belenli
Yardımcı Br.
Kaleköy
Devecitaşı Ad.
Kadirler
İsinda
Kekova Ad.
Beşadalar
Kekova Br.
İçada

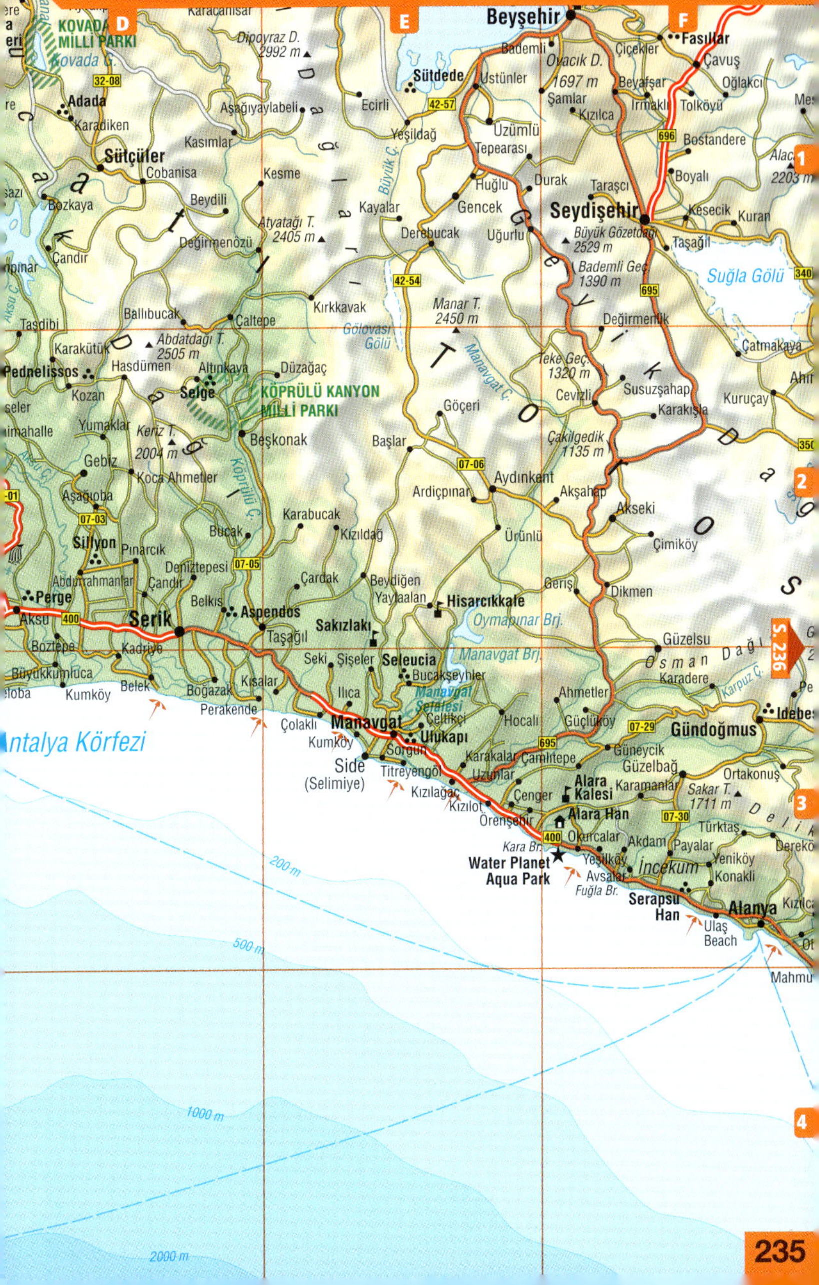
D
E
F
1
2
3
4
KOVADA MİLLİ PARKI
Kovada G.
Karacahisar
Dipoyraz D.
2992 m
Beyşehir
Bademli
Ovacık D.
1697 m
Çiçekler
Fasıllar
Çavuş
Oğlakcı
Sütdede
Üstünler
Şamlar
Beyafşar
Irmaklı
Tolköyü
32-08
Adada
Karadiken
Aşağıyaylabeli
Ecirli
42-57
Yeşildağ
Üzümlü
Kızılca
696
Bostandere
Sütçüler
Kasımlar
Cobanisa
Tepearası
Boyalı
Alaca
2203 m
Bozkaya
Beydili
Kesme
Büyük Ç.
Hüğlu
Durak
Taraşçı
Gencek
Kayalar
Seydişehir
Kesecik
Kuran
Atyatağı T.
2405 m
Derebucak
Uğurlu
Büyük Gözetdağı
2529 m
Taşağıl
Değirmenözü
Çandır
Bademli Geç.
1390 m
Suğla Gölü
42-54
695
Kırkkavak
Manar T.
2450 m
Ballıbucak
Çaltepe
Gölovası Gölü
Değirmenlik
Tasdibi
Abdatdağı T.
2505 m
Karakütük
Teke Geç.
1320 m
Çatmakaya
Pednelissos
Hasdümen
Altınkaya
Düzağaç
Selge
KÖPRÜLÜ KANYON MİLLİ PARKI
Kozan
Manavgat Ç.
Cevizli
Susuzşahap
Kuruçay
Göçeri
Karakışla
Yumaklar
Keriz T.
2004 m
Beşkonak
Başlar
Çakılgedik
1135 m
Gebiz
Koca Ahmetler
Köprülü Ç.
07-06
Aydınkent
Aşağıoba
Ardıçpınar
Akşahap
Akseki
07-03
Karabucak
Kızıldağ
Ürünlü
Çimiköy
Sillyon
Pınarcık
Bucak
Deniztepesi
07-05
Çardak
Beydiğen
Yaylaalan
Geriş
Dikmen
Abdurrahmanlar
Çandır
Perge
Belkıs
Aspendos
Hisarcıkkale
Aksu
400
Serik
Oymapınar Brj.
Sakızlakı
Taşağıl
Boztepe
Kadriye
Seki
Şişeler
Seleucia
Manavgat Brj.
Güzelsu
S. 236
Büyükkumluca
Bucakşeyhler
Osman Dağı
Karadere
Kumköy
Belek
Boğazak
Kısalar
Ilıca
Manavgat Şelalesi
Ahmetler
Perakende
Çeltikçi
Hocalı
Güçlüköy
07-29
Gündoğmuş
Antalya Körfezi
Çolaklı
Manavgat
Ulukapı
695
Kumköy
Sorgun
Güneycik
Side
(Selimiye)
Karakalar
Çamlıtepe
Güzelbağ
Titreyengöl
Uzunlar
Alara Kalesi
Karamanlar
Ortakonuş
Kızılağaç
Sakar T.
1711 m
Kızılot
Çenger
Örenşehir
Alara Han
07-30
Türktaş
Kara Br.
400
Okurcalar
Akdam
Payalar
Water Planet Aqua Park
Yeşilköy
Yeniköy
İncekum
Avsalar
Konakli
Fuğla Br.
Serapsu Han
Alanya
Ulaş Beach
Mahmutlar
200 m
500 m
1000 m
2000 m

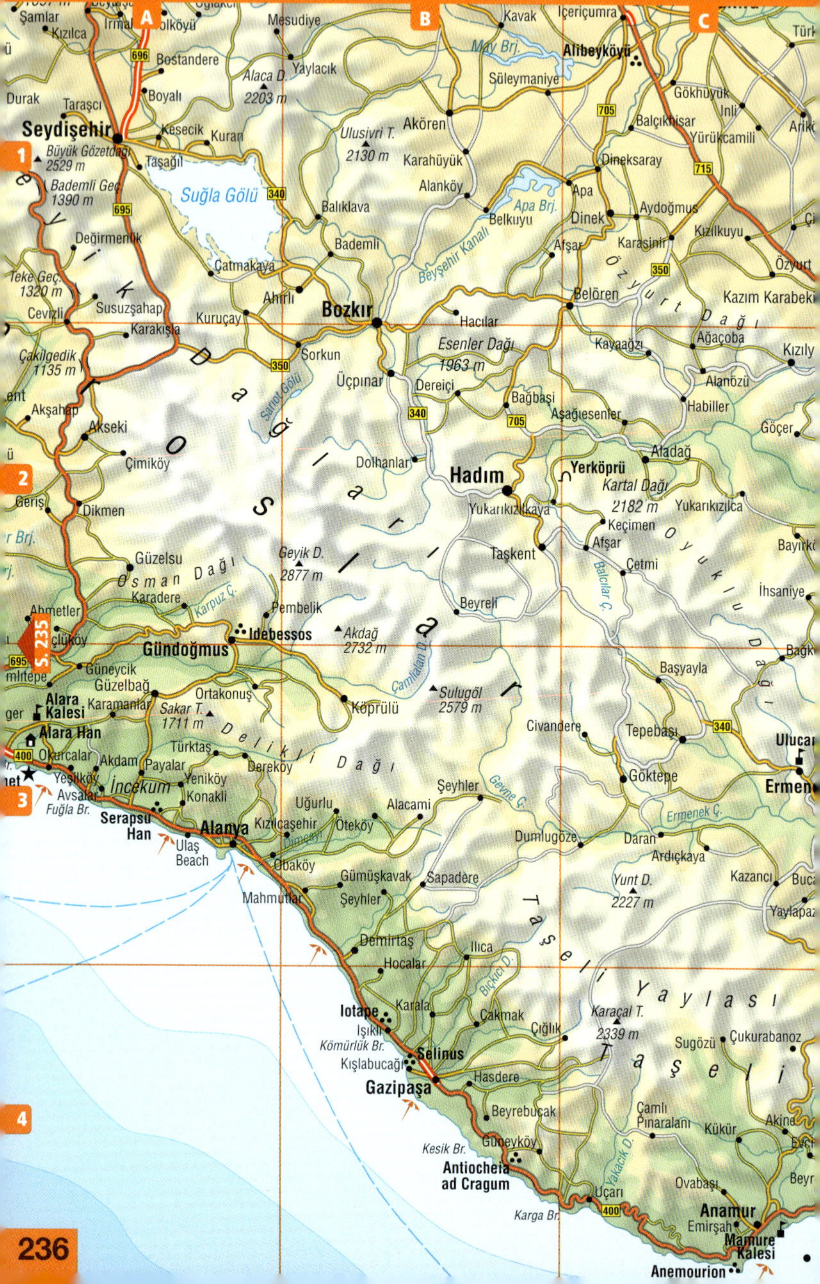
A
B
C
1
2
3
4
Şamlar
Kızılca
Irmak
Mesudiye
Kavak
İçeriçumra
Mav Brj.
Alibeyköyü
Bostandere
Yaylacık
Alaca D.
2203 m
Süleymaniye
Gökhüyük
Durak
Taraşçı
Boyalı
Balçıkhisar
İnli
Seydişehir
Kesecik
Kuran
Ulusivri T.
2130 m
Akören
Yürükcamili
Arıkl
Büyük Gözetdağı
2529 m
Taşağıl
Karahüyük
Dineksaray
Bademli Geç.
1390 m
Suğla Gölü
Alanköy
Apa
Apa Brj.
Balıklava
Belkuyu
Dinek
Aydoğmuş
Kızılkuyu
Değirmenlik
Bademli
Beyşehir Kanalı
Afşar
Karasınır
Özyurt
Teke Geç.
1320 m
Çatmakaya
Susuzşahap
Ahırlı
Belören
Kazım Karabekir
Cevizli
Bozkır
Özyurt Dağı
Karakışla
Kuruçay
Hacılar
Ağaçoba
Kayaağzı
Kızılyaka
Çakılgedik
1135 m
Sorkun
Esenler Dağı
1963 m
Alanözü
Üçpınar
Dereiçi
Sarıot Gölü
Bağbaşı
Habiller
Akşahap
Aşağıesenler
Göçer
Akseki
Aladağ
Çimiköy
Dolhanlar
Hadım
Yerköprü
Kartal Dağı
2182 m
Geriş
Dikmen
Yukarıkızılkaya
Yukarıkızılca
Keçimen
Afşar
Taşkent
Bayırköy
Güzelsu
Geyik D.
2877 m
Çetmi
Osman Dağı
Karadere
Balçılar Ç.
İhsaniye
Karpuz Ç.
Pembelik
Beyreli
Ahmetler
Çılıköy
Idebessos
Akdağ
2732 m
Gündoğmus
Çamlıalan D.
Bağkonak
Güneycik
Başyayla
Güzelbağ
Ortakonuş
Sulugöl
2579 m
Alara Kalesi
Karamanlar
Sakar T.
1711 m
Köprülü
Civandere
Tepebaşı
Alara Han
Türktaş
Delikli Dağı
Ulucar
Okurcalar
Akdam
Payalar
Dereköy
Şeyhler
Geyne Ç.
Göktepe
Ermenek
Yeşilköy
Yeniköy
İncekum
Avsalar
Konaklı
Uğurlu
Alacami
Fuğla Br.
Serapsu Han
Alanya
Kızılcaşehir
Öteköy
Dimçayı
Ermenek Ç.
Ulaş Beach
Dumlugöze
Daran
Ardıçkaya
Obaköy
Kazancı
Gümüşkavak
Sapadere
Yunt D.
2227 m
Mahmutlar
Şeyhler
Yaylapazarı
Taşeli Yaylası
Demirtaş
Ilıca
Hocalar
Bıçkıcı D.
Iotape
Karalar
Işıklı
Çakmak
Karaçal T.
2339 m
Kömürlük Br.
Çığlık
Sugözü
Çukurabanoz
Selinus
Kışlabucağı
Taşeli
Gazipaşa
Hasdere
Beyrebucak
Çamlı
Pınaralanı
Kükür
Akine
Güneyköy
Kesik Br.
Antiocheia ad Cragum
Yakacık D.
Ovabaşı
Uçarı
Anamur
Emirşah
Karga Br.
Mamure Kalesi
Anemourion
Türk
Çi
Buca
Beyr
Evci
S. 235
695
696
705
715
340
350
400

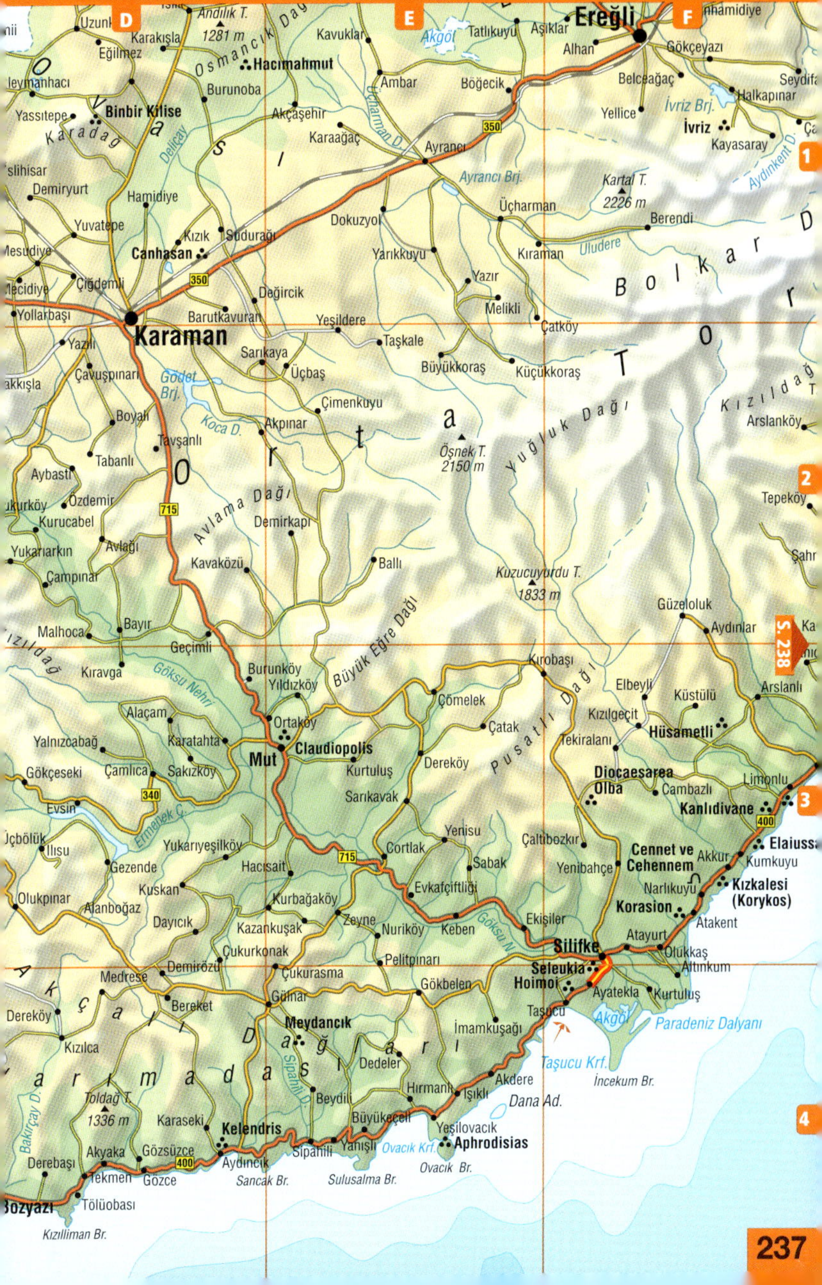
D
E
F
1
2
3
4
S. 238
Ereğli
Karaman
Mut
Silifke
Andılık T.
1281 m
Osmancık Dağ
Hacımahmut
Kavuklar
Akgöl
Tatlıkuyu
Aşıklar
Alhan
Gökçeyazı
Uzunlu
Karakışla
Eğilmez
Burunoba
Ambar
Böğecik
Belceağaç
Halkapınar
Yassıtepe
Binbir Kilise
Karadağ
Akçaşehir
Karaağaç
Üçharman D.
350
Yellice
İvriz Brj.
İvriz
Kayasaray
Aydınkent D.
Delicay
Ayrancı
Ayrancı Brj.
Kartal T.
2226 m
Demiryurt
Hamidiye
Üçharman
Berendi
Yuvatepe
Dokuzyol
Kızık
Sudurağı
Canhasan
Yarıkkuyu
Kıraman
Uludere
Bolkar D
Çiğdemli
Yazır
Değircik
Melikli
Yollarbaşı
Barutkavuran
Yeşildere
Çatköy
Taşkale
Yazılı
Sarıkaya
Büyükkoraş
Küçükkoraş
Çavuşpınarı
Üçbaş
Toros
Gödet Brj.
Çimenkuyu
Kızıldağ
Arslanköy
Boyalı
Koca D.
Akpınar
Yuğluk Dağı
Tavşanlı
Önsek T.
2150 m
Tabanlı
Aybastı
Özdemir
Avlama Dağı
Demirkapı
Tepeköy
Kurucabel
Avlağı
Yukarıarkın
Kavaközü
Ballı
Şahr
Çampınar
Kuzucuyurdu T.
1833 m
Güzeloluk
Bayır
Aydınlar
Malhoca
Büyük Eğre Dağı
Geçimli
Kıravga
Göksu Nehri
Burunköy
Kırobaşı
Yıldızköy
Elbeyli
Küstülü
Arslanlı
Alaçam
Çömelek
Kızılgeçit
Ortaköy
Çatak
Hüsametli
Yalnızcabağ
Karatahta
Claudiopolis
Pusatlı Dağı
Tekiralanı
Gökçeseki
Çamlıca
Sakızköy
Kurtuluş
Dereköy
Diocaesarea
Olba
Cambazlı
Limonlu
340
Sarıkavak
Kanlıdivane
400
Evsin
Ermenek Ç.
Yenisu
Elaiussa
Üçbölük
Ilısu
Yukarıyeşilköy
Cortlak
Çaltıbozkır
Cennet ve Cehennem
Akkum
Kumkuyu
Gezende
Hacısait
715
Sabak
Yenibahçe
Kızkalesi (Korykos)
Narlıkuyu
Kuskan
Evkafçiftliği
Olukpınar
Alanboğaz
Kurbağaköy
Korasion
Atakent
Dayıcık
Zeyne
Ekişiler
Kazankuşak
Nuriköy
Keben
Göksu N.
Atayurt
Çukurkonak
Pelitpınarı
Olukkaş
Altınkum
Demirözü
Çukurasma
Seleukia
Medrese
Gökbelen
Hoimoi
Ayatekla
Kurtuluş
Bereket
Gülnar
Taşucu
Akçalı Dağları
Meydancık
İmamkuşağı
Akgöl
Paradeniz Dalyanı
Kızılca
Sipahili D.
Dedeler
Taşucu Krf.
Armada
İncekum Br.
Bakırçay D.
Toldağ T.
1336 m
Hırmanlı
Işıklı
Akdere
Dana Ad.
Beydili
Karaseki
Büyükeceli
Kelendris
Yeşilovacık
Akyaka
Gözsüzce
Yanışlı
Ovacık Krf.
Aphrodisias
Derebaşı
Sipahili
Aydıncık
Ovacık Br.
Tekmen
Gözce
Sancak Br.
Sulusalma Br.
Bozyazı
Tölüobası
Kızılliman Br.

A
B
C
1
2
3
4
S. 237
Gökçeyazı
Hacıbekirli
Alanbahçesi
Alihoca
Karakuz
Belceağaç
Seydifakılı
Yeniyıldız
Madenköy
Yellice
İvriz Brj.
Halkapınar
Yassıkaya
Medetsiz T.
3524 m
Pozantı
İvriz
Kayasaray
Çakıllar
Aydınkent D.
Aydos D.
3430 m
Tekir
Gülek Boğazı
1050 m
Hacımu
2226 m
Kervansaray
Hacılı
Berendi
Kandilsıru
1370 m
Keşli
Karaisalı
Çat
Bolkar Dağları
Toros
Olukkayağı
Bekirli
Rucak
Çamalan
Kırıklı
Çamlıyayla
Kuzgun
Darıpınarı
Sebil
O-21
750
Kurtte
Atlılar
Değnek
Meşelik
Şambayadı
Kızıldağ
Tırtar
Bayramlı
Değirmendere
O-52
Karadirlik
Berdan Brj.
Büyükdikili
Arslanköy
Yenice
Gözne
Parmakkurdu
Gökçeler
Yeniköy
Kargılı
Gökkuşağı
Tepeköy
Fındıkpınarı
Camili
Nacarlı
Tarsus
Değirmençayı
400
Çiçekli
Şahna
Akarca
Karahamzalı
Deliminnet
Kazanlı
Yaramış
Kocavilayet
Seyhan Nehri
Güzeloluk
İÇEL
(Mersin)
Gümüşyazı
Aydınlar
Karahıdırlı
Cevlik
Pompeiopolis
İncekum Br.
Karahıdırlı
Tuzla
Elbeyli
Elvanlı
Davultepe
Akyatan G
Küstülü
Arslanlı
Tömük
Çeşmeli
Hüsametli
Arpaçbahşiş
Diocaesarea
Olba
Erdemli
Limonlu
Cambazlı
Lamus
Kanlıdivane
Elaiussa-Sebaste
Akkur
Cennet ve Cehennem
Kumkuyu
Narlıkuyu
Kızkalesi
(Korykos)
Korasion
Atakent
Atayurt
Olukkaş
Altınkum
Ayatekla
Kurtuluş
Akgöl
Paradeniz Dalyanı
İncekum Br.
Akdeniz
Mittelmeer